JN437532

CNB 705 개혁교회론 강좌 시리즈 ②
교회가 추구할 시대적 사명

교회와 사명

송 영 찬

2006년

도서출판 깔뱅

지은이 | 송영찬

서울 총신대(1973-76년, B.A.)와 수원 합동신학대학원대학교(1983-85년, M.Div)에서 신학을 공부했다.
기독교문사 편집실에서 기독교대백과사전 제작에 참여했고(1980-82년) 대한예수교장로회 전북노회에서 목사 안수를 받았으며(1987년) "하나님의 편지"(1986-88년), 회보 "그리스도인"(1988-95년)을 발행하며 집필 활동을 하였다.
지금은 기독교개혁신보 편집국장으로 1996년부터 재직하고 있다.

저서

- 『세례와 성찬』(2006년, 서울: 도서출판 깔뱅)
  예수 그리스도의 지상 사역의 핵심은 새 언약을 수립하신 일이다(마 26:26-29). 이 새 언약에 기초하여 교회가 탄생했다. 이 책은 세례와 성찬에 대한 구속사적 이해를 통해 새 언약에 참여한 교회의 회원된 우리가 누려야 할 풍성한 은혜를 찾는 데 역점을 두고 있다.
- 『역대기의 메시지: 다윗 왕국과 언약』(2006년, 서울: 도서출판 깔뱅)
  왕국 언약에 기초하여 세워진 다윗 왕국은 역사 속에 등장한 교회의 완벽한 전형이자 하나님 나라의 모형이었다. 이 책은 다윗 왕국의 역사를 관찰하고 역대기가 소망했던 새로운 다윗 왕국의 재건에 담긴 의미를 찾음으로써 우리 시대의 교회가 추구해야 할 성격을 제시하고 있다.
- 『출애굽기의 메시지: 시내산 언약과 십계명』(2006년, 서울: 도서출판 깔뱅)
  신약의 교회를 모형으로 보여주는 이스라엘 교회의 속성을 보여주고 있는 시내산 언약을 중심으로 구약 교회의 태동과 장차 태어날 신약 교회 사이의 관계를 조명함으로써 이 시대의 교회가 추구해야 할 역사 의식을 제시하고 있다.
- 『창세기의 메시지: 하나님의 언약』(2006년, 서울: 도서출판 깔뱅)
  4개의 언약을 중심으로 하나님의 구속 사역을 진행시키고 있는 창세기에서 언약 중심의 구속사를 조명하기 위해 성경신학에 근거하여 창세기의 메시지를 관찰하고, 언약 공동체인 오늘날의 교회가 추구해야 할 신앙의 자태를 제시하고 있다.
- 『예수 그리스도』(2005년, 서울: 칼빈아카데미)
  예수 그리스도를 가장 선명하게 소개하고 있는 마태복음 1-4장에서 사도 마태가 말하고자 하는 예수 그리스도에 대해 성경신학에 근거한 구속사적 관점에서 관찰하고, 이를 통해 이 시대의 교회가 추구해야 할 신앙의 좌표를 제시하고 있다.
- 『하나님의 나라』(1995년, 서울: 여수룬 출판사)
  산상수훈 연구 제1권으로 마태복음 5장 1-16절에 있는 산상수훈의 강령에 대한 구속사적 이해를 통해 하나님 나라의 본질을 추적하고 하나님 나라를 세워나가야 하는 이 땅의 교회와 성도가 마땅히 나타내어야 할 삶의 정형을 제시하고 있다.
- 『하나님 나라의 원리』(1994년, 서울: 여수룬 출판사)
  산상수훈 연구 제2권으로 마태복음 5장 17-48절의 산상수훈에 대한 구속사적 접근과 이해를 통해 하나님의 나라가 이 땅에 어떻게 구현되는가를 살피고 교회와 성도가 이 땅에서 세워나가는 하나님 나라의 문화를 제시하고 있다.
- 『주께서 가르치신 기도』(1994년, 서울: 여수룬 출판사)
  산상수훈 연구 제3권으로 마태복음 6장-7장에 기록된 산상수훈의 교훈과 주기도문에 대한 구속사적 이해를 바탕으로 이 세상에 있는 교회와 성도의 존재 의의를 조명하고 있다.

교회와 사명

CNB 705

교회와 사명

A STUDY ON THE BEING OF THE CHURCH

by Youngchan Song
Published by Calvin Publishing House

초판 인쇄 2006년 10월 23일
초판 발행 2006년 10월 30일

발행처 | 도서출판 깔뱅
발행인 | 김순영
지은이 | 송영찬

등록번호 | 제2-1458호
등록일자 | 1998년 11월 18일

편집 | 신명기
디자인 | 조혜진

주소 | 서울시 서초구 잠원동 69-24
전화 02-535-9876 019-366-9438

총판 | (주) 비전북출판유통
주소 경기도 고양시 일산구 장항동 568-17호(우편번호 411-834)
전화 031-907-3927(대) 팩스 031-905-3927

값은 표지에 있습니다.
파손된 책은 교환해 드립니다.
ISBN 89-92204-15-9 93230

printed in Korea

교회와 사명

A STUDY ON THE BEING OF THE CHURCH

CNB 시리즈
서 문

CNB The Church and The Bible 시리즈는 개혁신앙의 교회관과 성경신학적 구속사 해석에 근거한 신 · 구약 성경 연구 시리즈이다.

이 시리즈는 보다 정확한 성경 본문 해석을 바탕으로 역사적 개혁 교회의 면모를 조명하고 우리 시대의 교회가 마땅히 추구해야 할 방향을 제시함으로써 교회의 삶과 문화를 창달하는 것을 그 목적으로 하고 있다.

따라서 이 시리즈는 진지하게 성경을 연구하며 본문이 제시하는 메시지에 충실하고 있다. 그렇다고 이 시리즈가 다분히 학문적이거나 또는 적용적이라는 의미에 국한되지 않는다. 학구적인 자세는 변함 없지만 궁극적으로 하나님의 나라를 지향함에 있어 개혁주의 교회관을 분명히 하기 위해 보다 더 관심을 가진다는 의미이다.

본 시리즈의 집필자들은 이미 신 · 구약 계시로써 말씀하셨던 하나님께서 지금도 말씀하고 계시며, 몸된 교회의 머리이자 영원한 왕이신 그리스도께서 지금도 통치하시며, 태초부터 모든 성도들을 부르시어 복음으로 성장하게 하시는 성령님께서 지금도 구원 사역을 성취하심으로써 창세로부터 종말에 이르기까지 거룩한 나라로서 교회가 여전히 존재하고 있음을 그 무엇보다도 중요하게 여기고 있다.

아무쪼록 이 시리즈를 통해 계시에 근거한 바른 교회관과 성경관을 가지고 이 땅에 진정한 그리스도인의 삶과 문화가 확장되기를 바라는 바이다.

시리즈 편집자

김영철 목사, 미문(美聞)교회, 합동신학대학원대학교, Th. M.
송영찬 목사, 기독교개혁신보 편집국장, M. Div.
이광호 목사, 실로암교회, 홍은신학연구원, Ph. D.
이종연 목사, 진명교회, 아틀란타 바이블 칼리지, M. Div.

9

머리글

개혁reformed이란 말 그대로 새로운 형태를 구축해 나간다는 의미이다. 우리 주님께서 '새 술은 새 부대에' 라고 하신 말씀이 바로 개혁 정신의 근간이기도 하다. 주님은 말씀을 통하여 구태舊態에 빠져 있는 당시 유대 사회와 지도층을 타매하셨다.

"새 포도주를 낡은 가죽 부대에 넣지 아니하나니 그렇게 하면 부대가 터져 포도주도 쏟아지고 부대도 버리게 됨이라 새 포도주는 새 부대에 넣어야 둘이 다 보전되느니라"(마 9:17).

오랜 전통과 유전遺傳을 앞세워 새롭게 도래하는 하나님 나라에 대하여 거부하고 대항하는 기득권 세력의 허상을 타파打破하셨다.

중세 로마 천주교의 구태에 반기를 든 종교 개혁 역시 우리 주님의 가르침이 그 사상의 밑거름이 되었다. 물론 르네상스라는 계몽사상enlightenment과 더불어 시작된 종교 개혁일지라도 그 의미는 세속의 문화 개혁과는 전혀 다르다는 점은 주지의 사실이다. 절대 권력뿐 아니라 신적 권위를 앞세운 로마 천주교에 대항하여 종교 개혁을 단행했다는 것은 그만큼 계시에 대한 확고한 신뢰를 바탕으로 하지 않고서는 불가능했다.

여기에 생명의 힘이 있다. 주님이 곧 생명이시기 때문에 유대주의를 타파하셨다. 개혁자들 역시 생명이신 주님의 계시에 근거하여 로마 천주교의 암매와 부패로부터 탈피할 수 있었다.

작금에 와서 개혁이라는 말이 전혀 낯설지 않게 거론되고 있다. 정치 개혁, 경제 개혁, 사회 개혁, 종교 개혁 등등의 말이 아무렇지도 않게 통용되고 있다. 그러나 먼저 그들이 추구하고 있는 개혁 정신이 무엇인지 명확히 밝혀져야 한다. 현실을 도피하기 위한 수단인가? 구조를 바꿈으로써 발생하는 반대급부의 이권을 얻기 위함인가? 추종자들의 요구를 거부할 수 없어 마지못해 외치는 소리인가? 아니면 자기들이 구축한 체제를 지속적으로 유지하기 위한 위장인가에 대한 검증이 있어야 한다.

무엇보다도 개혁의 알맹이에 대한 명백한 해명이 앞서야 한다. 우리 주님은 생명의 근원으로서 이 땅에 복음의 완성을 보여주시기 위해 자신의 길을 가셨다. 그리고 그 길이 바로 '개혁' 이라는 용어로 우리 앞에서 있다. 종교 개혁자들 역시 주님의 계시에 근거한 삶의 결과로 개혁을 추구하였다. 모두가 자연스런 삶의 결과였다. 우리도 '개혁' 이라는 단어를 앞세워 살고 있다. 그렇다면 과연 우리 안에 개혁의 요소인 생명이 있는지 확인해 보아야 한다.

그렇다면 이미 발효한 포도주는 새 부대에 담을 필요가 없다. 새로 담근 포도주는 그 안에 살아 있는 효모가 있어 새 부대에 넣지 않으면 터지기 때문에 새 부대가 필요하다. 우리가 추구하는 개혁이 과연 살아 있는 것이라면 낡은 사상과 잣대로 짜여진 틀에 담아 두어서는 안 된다.

사상과 체재를 새롭게 하지 않으면서 개혁을 외친다는 것은 공허한 외침으로 끝나고 만다. 이런 점에서 교회는 그 시대에 맞는 시대적 사명에 대한 각성이 필요하다. 이것이 없을 때 교회는 구태에서 크게 벗어나지 못하고 결국 역사 속에서 무의미하게 살다가 뒤안길로 사라지고 만다. 수많은 교회들이 그렇게 사라졌다는 사실을 무심코 지나칠 수 없는 이유가 여기에 있다.

이 책은 일련의 개혁 교회론 강좌 시리즈 CNB 704 "세례와 성찬", CNB 705 "교회와 사명", CNB 706 "교회와 신앙"으로 기획된 두 번째 책으로 다음과 같이 구성되었다.

프롤로그에서는 초대교회의 예를 통해 우리 시대에 존재하는 교회의 시대적 사명에 대한 각성의 필요성을 점검하고자 한다.

제1부 '교회에 대한 이해'에서는 교회의 속성과 역사 속에서 차지하는 위치에 대해 살펴보고자 한다.

제2부 '교회의 사명 의식'에서는 교회가 발휘하는 능력의 근원과 회원의 의식을 통해 역사 속에서 존재하는 교회가 어떻게 사명을 구현할 것인가를 살펴보고자 한다.

제3부 '교회가 가야 할 길'에서는 하나님 나라의 구현을 위한 구체적인 삶의 형태들을 찾아 우리 시대에 있어야 할 교회상을 정립하고자 한다.

에필로그에서는 '말세의 교회가 가야할 길'을 점검함으로써 우리 시대의 교회들이 각성해야 할 삶의 좌표를 재확인하고 있다.

이상의 과정을 통해 우리 시대의 교회들이 마땅히 추구해야 할 삶의 정형을 함께 생각하는 기회가 되기 바란다.

이 책이 여러 성도들과 읽으시는 독자들에게 주님의 은혜를 마음껏 누릴 수 있는 기회가 되기를 바라며 교회의 지체로 살아가는 삶에 많은 유익이 되기를 바라는 마음 간절하다.

2006년 10월 1일

연지동에서 저자 아룀

목 차

Epilogue | 우리 시대의 교회가 가야 할 길 / 327

프롤로그 Prologue

각성해야 할 교회의 시대적 사명

PROLOGUE

각성해야 할 교회의 시대적 사명

초대교회는 교회가 가지고 있어야 할 본연의 모습과 역할이 무엇인지 바르게 알고 있었다. "오직 성령이 너희에게 임하시면 너희가 권능을 받고 예루살렘과 온 유대와 사마리아와 땅 끝까지 이르러 내 증인이 되리라"(행 1:8)는 주님의 명령에 근거하여 초대교회는 그리스도의 증인으로서 새로운 삶의 지평을 열어 가야 한다는 역사적 사명을 인식하고 교회를 세워 나갔다.

그들에게 있어서 교회는 새로운 인생을 열어나가는 데 있어서 기본적인 삶의 터전인 동시에 생활의 활력을 공급받는 힘의 원천이었다. 그들에게는 교회 중심적인 생활이 활성화되었고 인생의 전부가 교회를 터전으로 이루어지고 있었다. 또한 교회는 하나님의 통치를 실현하는 곳으로 그들이 속해 살아가는 실질적인 나라였다. 이러한 나라, 즉 하나님께서 통치하시는 나라를 건설하는 것이 초대교회에게 요구되었던 시대적 사명이었다.

초대교회는 교회적 사명이 확연하고 사도들이 정립한 "하나님 앞에서"(행 4:19)라는 대원칙을 가지고 있었다. 때문에 그들을 넘어뜨리려고 획책하는 산헤드린 공회와 같은 적대 세력 앞에서도 좌절하지 않고 교회를 더욱 든든히 세워 나갈 수 있었다.

나아가 그들에게 있어서 삶의 터전인 교회를 와해시키려는 외부 세력의 심각한 도전을 맞을 때 자기들 나름대로 지혜와 세력을 동원하여 대처하려 들지 않고 하나님의 뜻을 구하며 성령님의 인도를 따라 교회를 지켜 나갔다. 이러한 차원에서 그들은 교회가 하나님께 구하는 기도가 어떤 것인가를 체험하기도 했다.

또한 그들이 당하는 박해란 어디까지나 하나님 나라를 방해하고 적대하는 악의 세력으로부터 나온 것으로 혈과 육의 싸움이 아닌 영적인 싸움임을 각성하고 있었다. 때문에 그 형편을 하나님께 고하며 하나님의 권능으로 대처할 수 있는 안목도 갖추고 있었다. 이러한 점을 보아 교회와 성도 간의 정상적인 관계가 유지되고 있을 때 비로소 교회는 교회로서 위치와 모습을 갖추게 된다. 그리고 성도는 성도로서 역할과 삶을 유지할 수 있다는 사실을 사도행전 4장에서 살펴볼 수 있다.

부활하신 예수 그리스도께서 성령으로 다시 오신 것은 이 세상에서 하나님의 통치를 구현하기 위해 구별된 교회를 건설코자 함이었다. 주님은 부활하신 후 40여 일 동안 주로 하나님 나라에 대하여 가르치셨다(행 1:3). 그 나라는 오직 성령으로 말미암아 건설될 것이라고 하셨다(행 1:4–5). 말씀하신 대로 승천하신 그리스도는 성령으로 다시 오시어 제자들을 통해 하나님 나라를 건설하셨다(행 2:3–4).

그 나라는 오직 회개하여 각각 예수 그리스도의 이름으로 세례를 받고 죄사함을 얻은 성도들만 들어가는 나라이다(행 2:38–39). 따라서 하나님 나라의 실체로서 이 세상에 나타난 것이 곧 교회이다. 그러므로 예수 그리스도께서 성령으로 그의 교회 위에 임하셨다는 것은 그 자신이 교회와 한 몸을 이루셨다는 의미이다. 이것을 가리켜 바울 사도는 '그리스도는 교회의 머리시며 교회는 그리스도의 몸' (엡 1:22–23)이라고 하였다. 이것을 그리스도와 교회의 유기적 연합이라고 한다.

교회는 이 지상에 유일하게 존재하는 그리스도의 실체(몸)이다. 다시 말하면 ① 교회만이 그리스도를 나타내며, ② 그리스도의 통치를 받으며, ③ 그리스도의 능력을 통해 구원을 이룰 수 있다. 따라서 교회를 떠나서는 결단코 그리스도와 연합할 수 없다. 또한 그리스도의 인도와 보호를 따라 정상적인 삶을 가질 수도 없다.

오직 교회 안에 있을 때 그리스도의 지체로서 인정되며 그의 인도를 따라 정상적인 삶을 가질 수 있다. 이러한 교회의 절대적인 의미 때문에 그리스도는 친히 그의 몸인 교회 안에 내주하신다. 그렇지 않다면 하늘에 계시면서 특별한 권능으로 얼마든지 교회라는 단체를 유지하실 수 있을 것이다.

교회는 단순한 하나의 존재적 표상이 아니다. 때문에 사람들에 의해 건설되고 조직된 교회(보이는 교회)가 있다고 해서 그것이 교회로서 의미를 가진다고 말하기란 쉽지 않다. 왜냐하면 그 안에 그리스도께서 내주하실 때 비로소 교회가 되기 때문이다. 이 점에 비추어 보아 그리스도를 거부하는 교회가 있다면 그것은 교회가 아닌 하나의 종교 집단에 불과할 뿐이다. 교회의 주인이신 그리스도를 거부하면서 교회라고 한다는 것은 있을 수 없는 일이다.

성도가 교회 안에 있을 때 비로소 그리스도의 지체로서 의미가 있고 정상적인 삶을 이루어 나가게 된다. 따라서 성도의 삶은 어떠한 경우에 있어서도 자기 개인만의 것이 아니다. 비록 각자가 개인으로 존재할지라도 그것은 어디까지나 교회의 한 회원, 즉 교회에 속한 지체로서 살아가는 삶이어야 한다. 때문에 성도 한 사람의 삶은 전체 성도의 삶을 대변하는 것이며 그것이 곧 교회로서 나타나는 삶이다. 왜냐하면 모든 성도는 그리스도와 한 몸으로서 서로 지체이기 때문이다(엡 2:20-22; 3:16; 골 3:15).

각 개인은 교회의 지체가 되는 모든 성도의 삶을 함께 책임져야 하며 모든 성도 역시 몸의 한 부분인 각 개인의 삶을 책임져야 한다. 왜냐하면 유기체인 몸의 한 지체는 결코 몸으로부터 분리되지 않기 때문이다.

교회의 한 지체인 성도는 전체 성도로부터 분리되어 존재하지 않는다. 이것을 가리켜 성도의 유기적 연합이라고 한다. 이러한 교회적 삶의 모습을 우리는 초대교회에서 찾을 수 있다.

"믿는 무리가 한 마음과 한 뜻이 되어 모든 물건을 서로 통용하고 제 재물을 조금이라도 제 것이라고 하는 이가 하나도 없더라"(행 4:32).

초대교회는 교회의 유기적인 연합이 이루어졌기 때문에 "사도들이 큰 권능으로 주 예수의 부활을 증거하니 무리가 큰 은혜를 얻어 그중에 핍절한 사람이 없으니 이는 밭과 집 있는 자는 팔아 그 판 것의 값을 가져다가 사도들의 발 앞에 두매 저희가 각 사람의 필요를 따라 나눠줌이러라"(행 4:33-35)는 교회적 삶의 형태를 이루어 낼 수 있었다.

예수 그리스도를 중심으로 이루어진 교회적인 삶은 먼저 교회가 온전하게 그리스도와 연합함으로써 교회의 역사적인 사명을 확인하게 된다. 나아가 교회의 성도들이 그리스도의 지체된 자로서 인식을 갖고 서로의 삶에 대하여 책임을 질 수 있을 만큼 일체성을 가지게 된다.

교회는 성도 개개인의 삶에 있어서 절대적인 영향을 미치게 되며 성도 한 사람의 삶 역시 교회적인 삶에 절대적인 영향을 미치게 된다. 이러한 점을 볼 때 성도의 삶은 교회를 떠나서 의미를 찾을 수 없다. 나아가 교회는 성도 개개인의 삶에 대하여 절대적인 책임을 지고 있음을 알 수 있다.

교회가 잘못 서 있다면 그 폐해란 이루 말할 수 없다. 성도 개인의 영혼뿐만 아니라 전 인생의 행로에 있어서 심각한 오류를 발생시키기 때문이다. 그래서 교회는 어떠한 경우에 있어서라도 교회를 교회답게 유지해 나아가야 할 마땅한 책임이 있다. 곧 교회는 그리스도의 몸으로서 세상과 구별되어야 하며 어떠한 오류와 오염으로부터 물들지 않고 교회를 순결하게 지켜 나아가야 한다. 그렇지 않으면 비록 작은 하나의 오류라 할지라도 교회는 심각한 위험에 빠질 수밖에 없다.

이처럼 성도의 삶과 긴밀한 관계를 가지고 있는 교회에 대하여 우리가 자세하게 공부한다는 것은 우리 인생을 더 풍요롭게 하는 지름길이 된다. 우리는 교회에 대한 관심을 새롭게 함으로써 하나님께서 구원의 기관으로 이 세상에 세우신 교회를 통하여 주님의 놀라우신 복을 충만히 누리고 있어야 한다.

제1부
교회에 대한 이해

I. 교회와 예배

시편 69편 1-36절

1 하나님이여 나를 구원하소서 물들이 내 영혼까지 흘러들어왔나이다
2 내가 설 곳이 없는 깊은 수렁에 빠지며 깊은 물에 들어가니 큰 물이 내게 넘치나이다
3 내가 부르짖음으로 피곤하여 내 목이 마르며 내 하나님을 바람으로 내 눈이 쇠하였나이다
4 무고히 나를 미워하는 자가 내 머리털보다 많고 무리히 내 원수가 되어 나를 끊으려 하는 자
가 강하였으니 내가 취치 아니한 것도 물어 주게 되었나이다
5 하나님이여 나의 우매함을 아시오니 내 죄가 주의 앞에서 숨김이 없나이다
6 만군의 주 여호와여 주를 바라는 자로 나를 인하여 수치를 당케 마옵소서 이스라엘의 하나님
이여 주를 찾는 자로 나를 인하여 욕을 당케 마옵소서
7 내가 주를 위하여 훼방을 받았사오니 수치가 내 얼굴에 덮였나이다
8 내가 내 형제에게는 객이 되고 내 모친의 자녀에게는 외인(外人)이 되었나이다
9 주의 집을 위하는 열성이 나를 삼키고 주를 훼방하는 훼방이 내게 미쳤나이다
10 내가 곡하고 금식함으로 내 영혼을 경계하였더니 그것이 도리어 나의 욕이 되었으며
11 내가 굵은 베로 내 옷을 삼았더니 내가 저희의 말거리가 되었나이다
12 성문에 앉은 자가 나를 말하며 취한 무리가 나를 가져 노래하나이다
13 여호와여 열납하시는 때에 나는 주께 기도하오니 하나님이여 많은 인자와 구원의 진리로 내
게 응답하소서
14 나를 수렁에서 건지사 빠지지 말게 하시고 나를 미워하는 자에게서와 깊은 물에서 건지소서
15 큰 물이 나를 엄몰(淹沒)하거나 깊음이 나를 삼키지 못하게 하시며 웅덩이로 내 위에 그 입을
닫지 못하게 하소서
16 여호와여 주의 인자하심이 선하시오니 내게 응답하시며 주의 많은 긍휼을 따라 내게로 돌이
키소서
17 주의 얼굴을 주의 종에게서 숨기지 마소서 내가 환난 중에 있사오니 속히 내게 응답하소서
18 내 영혼에게 가까이 하사 구속하시며 내 원수를 인하여 나를 속량(贖良)하소서
19 주께서 나의 훼방과 수치와 능욕을 아시나이다 내 대적이 다 주의 앞에 있나이다
20 훼방이 내 마음을 상하여 근심이 충만하니 긍휼히 여길 자를 바라나 없고 안위(安慰)할 자를
바라나 찾지 못하였나이다
21 저희가 쓸개를 나의 식물로 주며 갈할 때에 초로 마시웠사오니
22 저희 앞에 밥상이 올무가 되게 하시며 저희 평안이 덫이 되게 하소서
23 저희 눈이 어두워 보지 못하게 하시며 그 허리가 항상 떨리게 하소서
24 주의 분노를 저희 위에 부으시며 주의 맹렬하신 노로 저희에게 미치게 하소서

25 저희 거처로 황폐하게 하시며 그 장막에 거하는 자가 없게 하소서
26 대저 저희가 주의 치신 자를 핍박하며 주께서 상케 하신 자의 슬픔을 말하였사오니
27 저희 죄악에 죄악을 더 정하사 주의 의에 들어오지 못하게 하소서
28 저희를 생명책(生命冊)에서 도말하사 의인과 함께 기록되게 마소서
29 오직 나는 가난하고 슬프오니 하나님이여 주의 구원으로 나를 높이소서
30 내가 노래로 하나님의 이름을 찬송하며 감사함으로 하나님을 광대하시다 하리니
31 이것이 소 곧 뿔과 굽이 있는 황소를 드림보다 여호와를 더욱 기쁘시게 함이 될 것이라
32 온유한 자가 이를 보고 기뻐하나니 하나님을 찾는 너희들아 너희 마음을 소생케 할지어다
33 여호와는 궁핍한 자를 들으시며 자기를 인하여 수금된 자를 멸시치 아니하시나니
34 천지가 그를 찬송할 것이요 바다와 그 중의 모든 동물도 그리할지로다
35 하나님이 시온을 구원하시고 유다 성읍들을 건설하시리니 무리가 거기 거하여 소유를 삼으
리로다
36 그 종들의 후손이 또한 이를 상속하고 그 이름을 사랑하는 자가 그 중에 거하리로다

개혁교회론 - 교회와 사명
제1부 | 교회에 대한 이해

I. 교회와 예배

시 69:1-36

바른 신앙을 바탕으로 건실한 백성으로 성장해 간다고 할 때는 살펴보아야 할 여러 문제들이 있겠지만 우선 기본적이고 초보적인 몇 가지 도리에 대해 점검해 보아야 한다. 그중에서 '교회의 역사적인 사명 의식'에 대한 문제는 교회가 그리스도인으로 하여금 하나님을 신앙하는 근본적인 방향을 제시해 준다는 점에서 중요한 의미가 있다.

특히 주님께서 이 지상에 건설하신 하나님 나라, 즉 교회를 통해 이루시려 했던 모든 사역은 각 인생의 존재 의미와 그 뿌리를 같이하고 있다는 점에서 '교회'는 더욱 관심의 초점이 된다. 교회가 존재하는 의미와 그 가치에 대해서 면밀히 점검함으로써 우리는 교회의 한 분자로서 마땅히 깨닫고 있어야 할 하나님 나라의 경륜을 조망하게 되고 그것을 기준으로 이 세상에 대한 올바른 관점을 정립하게 된다.

따라서 교회의 시대적 사명에 대해 고찰한다는 것은 하나님께서 경영하시는 하나님 나라로서 교회가 역사적으로 점유하는 위치와 이 시대 속에 있는 교회의 존재 좌표를 확인하도록 도와준다는 점에서 그 가치를 찾을 수 있다. 이러한 요소들이 점검될 때 교회가 가지는 독특한 사명이 확연하게 드러나게 된다. 나아가 우리 각 사람이 교회의 분자로서 가지는 인생의 본분에 따라 그 삶을 바르게 경영해 나갈 수 있다.

그 가운데서도 지상 교회가 우선적으로 관심을 두어야 할 요소는 '예배'이다.[1] 교회를 다른 말로 '예배하는 공동체'라고 부르는 것은 교회의 기본적인 생명력의 발휘가 예배를 통해 나타나기 때문이다. 교회는 예배를 통해 교회의 성격과 존재 의미를 드러낸다. 예배는 교회로 하여금 하나님 나라의 진수를 맛보고 생명력을 얻게 하는 은혜의 통로가 된다. 따라서 교회의 여러 요소들을 점검하기 전에 예배의 요소에 대한 기초적인 내용을 시편 69편에서 몇 가지 점검하고자 한다.

1. 예배에 임하는 자의 각성

시편 69편은 전반부인 1-29절의 다윗이 하나님께 탄원하는 기도와 후반부인 30-36절의 그 기도에 대한 응답을 듣고 다윗이 백성에게 하나님을 찬송하라는 권유로 구성되어 있다. 다윗의 기도는 '하나님의 나라는 무엇이고 자신과는 어떤 관계가 있으며 성도가 각성하게 된 삶의 목표 또는 그 역할이 무엇인가?'에 대해 보여주고 있다는 점에서 주의 깊게 관찰할 필요가 있다.

---

1) 웨스트민스터 신앙고백서(1647년) 제21장 '예배와 안식일' 제1항에서는 예배에 대해 다음과 같이 규정하고 있다 : 본성의 빛(light of nature)은 하나님이 계시다는 것을 보여 준다. 그 하나님은 만물에 대하여 통치권과 주권을 행사하신다. 그는 선하시며 만물에게 선을 행하신다. 그러므로 인간은 마음을 다하고 성품을 다하고 힘을 다하여 그를 경외하며, 사랑하며, 찬양하며, 부르며, 신뢰하며 그리고 섬겨야 한다(롬 1:20; 행 17:24; 시 119:68; 렘 10:7; 롬 10:12; 수 24:14; 막 12:33). 그러나 참되신 하나님을 예배하는 합당한 방법은 그 자신이 친히 정해 주셨으므로 그 자신의 계시된 뜻 안에서 한정되어 있다. 그러므로 사람들의 상상이나 고안 또는 사탄의 지시에 따라 어떤 가견적(可見的)인 구상(具象)을 사용하거나 성경에 규정되어 있지 않는 다른 방법을 따라서는 하나님을 예배할 수 없다(신 12:32; 마 4:9,10;15:9; 행 17:25; 신 15:1-20; 출 20:4-6; 골 2:23).

사실 다윗의 생애를 종합해 볼 때 다윗은 하나님과의 관계가 명확했음을 알 수 있다. 하나님께서 경영하시는 거룩한 나라 안에서 자신의 본분이 어떤 것인가를 잘 알고 있었다. 때문에 하나님께로부터 기도의 응답을 받을 수 있었으며 확고한 근거를 가지고 백성에게 하나님을 향하여 찬양하라고 선포할 수 있었다.

특히 다윗이 작시作詩한 시편들을 보면 다윗은 하나님을 아는 지식이 풍부하고 하나님과 나누는 사랑의 관계를 깊이 있게 유지하고 있음을 알 수 있다. 그중에서 시편 69편의 전반부에서는 다윗이 하나님에 대하여 각성한 근본적인 내용이 잘 드러나 있다는 점에서 관심을 갖게 된다.

1) 예배하는 자의 위치

시인은 자신의 처지를 이렇게 고백하고 있다. "하나님이여 나를 구원하소서 물들이 내 영혼까지 흘러 들어왔나이다 내가 설 곳이 없는 깊은 수렁에 빠지며 깊은 물에 들어가니 큰 물이 내게 넘치나이다"(시 69:1-2). 그런데 이 시의 내용은 구약 선지자들이 선포한 메시지의 중심 사상과 그 맥을 같이하고 있다는 점에서 의미심장하다.

선지자들은 한결같이 '이스라엘의 거듭남' 에 대하여 선포하고 있다. 이 예언의 주제는 '요나의 스올의 경험' 속에서 절정을 이루고 있다. 하나님의 심판을 받아 죽음 속에 던져진 요나가 자신의 사명을 각성하고 다시 살아나 하나님께서 주신 사명을 수행하게 되는 스올의 경험은 하나님의 심판을 받은 이스라엘이 회개하고 돌아와 역사적 사명을 각성함으로써 거룩한 나라를 건설할 것을 예표하고 있다(요나서 2장). 다윗이 시편 69편 1-2절에서 하나님께 드리는 탄원은 요나가 스올의 경험 속에서 울부짖던 탄원의 내용과 같다는 점에서 상호 긴밀한 연관성을 찾을 수 있다.

여기에서 다윗이 물에 빠져 있다고 한 것은 자신의 죽음의 상태를 표현하고 있다. '물' 은 히브리인들에게 있어서 일반적으로 죽음을 상징한다. '깊은 수렁' 또는 '깊은 물' 등은 사람의 힘으로 도저히 벗어날 수 없는 죽음의 상태를 보여준다. 물이 죽음을 상징한다는 개념은 홍해 사건에서도 명백하게 나타난다.

출애굽한 이스라엘 백성이 홍해를 통과한 사건은 바로의 종으로 있던 이스라엘에게 자유를 가져다 주는 획기적인 사건이었다. 이스라엘 백성이 홍해 앞에 도달했을 때 더이상 앞으로 나갈 수 없는 막다른 길에서 죽음이 길을 막고 있었다. 이스라엘이 죽음 앞에 직면해 있을 때 하나님은 가로막힌 홍해를 통과하게 함으로써 이스라엘을 죽음에서 건져내셨다.

이 홍해 사건에 대하여 바울 사도는 이스라엘이 모세와 함께 세례를 받았다고 함으로써 이스라엘이 죽음을 통과하여 거듭났음을 상징하는 사건으로 묘사하고 있다(고전 10:1-2 참고). 이 사건을 통해 이스라엘은 바로의 종된 위치에서 벗어나 하나님의 백성으로 전환되는 전격적인 신분의 변화를 경험하게 된다.

마찬가지로 다윗은 자신이 빠져 있는 상황이 마치 깊은 죽음 속에 던져져 있다고 함으로써 홍해 사건과 같이 전적으로 하나님께서 자신을 죽음으로부터 구원해 주실 것을 간절히 소망하고 있다. 다윗이 처한 이 죽음의 상황은 단순히 그 자신이 영적으로 곤고한 상태 아래 있음을 말하지는 않는다.

그의 경험은 우리 주 예수 그리스도에게 연결되고 있다. 그것은 시편 69편의 정황이 십자가에서 운명하실 때 예수께서 경험하신 정황과 유사하다는 관계성에서 찾아볼 수 있다.

9절에서 다윗은 "주의 집을 위하는 열성이 나를 삼키고 주를 훼방하는 훼방이 내게 미쳤나이다"라고 탄원하고 있다. 이것은 예수께서 성전을 장사하는 집으로 만들지 말라고 호령하신 사건(요 2:14-17) 속에서 "제자들이 성경 말씀에 주의 전을 사모하는 열심이 나를 삼키리라 한 것을 기억하더라"(요 2:17)고 한 말과 긴밀하게 연결되고 있다.

또한 유대인들이 예수님에게 메시아의 증표를 보여달라고 할 때 "너희가 이 성전을 헐라 내가 사흘 동안에 일으키리라"(요 2:19)고 하신 말씀으로 인해 유대 지도자들의 미움을 사고 그후 십자가에 못박혀 죽으시게 된 일로 역사상에 성취되고 있다.

그리고 21절에서 다윗은 "저희가 쓸개를 나의 식물로 주며 갈할 때 초로 마시웠사오니"라고 그가 처한 곤고한 모습을 탄원하고 있다. 이것은 우리 주께서 십자가에 달리실 때 일어난 사건이기도 하다(마 27:34, 48; 눅 23:36; 요 19:29). 이처럼 다윗의 경험이 예수 그리스도에게 그대로 적용되는 까닭에 시편 69편을 '메시아의 시편' 이라고도 한다.

이러한 관계를 연관지어 볼 때 "하나님이여 나를 구원하소서 물들이 내 영혼까지 흘러 들어왔나이다 내가 설 곳이 없는 깊은 수렁에 빠지며 깊은 물에 들어가니 큰 물이 내게 넘치나이다"(시 69:1-2)라는 다윗의 탄원은 특별한 의미를 갖고 있음을 알 수 있다. 다윗에게 있어서 이 탄원은 하나님 앞에서 마치 죽음에 처한 것과 같은 자신의 상태를 고백하고 있다.

그런데 이 탄원은 요나에게 와서 육적인 이스라엘 백성은 역사 속에서 단절되고 새 이스라엘 곧 영적인 이스라엘이 탄생하게 됨을 예표하는 특별한 경험으로 확대된다. 이 사건은 진정한 이스라엘이신 예수 그리스도께서 십자가에 못박혀 죽으심으로 그리고 새 생명으로 부활하여 영적인 하나님 나라를 세우심으로써 구원을 완성한 사건과 그 맥을 같이하고 있다.

출애굽 사건은 이와 같이 죽음을 통과하여 진정한 이스라엘로 거듭나게 된다는 내용의 메시지를 최초로 담고 있는 사건이다. 특히 이스라엘에게 있어서 홍해를 통과한 사건은 종되었던 애굽 땅에서 자유의 몸으로 새롭게 태어나는 완전한 증표였다.

따라서 ① 홍해 사건의 의미와 ② 다윗의 고백 그리고 ③ 요나가 겪은 스올의 경험은 결국 ④ 예수 그리스도의 십자가 사건과 나란히 맥을 같이하고 있음을 알 수 있다. 여기에서 공통적으로 나타나는 주요 사상은 '죽음을 통과하고 난 후 새 생명으로 거듭남'이라고 할 수 있다. 이 죽음은 최초에 아담이 하나님의 언약을 파기하고 선악과를 취한 사건에서 야기되었다(예수 그리스도의 부활은 바로 근본적인 이 죽음의 문제를 해결하신 증거이다).

이런 점에서 다윗의 탄원은 하나님의 경륜 가운데 자신이 철저하게 죽음의 자리에 처한 상태임을 고백하고 있으나 그 이면에는 죽음의 위치에서 새 생명으로 거듭날 것을 간절히 소망하고 있다는 복선이 깔려 있다.

2) 죄에 대한 각성과 고백

우리에게 이러한 다윗의 탄원을 적용시킨다면 중요한 원리 한 가지를 발견하게 된다. 그것은 우리가 태어날 때부터 이미 죽음의 자리에서 출발하였다는 사실이다. 우리는 죽음의 비참한 상태 가운데 처해 있었다. 때문에 죽음을 이기고 부활하여 생명의 주가 되시는 예수 그리스도의 공효가 아니면 아담이래 죽음이라는 굴레를 결코 우리의 힘으로는 벗어날 수 없다.[2)]

우리는 예수께서 우리를 위하여 십자가에서 죽으셨고 다시 사심으로

---

2) 하이델베르크 교리문답 제7번.
문 : 그렇다면 인간의 타락한 본성은 어디에서 왔습니까?
답 : 낙원에서 우리의 첫 조상 아담과 하와의 타락과 불순종으로부터 왔습니다. 그래서 우리의 본성이 낙원에서 부패하여져서 우리가 모두 죄 가운데서 잉태되었고 탄생하게 되었습니다.

써 우리를 생명의 길로 인도하셨음을 믿는다. 하나님께서는 그 외에 다른 복음을 주시지 않았기 때문에 우리는 오직 이 십자가의 복음만을 구원의 은혜로 알고 받아들인다(행 4:12).

'예수께서 왜 십자가에서 죽으심으로써 우리에게 새 생명을 주셨는가?' 하는 문제는 그리 단순하지 않다. 한가지 분명한 사실은 우리가 죄 가운데 죽어 있기 때문에 대신 새 생명으로 거듭나게 하기 위함이다.[3] 우리가 살아 있고 참 생명을 소유하고 있다면 예수께서 십자가에서 죽으실 필요가 없다.

예수께서 십자가를 지시고 참 이스라엘로서 죽으신 후 새 생명으로 살아나신 것은 우리에게 그 사실이 절대적으로 필요한 일이었다. 왜냐하면 죽음 속에 빠져 있는 우리의 생명을 거듭나게 하기 위해서는 누군가 그 죽음의 대가를 치러야 하기 때문이다. 따라서 예수님은 우리가 죄로부터 벗어나 거듭나게 하기 위해 자신의 생명을 우리가 얻을 새 생명의 대가로 속전贖錢하셨다.

우리가 죽음 가운데 빠졌던 근본 원인은 죄 때문이다. 다윗이 하나님께 기도할 때는 이 사실을 인식하고 있었다. 하나님 앞에 나설 자격이나 무엇을 구할 만한 권리가 있어서가 아니다. 자기 자신이 처한 최악의 상태 곧 죽음 속에 빠져 있다는 심각한 상태를 보고 하나님 앞에 부르짖지 않고는 견딜 수 없어서 하나님께 탄원하고 있다. 이러한 죽음의 자리에서 다윗은 자신의 연약한 모습으로 진솔하게 하나님께 자신의 처지를

---

3) 하이델베르크 교리문답 제43번.

문 : 우리가 십자가 위에서 그리스도의 희생 제사와 죽음으로부터 얻는 또 다른 유익은 무엇입니까?

답 : 그리스도의 죽음을 통하여 우리의 옛 사람이 그리스도와 함께 십자가에 못 박히고 죽고 장사지낸바 되어 육신의 악한 욕망이 더 이상 우리를 지배하지 못하게 되고 우리가 우리 자신을 그리스도께 감사의 제사로 드릴 수 있게 되었습니다.

아뢰었다.

다윗은 이렇게 기도하고 있다.

"내가 부르짖음으로 피곤하여 내 목이 마르며 내 하나님을 바람으로 내 눈이 쇠하였나이다 무고히 나를 미워하는 자가 내 머리털보다도 많고 무리無理히 내 원수가 되어 나를 끊으려 하는 자가 강하였으니 내가 취치 아니한 것도 물어주게 되었나이다"(시 69:3-4).

하나님을 뵙고자 하지만 외면하시는 하나님 앞에서 마치 죽음 가운데 빠진 것과 같은 다윗의 초췌한 모습과 이 세상이 하나님의 얼굴을 찾는 다윗을 향하여 무고하게 원수처럼 미워하고 얼굴을 돌리는 냉혹한 현실에 대해 다윗은 호소하고 있다. 여기에서 다윗은 자신의 죄를 인식하고 있으며 하나님과 세상으로부터 철저하게 단절되는 비참함을 동시에 보여주고 있다.[4] 이것은 다윗이 더이상 소망을 가질 수 없는 절박한 상태에 처한 것을 웅변적으로 묘사하고 있다.

3) 사망을 가져오는 '죄'

1-2절에서는 자기 자신이 영적인 죽음에 빠져 있음을 고백한다. 그리고 3-4절에서는 더이상 자신에게는 아무런 삶의 가치나 의미조차 발견할 수 없을 정도로 깊은 흑암 속에 빠져 있음을 고백하고 있다. 그렇다고 다윗이 자신의 감상적인 감정을 못 이기고 스스로 무너져 버린 것은 결코 아니다. 세상 사람들이 삶의 어려움에 지쳐 소위 감상적sentimental인 우울감에 빠진 상태와는 그 양상이 전혀 다르다. 오히려 다윗은 고상

4) 이종연, 하이델베르흐 교리문답 1권(서울. 도서출판 깔뱅, 2006), pp.368-372.

한 영적인 감성을 이러한 상황에 비추어 묘사하고 있음을 주의 깊게 살펴보아야 한다.

"하나님이여 나의 우매함을 아시오니 내 죄가 주의 앞에서 숨김이 없나이다"(시 69:5).

다윗은 먼저 자신이 처한 상황 곧 1-4절까지의 암담함이라는 것이 '죄' 로부터 시작되었음을 하나님께 탄원하고 있다. 이 말 속에서 다윗은 하나님이나 사람들과의 관계에 있어 또 자기 자신과의 문제에 있어 어쩔 수 없이 죽음에 빠져 있을 수밖에 없는 원인이 곧 '죄' 에 있다는 것을 명철하게 파악하고 있음을 알 수 있다. 결국 모든 근본적인 원인이 죄 때문에 발생한 것이므로 다윗은 이렇게 아무런 숨김없이 자신을 드러내고 죄를 해결하기 위해 솔직한 모습으로 하나님 앞에 나서고 있다.

죄에 대하여 인식한다는 것은 그 죄가 가지고 있는 근본적인 고통과 그것이 가져다 줄 사망이 무엇인지 알고 있음을 의미한다. 다윗은 죽음 속에 빠진 고통 가운데서 하나님께 탄원하고 있다. 단순히 자신의 삶의 정황이 힘들고 혼자 힘으로서는 헤쳐나갈 수 없는 어려움에 봉착해서가 아니었다. 오히려 다윗의 개인적인 삶은 세상에서 유복할 정도로 풍부했다. 그러나 자신이 처한 죄의 문제를 보았을 때 누구보다도 곤고한 상태에 빠져 있음을 인식하고 그 자리에서 구원되기를 하나님께 부르짖지 않을 수 없었다.

자기 영혼의 상태를 분명하게 볼 수 있었기에 다윗은 세상 사람들과는 전혀 다른 삶의 모습을 지닐 수 있었다. 따라서 세상 사람들로부터 철저하게 외면당하는 고통을 맛보아야 했다. 그의 삶은 세상과 단절되는 것으로 나타난다. 결국 다윗은 세상에 대하여서는 스스로 얼굴을 돌리고 하나님을 향하여 자기의 모든 삶의 방향을 바꿀 수 있었다.

4) 하나님 앞에서 각성한 죄의 심각성

다윗이 자신을 세상과 구별시키고 자신은 하나님 나라에 속한 공동체의 지체임을 인식하고 있다는 사실을 주목해야 한다. 자기의 근본적인 죄악에 대하여 아파하고 그것이 사망을 가져다 줄 것을 알기 때문에 이제는 죄를 떠나 하나님을 향하여 곧 생명을 향하여 나아갈 때 그에게 근본적으로 새로운 의식이 싹트게 되었다.

"만군의 주 여호와여 주를 바라는 자로 나를 인하여 수치를 당케 마옵소서 이스라엘의 하나님이여 주를 찾는 자로 나를 인하여 욕을 당케 마옵소서"(시 69:6).

여기에서 다윗은 하나님의 백성된 자들과의 공동체적 지체 의식을 인식하고 그들과의 관계를 확인하고 있다.

신약에서 가지는 공동체 의식이 있기 전부터 이미 다윗은 공동체적 지체 의식을 갖고 하나님의 백성된 자들을 위하여 기도하고 있다. '내가 수치를 당하고 고난을 당하는 것은 내 죄의 대가이다. 하지만 나 때문에 하나님의 백성된 자들이 고난을 당하고 이스라엘의 하나님께서 욕을 당하는 일이 있어서는 안 된다' 고 다윗은 각성하고 있다.

이러한 다윗의 생각은 참으로 위대한 사상이다. '나' 한 사람의 문제가 아니라 이제는 전체 하나님의 백성 안에서 자신을 보고 있다. 자기가 하나님 앞에서 범죄한 것 때문에 사람들에게 욕을 먹는 것은 죄를 깨달은 자로서는 오히려 당연하게 받아들일 일이다. 그러나 다윗은 그 일 때문에 하나님의 나라가 수치를 당하고 하나님의 백성이 곤고를 당하며 욕을 당해서는 안 된다는 것을 인식하고 있다. 자기 하나가 잘못해서 하나님의 백성된 자들이 하나님 앞에 심판을 당해서는 안 된다는 의미이다.

이런 점에서 지금 다윗이 깨닫고 탄원하는 죄의 영역은 단순히 자기 개인의 죄만을 포함하는 것이 아니다. 다윗은 교회 공동체의 한 사람으로서 의당히 하나님 앞에 심판의 대상이 될 수 있음에 대하여 통찰하고 있다. 자기 자신의 죄 하나가 나머지 하나님 나라를 구성하고 있는 공동체의 전 회원들에게 얼마나 심각한 해를 끼칠 수 있는가에 대하여 심각하게 토로하고 있다.

한 사람의 죄악이 공동체에 미친 잘못된 결과에 대한 예를 성경에서 찾아 볼 수 있다. 아간이라는 사람의 범죄가 그 경우이다(수 7:1-5). 아이성 전투에서 이스라엘 백성이 패하게 되었는데 그 원인은 아간이 행한 범죄 때문이었다. 그보다 앞선 여리고 성 전투에서 이스라엘이 크게 승리했을 때 그 승리는 여호와께서 승리한 것임을 명백히 선포하는 의미에서 모든 전리품을 하나님께 드리도록 되어 있었다(수 6:18-19). 아간은 이 명령을 어기고 개인적인 욕망에 사로잡혀 전리품 중에서 일부를 자기 장막에 숨기고 말았다. 전체 이스라엘의 한 지체라는 점을 망각하고 자신의 이익만을 취한 것이 아간의 죄였다.

그 죄의 결과는 단순히 아간 한 사람에게만 돌아간 것이 아니었다. 결국 그 일로 인하여 이스라엘 백성 36명이 아이 성 사람들에게 죽임을 당했다. 그뿐 아니라 아간과 그에게 속한 아들과 딸들 그리고 모든 소유물들이 죽임을 당하고 말았다. 하나님께서 세상에 내신 언약의 백성이 이미 허락하여 주신 가나안 땅을 기업으로 받고 그 땅에 들어가 약속된 복을 누리기도 전에 죽고 말았다는 것은 안타까운 일이 아닐 수 없다. 이러한 심판이 단 한 사람의 욕심으로 말미암아 발생되었다는 것은 죄의 심각성과 죄책이 얼마나 무거운 것인지를 잘 말해 주고 있다.

5) 공동체 의식 안에서 바라보는 '죄'

아간의 사건을 통하여 우리는 하나님의 백성은 자기 혼자만의 삶을 생각해서는 안 된다는 점을 배울 수 있다. 항상 하나님께서 다스리시는 은혜 가운데 있는 백성 중의 한 사람으로서 '나'를 의식하고 있어야 한다. 나 하나의 삶은 곧 하나님 나라 전체의 삶이기 때문이다. 따라서 나 하나의 실수는 우리 공동체 전체에 하나님의 진노와 심판을 가져올 수 있음을 명심해야 한다. 여기에서 우리는 교회의 원리를 발견하게 된다.

하나님께서 이 땅에 하나의 유형 교회를 세우시기 위해 그의 백성을 부르실 때는 어느 시대, 어느 곳에서나 어느 개인 한 사람만을 부르시는 법이 없다. 하나님은 교회를 세우시기 위해 어느 시대든지 그 교회를 이룰 만한 성도들의 만수滿數를 함께 보내시고 불러내신다.

이 원리에 대하여 마태복음 18장 19-20절에서는 "두세 사람이 내 이름으로 모인 곳"이라고 표현하고 있다. 이것은 교회를 이루기 위해 어느 시대나 적어도 함께 교회 공동체를 이루어야 할 몇 사람 곧 만수가 있어야 함을 지시하고 있다. 각 개개인 혼자서는 온전한 교회를 이루었다 할 수 없다. 하나님께서 부르신 그들이 적어도 서로의 신분을 확인하고 교회 공동체로 드러나야 비로소 교회로서 존재 의미가 있다.

교회의 한 지체가 되었다는 것은 중요한 의미를 가진다. 교회를 이루었다는 것은 곧 온전한 인격체로서 자신의 존재 가치가 하나님 앞에 인정되었음을 의미하기 때문이다. 따라서 나 한 사람의 삶은 자기 개인적인 가치를 부여하기 위해 있는 것이 아니라 교회의 한 지체로서 가치를 나타내기 위해 존재한다는 사실을 인식해야 한다. 그리고 교회의 지체로서 자신의 가치가 확인되지 않으면 자신의 존재는 아무런 의미가 없다는 점을 명심해야 한다.

이 점을 보아서도 나 하나를 하나님 앞에 온전히 세우기 위해 애쓰는 것은 몸된 교회를 바로 세우기 위한 최선의 길임을 알 수 있다. 다윗은 교회 공동체의 한 지체로서 죄에 대한 심각한 책임감을 각성하고 있었다.

2. 새 생명의 발현으로서 예배

하나님 나라의 공동체를 구성하고 있는 다윗은 세상의 세력에 대하여 비통함을 느끼지 않을 수 없었다. 하나님에 대하여 끊임없이 대적하고 자신의 이기적인 권익을 위해 살아가는 사람들이 있다는 것부터 다윗에게는 고통스런 탄원의 내용이었다.

나아가 자신이 세상 사람들로부터 외면당하고 고통을 받는 것은 곧 하나님께서 세상 사람들로부터 당하는 외면이고 아픔이라는 점을 잘 알고 있었다. 다윗은 자신의 죄로 인해 세상 사람들로부터 수모를 당하는 것은 당연한 것이지만 그 일로 인해 하나님마저 수모를 당하게 한다는 사실이 무척이나 괴로웠다. 창조주 하나님께서 무지한 피조물들에 의해 거룩히 여김을 받지 못할 뿐만 아니라 오히려 공격의 대상이 되신다는 사실이 그처럼 다윗을 아프게 했다.

"내가 내 형제에게는 객이 되고 내 모친의 자녀에게는 외인이 되었나이다 주의 집을 위하는 열성이 나를 삼키고 주를 훼방하는 훼방이 내게 미쳤나이다"(시 69:8-9)라는 기도에서 다윗이 당하는 또 다른 비참함을 보게 된다. 무엇보다도 자기를 이해할 수 있는 가족들까지도 얼굴을 돌리는 참담한 모습을 묘사함으로써 자기가 처한 상태가 철저하게 세상으로부터 버림받았음을 탄원하고 있다. 실제로 그의 형제들에게 어떤 수모를 당했는지는 알 수 없으나 한 예를 찾아 볼 수는 있다.

1) 세상의 반신국적인 경향

다윗이 이스라엘을 침략한 골리앗을 향하여 의로운 열심이 일어나 전쟁에 나가고자 할 때 그의 형 엘리압이 노를 발하며 "네가 어찌하여 이리로 내려왔느냐 들에 있는 몇 양을 뉘게 맡겼느냐 나는 네 교만과 네 마음의 완악함을 아노니 네가 전쟁을 구경하러 왔도다"(삼상 17:28)고 힐난한 적이 있다.

당시 상황은 하나님 나라를 건설해야 하는 이스라엘의 존폐 여부가 달려 있는 긴급한 때이다. 따라서 하나님의 비상한 간섭이 절실히 요구되는 위기임에도 불구하고 공동체적 생명의 터전인 하나님 나라를 생각하기보다는 겨우 몇 마리의 양을 돌보아야 한다는 개인 중심적인 발상에서 나온 형의 질책에 다윗의 가슴은 안타까움으로 가득했다.

물론 이 시편이 그 사건을 염두에 두고 말한 것인지는 확실하지 않다. 하지만 하나님 나라의 일을 항상 염려하는 다윗이었기에 다른 여타의 사건에도 똑같은 심정을 가졌음이 분명하다. 때문에 그러한 다윗의 충정어린 마음을 몰라주는 형제들이나 세상 사람들의 반신국적인 행위는 다윗의 마음을 가시로 찌르듯이 아프게 하고도 남았다. 이처럼 하나님 나라의 일을 생각하는 사람은 그 심정을 세상 어느 곳에서도 이해 받지 못하기 때문에 마음 가운데 깊은 슬픔을 갖기 마련이다.

다윗은 세상에 대하여 얼굴을 돌리고 그들에게 무언가 위로를 얻고 이해를 구하기보다는 하나님께 기도하며 호소하고 있다. 자신이 가지고 있는 삶의 가치와 목표가 분명하기 때문에 더이상 세상 일에 마음을 두지 않고 자신이 가야 할 길을 묵묵히 나아가고자 했다.

이런 사람에게는 시대를 앞서가는 안목이 있는 반면에 남들이 아파하지 않는 것을 보고도 심령이 상하고 하나님께 울부짖으며 죄악을 궤멸해 주실 것을 탄원한다. 이러한 사람만이 그 일로 인해 주어지는 박해를 기쁨으로 맞는다. 이렇게 시대를 앞서가는 그의 모습 속에서 오히려 숭고한 삶의 정형이 드러나게 된다.

2) 하나님의 공의

비로소 다윗은 하나님의 공의가 분명하게 세상을 심판하게 될 것을 바라보며 한 가닥 밝은 빛을 바라보고 있다. 마치 모든 역경을 이기고 승리를 바라보는 승리자의 외침이 10-29절에 강하게 나타나고 있다. 그것은 하나님의 나라를 방해하고 의로운 백성을 무고히 박해한 악인들이 하나님의 진노를 받게 될 것이라는 강한 소원에서 엿볼 수 있다.

이러한 소원은 하나님의 마음을 잘 알고서 확신에 찬 상태에서 나오게 된다. 이것은 하나님께서 악인을 심판하실 것에 기대하는 막연한 호소나 그런 일이 생겼으면 좋을 것이라는 요행을 바라는 심정에서 한 말이 아니다. 하나님의 사랑과 공의를 누구보다도 잘 알고 있고 하나님이야말로 능히 그의 대적자들을 파하시는 권능자이심을 알고 드리는 기도이다(시 69:22).

"저희 죄악에 죄악을 더 정하사 주의 의에 들어오지 못하게 하소서"(시 69:27)라는 탄원은 하나님께 끝까지 거역하며 하나님의 심판을 두려워하지 않는 자들을 향한 공의의 발로이다. 악인과 의인은 철저하게 구별되어야 한다. 그리고 하나님은 마침내 의인의 회중에서 악인들을 제거하실 것이다. "저희를 생명책에서 도말하사 의인과 함께 기록되게 마소서"(시 69:28)라는 탄원은 그래서 다윗에게 위로가 되며 또 하나님 나라의 공의로운 법칙을 드러내는 선언이기도 하다.

다윗이 이와 같은 결론에 이를 수 있었던 것은 앞선 1-2절에서 볼 수 있다. 자신이 죄 가운데 있는 상태가 어떤 것인가를 직시하고 나아가 하나님 앞에서 도저히 용납될 수 없을 만큼 죄악된 현실의 모습을 보았기 때문이다. 그의 간구는 하나님 나라를 대적하는 악이 공공연히 등장하여 하나님 나라를 사모하는 성도들의 마음을 상하게 하는 것을 견제하고자 하는 충정에서 나왔다.

다윗은 마침내 그 악의 세력을 궤멸하실 하나님의 권능을 보고 있었으므로 그처럼 고통스럽고 마음이 상한 자리에서 분연히 일어설 수 있었다. 결국 이러한 하나님 나라를 바라보지 못하고 대적하는 무리들은 끝내 자기들의 죄악에 의해 멸망당하고 만다.

3) 하나님의 은혜

죽음의 자리에서 벗어나지 못할 것만 같았던 다윗은 오히려 하나님의 정의로운 권능에 힘입어 죄의 권세에서 자신이 벗어날 것을 바라보며 대단원의 팡파르를 울리게 된다.

"오직 나는 가난하고 슬프오니 하나님이여 주의 구원으로 나를 높이소서"(시 69:29).

하나님 나라의 백성된 성품에 대하여 예수께서 산상보훈을 통해 말씀하신 심령이 가난하고 애통하는 자의 모습을 보는 듯 하다. 한편 이러한 다윗의 외침은 죽음을 통과한 새 생명의 탄생과 같은 고고한 소리를 연상하게 한다. 왜냐하면 이러한 다윗의 외침은 마치 요나서에서 계시되는 것과 같이 이스라엘 전체의 죽음과 그 죽음 뒤에 오는 새로운 영광된 모습을 소망하게 만들기 때문이다.

나아가 이 모습은 예수 그리스도의 죽으심 뒤에 오는 영광된 모습이기도 하다. 사도 바울이 "오호라 나는 곤고한 사람이로다 이 사망의 몸에서 누가 나를 건져내랴"(롬 7:24)고 탄식한 후에 "이제 그리스도 예수 안에 있는 자에게는 결코 정죄함이 없나니 이는 그리스도 예수 안에 있는 생명의 성령의 법이 죄와 사망의 법에서 너를 해방하였음이라"(롬 8:1-2)고 한 외침과도 같다.

이러한 경이로움은 새롭게 건설된 하나님 나라에서만 찾을 수 있는 특이한 모습이다(마 5-7장). 우리는 이러한 경륜 가운데 하나님 나라의 백성이 된 성도들이다. 막연하게 내가 교회를 다니고 예수를 믿는다고 하나님 나라의 백성이 된 것이 아니다. 적어도 우리가 가지고 있는 죄악 자체가 하나님 앞에서 도말되고 지금은 새 생명으로 거듭난 자로서 하나님 나라에 들어오게 되었다.

4) 새 생명의 발휘

결국 다윗의 기도를 통하여 우리가 어떤 신분에 있는가를 확인하게 된다. 그것은 바로 우리가 새롭게 태어난 사람들이라는 사실이다. 새 생명을 가지고 있는 사람들이다. 이런 차원에서 우리에게 주어진 최고의 인생 목표를 새롭게 설정해야 한다. 곧 하나님께서 우리를 통하여 영원한 새 창조의 나라를 건설하신다는 사실을 인식해야 한다.

하나님께서는 창조하신 본래의 아름답고 영광스럽고 의가 가득한 나라를 바로 우리를 통해 회복하신다. 하나님께서 우리를 불러 교회의 한 지체로 세우신 목적은 현상現像의 세계인 에덴동산과는 전혀 다른 본상本像의 나라로서 완전한 나라를 건설하기 위함이다.

영원한 새 창조의 나라에서 우리가 할 일은 하나님을 온전하게 경배하는 일이다. 때문에 다윗은 "내가 노래로 하나님의 이름을 찬송하며 감사함으로 하나님을 광대하시다 하리니 이것이 소 곧 뿔과 굽이 있는 황소를 드림보다 여호와를 더욱 기쁘시게 함이 될 것이라"(시 69:30-31)고 단호하게 선언하고 있다.

하나님을 영광스럽게 경배하는 모습이 곧 하나님의 이름을 찬양하는 것으로 묘사되고 있다. 이 사실을 계시록에서도 찾을 수 있다. 모든 전쟁이 끝난 후 구원받은 허다한 무리들과 24장로와 천군 천사들이 하나님의 성호를 찬송하는 웅장한 모습으로 성경은 대단원의 막을 내리고 있다(계 19:1-10).

이 모습은 경배의 극치를 보여준다. 이런 것을 볼 때 우리가 현 세상에서 하나님을 영화롭게 하는 방도 중 하나인 '예배'가 마침내 새 나라에서 하나님께 드릴 경배의 전형이라는 점에서 그 가치를 새롭게 인식할 필요가 있다.

3. 교회가 드려야 할 예배

다윗은 예배하는 모습으로써 하나님을 찬송하는 것이 인생의 아름다움이라고 자연스럽게 선언하고 있다. 찬송은 거듭난 자 곧 새 생명을 받은 자들이 의당히 하나님께 드려야 하기 때문이다. 우리 인생에 있어서 최고의 가치를 두어야 할 것은 바로 하나님을 찬송함으로써 드리는 경배이다. 여기에서 찬송한다는 것은 단순히 노래하는 것만을 의미하지 않는다. 하나님께 드리는 경배의 모든 요소를 담은 정신을 말한다.

하나님을 찬송하는 방법에는 여러 가지가 있다. 하나님을 향하여 노래로써 찬미하는 것이 보편적인 방법이다. 찬미는 하나님을 높이기 위해 드려지는 여러 가지 다른 예배 모양에서도 중요한 위치를 차지한다.

우리가 기도할 때도 마찬가지이다. 물론 기도만이 가지고 있는 고유한 의미가 있지만 하나님은 왕이시요 우주의 통치자시요 내 인생의 주관자시라는 것을 고백하고 그 하나님의 이름을 높이고 하나님을 영화롭게 송축하는 것이 기도의 기본적인 정신에 포함된다.

헌상에서도 그러한 정신이 나타난다. '하나님께 나를 드립니다. 나를 받아 주십시오' 하고 내 몸을 하나님께 드려야 한다. 내 몸을 하나님께 모두 드렸다면 이제는 하나님께서 기뻐하실 일이 무엇인가를 생각하는 것이 당연한 결과이다. 왜냐하면 하나님은 우리가 하나님을 위해 살도록 부르셨기 때문이다.

우리가 예배 순서에서 헌상의 시간을 갖는 것은 하나님께 나를 받아 주시기를 바라고 내 소유의 일부를 상징적으로 드리는 마음의 표시이다. 왕을 찾아 갈 때 예물을 드리는 것은 그 예물이 왕의 통치와 덕을 칭송하며 찬양하는 의미를 그 속에 담고 있음을 표하는 것과 같다.

때문에 하나님께 기도, 찬미, 헌상한다는 것은 모두가 하나님을 영광스럽게 하는 일이며 하나님을 기쁘시게 하는 일이다. 물론 예배 안에 기도, 찬송, 헌상, 강설 등의 요소는 각각 고유한 영역과 의미를 가지고 있다. 그렇지만 그 고유한 성격들이 하나로 어우러져 하나님을 예배함에 있어서 기본적으로 나타나는 특성이 바로 하나님을 경배하는 일이다.

그러므로 우리는 그분 앞에서 친히 우리 자신을 잘 살펴야 한다. '과연 지금 하나님을 잘 인식하고 예배하는 것인가? 올바른 자세로 찬송하고 있는가? 정당하게 헌상하는가? 내 욕심에 따라 아니면 체면에 따라 마지못해 생색을 내고 있지는 않는가?' 등등을 따져야 한다. 이러한 확인은 하나님 백성 앞에서 나의 의무이다. 즉 내가 이 일을 정당히 행하지 않고 등한시했을 때 하나님 나라 전체가 나로 인해 오염된다는 책임의식을 갖고 있어야 한다.

왜냐하면 장차 우리가 들어갈 나라에서는 아무리 작은 것이라도 그리고 아무리 미천한 것이라도 결코 오염이 있어서는 안 되기 때문이다. 드높은 사회일수록 지극히 작은 흠이라도 쉽게 드러나기 마련이다. 하나님 앞에서야 더 말할 것이 없다. 만일 내가 하나님의 백성으로서 예배하고 자기의 삶 전부를 드리는 표로써 예배의 자리에 나와 있다면 나 하나의 오염과 결핍은 나 한 사람의 문제가 아니라 전체에게 심각한 문제와 결핍을 가져다 준다는 사실을 명심해야 한다.

이런 차원에서 우리의 마음을 새롭게 해야 한다. 예배에 참여하는 태도나, 기도나, 찬송이나, 헌상함에 있어서까지 참으로 각별해야 한다. 나 하나의 조그만 잘못이 우리 전체에게 큰 악영향을 끼친다는 것과 그 결핍이 결국 하나님 나라의 진행에 절대적인 결핍을 가져온다는 두려운 생각을 갖고 예배에 참여해야 한다.

교회가 먼저 해야 할 일은 하나님을 온전하게 예배하는 일이다. 이런 점에서 교회의 여러 다른 일보다도 예배가 소중하다. 많은 사람들이 열심을 내어서 교회를 자주 찾고 일주일에 몇 번씩 하나님을 예배한다고 하면서도 한 번도 제대로 하나님을 예배하지 못하는 것은 안타까운 일이다. 우리는 예배 시간에 결핍이 없도록 최선을 다하고 우리가 드릴 수 있는 모습 중에서 최고의 것을 하나님께 드리겠다는 각오로 마음가짐을 새롭게 하고 예배에 참여해야 한다.

기도

하나님, 아버지!

하나님께 우리의 모든 것을 드리는 것이 합당하고 옳은 줄 아옵나이다. 또 하나님께서는 충분히 우리의 모든 것을 받으시기에 온전하신 분이십니다. 하나님! 이제부터 우리가 마음을 새롭게 하기를 원하옵고, 이제는 나 하나의 고집과 나 하나의 개인적인 결핍으로 말미암아 한 지체된 성도에게 결핍을 가져다주지 않고 또 하나님 나라에 속해있는 모든 백성에게 악을 끼치는 일이 일어나지 않도록 우리를 새롭게 관찰할 수 있는 눈을 열어주시기를 원하옵나이다.

이런 정당한 예배가 우리 하나님께 드려질 때 바로 이곳에서 하나님의 임재를 확인하고, 하나님의 능력을 체험하고, 하나님 나라의 깊은 능력을 가지게 되며 감사하는 시간이 될 것이옵나이다. 그럴 때 우리 인생의 기본적이고 궁극적인 삶의 목표를 향해 나아갈 수 있을 것이며 다윗이 하나님께 기도했던 것처럼 우리의 모든 삶이 하나님께 영광을 돌리는 삶의 모습으로 나타날 것이옵니다.

이 모든 일이 친히 하나님의 능력과 주관 아래 이루어지게 하옵고 우리의 열심으로써가 아니라 의당히 하나님의 백성으로서 우리의 삶이 하나님께 드려지는 귀한 모습으로 예배할 수 있도록 은혜를 주옵소서.

주 예수 그리스도의 이름으로 기도하옵나이다. 아멘.

II. 교회의 속성

요한복음 17장 1-26절

1 예수께서 이 말씀을 하시고 눈을 들어 하늘을 우러러 가라사대 아버지여 때가 이르렀사오니
아들을 영화롭게 하사 아들로 아버지를 영화롭게 하게 하옵소서
2 아버지께서 아들에게 주신 모든 자에게 영생을 주게 하시려고 만민을 다스리는 권세를 아들
에게 주셨음이로소이다
3 영생은 곧 유일하신 참 하나님과 그의 보내신 자 예수 그리스도를 아는 것이니이다
4 아버지께서 내게 하라고 주신 일을 내가 이루어 아버지를 이 세상에서 영화롭게 하였사오니
5 아버지여 창세 전에 내가 아버지와 함께 가졌던 영화로써 지금도 아버지와 함께 나를 영화롭
게 하옵소서
6 세상 중에서 내게 주신 사람들에게 내가 아버지의 이름을 나타내었나이다 저희는 아버지의
것이었는데 내게 주셨으며 저희는 아버지의 말씀을 지키었나이다
7 지금 저희는 아버지께서 내게 주신 것이 다 아버지께로서 온 것인 줄 알았나이다
8 나는 아버지께서 내게 주신 말씀들을 저희에게 주었사오며 저희는 이것을 받고 내가 아버지
께로부터 나온 줄을 참으로 아오며 아버지께서 나를 보내신 줄도 믿었사옵나이다
9 내가 저희를 위하여 비옵나니 내가 비옵는 것은 세상을 위함이 아니요 내게 주신 자들을 위함
이니이다 저희는 아버지의 것이로소이다
10 내 것은 다 아버지의 것이요 아버지의 것은 내 것이온데 내가 저희로 말미암아 영광을 받았
나이다
11 나는 세상에 더 있지 아니하오나 저희는 세상에 있사옵고 나는 아버지께로 가옵나니 거룩하
신 아버지여 내게 주신 아버지의 이름으로 저희를 보전하사 우리와 같이 저희도 하나가 되
게 하옵소서
12 내가 저희와 함께 있을 때에 내게 주신 아버지의 이름으로 저희를 보전하와 지키었나이다
그 중에 하나도 멸망치 않고 오직 멸망의 자식뿐이오니 이는 성경을 응하게 함이니이다
13 지금 내가 아버지께로 가오니 내가 세상에서 이 말을 하옵는 것은 저희로 내 기쁨을 저희 안
에 충만히 가지게 하려 함이니이다
14 내가 아버지의 말씀을 저희에게 주었사오매 세상이 저희를 미워하였사오니 이는 내가 세상
에 속하지 아니함같이 저희도 세상에 속하지 아니함을 인함이니이다
15 내가 비옵는 것은 저희를 세상에서 데려가시기를 위함이 아니요 오직 악에 빠지지 않게 보
전하시기를 위함이니이다
16 내가 세상에 속하지 아니함같이 저희도 세상에 속하지 아니하였삽나이다
17 저희를 진리로 거룩하게 하옵소서 아버지의 말씀은 진리니이다

18 아버지께서 나를 세상에 보내신 것같이 나도 저희를 세상에 보내었고
19 또 저희를 위하여 내가 나를 거룩하게 하오니 이는 저희도 진리로 거룩함을 얻게 하려 함이니이다
20 내가 비옵는 것은 이 사람들만 위함이 아니요 또 저희 말을 인하여 나를 믿는 사람들도 위함이니
21 아버지께서 내 안에 내가 아버지 안에 있는 것같이 저희도 다 하나가 되어 우리 안에 있게 하사 세상으로 아버지께서 나를 보내신 것을 믿게 하옵소서
22 내게 주신 영광을 내가 저희에게 주었사오니 이는 우리가 하나가 된 것같이 저희도 하나가 되게 하려 함이니이다
23 곧 내가 저희 안에 아버지께서 내 안에 계셔 저희로 온전함을 이루어 하나가 되게 하려 함은 아버지께서 나를 보내신 것과 또 나를 사랑하심같이 저희도 사랑하신 것을 세상으로 알게 하려 함이로소이다
24 아버지여 내게 주신 자도 나 있는 곳에 나와 함께 있어 아버지께서 창세 전부터 나를 사랑하시므로 내게 주신 나의 영광을 저희로 보게 하시기를 원하옵니다
25 의로우신 아버지여 세상이 아버지를 알지 못하여도 나는 아버지를 알았삽고 저희도 아버지께서 나를 보내신 줄 알았삽나이다
26 내가 아버지의 이름을 저희에게 알게 하였고 또 알게 하리니 이는 나를 사랑하신 사랑이 저희 안에 있고 나도 저희 안에 있게 하려 함이니이다

II. 교회의 속성

요 17:1-26

이 땅에 교회가 세워진 궁극적인 목표는 하나님께서 내신 본래의 영광스러운 창조의 질서를 완성하기 위함이다. 하나님께서는 교회를 통하여 태초부터 계획하셨던 그 영광스러운 창조 질서를 회복하고 그 회복된 모습 속에서 하나님의 영광과 지혜가 충만하게 드러나게 되기를 원하셨다.[5] 이러한 목표는 예수 그리스도께서 재림하실 때 '새 하늘과 새 땅' 을 완성하심으로 이루어지게 된다(계 21:1-7 참조). 그리고 이러한 궁극적인 하나님 나라를 가시적으로 이 땅에 건설하기 위한 기본적인 터전이 '교회' (Universal Church)이다.

교회는 장차 완성될 '새 하늘과 새 땅' 의 모형이다. 이것은 교회가 본질상 하나님 나라를 이 땅에 실체화한 유일한 형태임을 증거한다. 따라서 교회가 이 땅에 존재한다는 것 자체가 유형화된 하나님 나라가 우리에게 보여졌다는 점에서 하나님의 은혜이다. 나아가 교회는 우리로 하여금 하나님 나라를 소망하고 그 나라를 체험케 하는 은혜의 방편이기

---

5) 송영찬, 창세기의 메시지 : 하나님의 언약(서울, 도서출판 깔뱅, 2006년), pp.25-45.

도 하다.[6)]

만일 교회가 없다면 그것은 곧 하나님께서 우리에게 주신 은혜의 방도가 없어지게 된다.[7)] 그 결과는 하나님과 우리가 만날 터전이 없어지게 되며 하나님께서 그의 백성을 통치하실 기관이 없는 것과 같다. 이것

---

6) 웨스트민스터 신앙고백서 대요리문답 제63번.
문 : 보이는 교회(지상 교회)가 누리는 특권은 무엇인가?
답 : 보이는 교회(지상 교회)는 하나님의 특별하신 보호와 다스리심을 받는 특권을 누린다. 즉 시대마다 일어나는 원수들의 반대에 부딪힘에도 불구하고 교회는 보호를 받고 보전된다. 그리고 성도의 교제와 구원의 일반적인 방법을 향유하며, 주님을 믿는 자마다 구원을 얻을 것이며, 주님께 오는 자는 한 사람도 버리지 않으실 것이라고 증거하는 복음 사역을 통하여 그리스도께서 교회의 모든 지체에게 주시는 은혜를 누린다.

7) 하나님께서 성도에게 주시는 은혜의 방도는 말씀과 성례이다. 이 은혜의 방도는 오로지 교회에게 위임되었으며 그밖에 다른 기관에게 위임되지 않았다. 웨스트민스터 대요리문답에서는 은혜의 방도로 세 가지를 말하고 있다. 곧 말씀과 성례와 기도를 은혜의 방도라고 한다.
웨스트민스터 신앙고백 대요리문답 제154번.
문 : 그리스도께서 자기 중보의 혜택을 우리에게 전달하시는 외적 방편을 무엇입니까?
답 : 그리스도께서 자기 중보의 혜택을 자기 교회에 전달하시는 외적, 또는 보통 방편은 그의 모든 규례, 특히 말씀과 성례와 기도인데 이 모든 것은 택함을 입은 자들의 구원을 효력 있게 하는 것입니다.
대요리문답에서 기도를 은혜의 방도라고 할 때는 기도의 목적을 통해 좀더 구체적으로 그 의미를 이해할 수 있다.
웨스트민스터 신앙고백 대요리문답 183번.
문 : 우리는 누구를 위하여 기도할 것입니까?
답 : 우리는 지상에 있는 그리스도의 전체 교회를 위하여, 교역자들과 위정자들을 위하여, 우리 자신과 우리 형제들뿐만 아니라 원수들을 위해서, 살아 있는 혹은 장차 살아 있을 모든 종류의 사람들을 위하여 기도할 것이지만 죽은 자나 죽음에 이르는 죄를 범한 것으로 알려져 있는 사람들을 위하여 기도해서는 안 됩니다.
웨스트민스터 신앙고백 대요리문답 제184번.
문 : 우리는 무엇을 위하여 기도해야 합니까?
답 : 우리는 하나님의 영광과 교회의 평강과 우리들 자신과 다른 사람들의 선을 위하여 기도할 것이나 무엇이든지 불법적인 것을 위하여 기도해서는 안됩니다.

은 하나님이 우리를 인도하고 보호하며 모든 삶을 책임지고 보증해 주시는 은혜가 상실되었음을 의미한다.8)

그러므로 교회가 없다는 것은 어떤 면에서 하나님 나라가 이 땅에 존재하지 않는 것이며 나아가 우리는 참혹하고 암담한 세계 속에서 방황할 수밖에 없다. 이런 점들을 볼 때 교회가 존재한다는 것은 우리에게는 각별한 의미가 있다. 어떠한 형태나 상태로든 교회가 존재하고 있다는 것은 바로 거기에 하나님의 통치가 있고 하나님과 그의 백성간에 교통이 있는 것으로서 하나님께서 친히 우리 가운데 계신다고 하는 임마누엘의 증표가 되기 때문이다.

1. 하나님의 통치 기관으로서 교회

이상의 의미들은 이미 하나님께서 시내산에서 계시하신 성막의 제도 속에서 찾아볼 수 있다. 하나님께서 성막을 지으라고 하실 때는 큰 의미가 있었다. 즉 성막은 ① 하나님께서 그의 백성 안에 임재하여 친히 통치하고 교제하며 치유하는 분이심을 계시하며(출 15:25-26 참조), ② 이스라엘이 하나님 나라의 백성으로서 신분을 행사하고 그 나라의 사상을 고양하여 거룩한 나라의 문화를 세워나가야 함을 지시하고 있다(출 19:5-6 참조).

이러한 계시의 실체적인 모형으로 성막을 세우게 하신 하나님은 이스라엘이 진을 칠 때는 성막을 진의 중앙에 위치하게 하심으로써 하나

8) 도르트 신조(1618년) 첫째 교리 : 하나님의 선택과 유기(遺棄) 제14장은 이렇게 선언하고 있다 : 하나님의 놀라운 지혜로 인한 이 선택의 가르침이 선지자들과 그리스도 자신 그리고 사도들에 의해서 선포된다. 또한 구약과 신약 성경을 통하여 분명하게 보여졌듯이 이것은 여전히 하나님의 '교회'에서 시간과 장소를 따라 이루어지고 있다. 우리는 이 일이 진지하고 경건한 가운데에서 특별히 이루어지며 하나님의 그 거룩한 이름의 영광을 위하여 또한 높으신 하나님의 비밀스런 길을 완전히 깨달아 알 수는 없으나 하나님께서 그의 백성을 북돋우고 위로해 주시기 위하여 일어남을 알 수 있다.

님 중심적인 삶을 상징하도록 하셨고 행군할 때는 이스라엘의 진두에 위치하게 함으로써 친히 그의 백성을 인도하신다는 사실을 나타내도록 하셨다.

신분상 하나님의 백성이 된 이스라엘은 그들의 삶의 중심에 하나님을 모시고 모든 삶을 하나님의 인도 아래 진행시켜 나가야 한다. 곧 하나님 중심적인 삶을 유지하기 위한 것이 성막의 역할이었다. 마찬가지로 교회는 성막이 계시하는 의미와 일맥상통한 점이 많다. 그 대표적인 예로 교회가 하나님 중심적인 삶을 그의 백성에게 보장해 주는 역할을 한다는 점을 들 수 있다.

교회가 이 땅에 존재하고 있는 동안 최우선적인 과제가 있다면 교회의 중심이요 주인이신 삼위일체 하나님께 영광을 드리는 일이다. 다시 말하면 교회가 이 땅에 존재하는 것은 하나님의 영광과 예수 그리스도의 찬연한 영화의 모습과 성령님의 끊임없는 구원의 은혜를 드러내기 위함이다. 이러한 사상은 "아버지여 때가 이르렀사오니 아들을 영화롭게 하사 아들로 아버지를 영화롭게 하옵소서"(요 17:1)라고 한 예수님의 기도 가운데 나타나 있다.

예수께서 십자가 사건을 앞에 두고 이런 기도를 하셨는데 그 기도를 응답하신 하나님께서 친히 그 아들 예수 그리스도를 죽음에서 부활하게 하심으로써 영화롭게 하셨고 그 부활을 근거로 교회가 세워지게 되었다. 부활하신 그리스도는 친히 영이신 성령님으로 오시어 교회의 진정한 왕이 되셨다. 이 사상은 그리스도께서 친히 교회의 머리가 되셨으며 교회는 그리스도의 몸이라고 고백한 바울에게서 정립된 바 있다(고전 12:27; 엡 4:12).

교회는 그 영광된 그리스도의 몸으로서 세상과 구별되어야 하고 그리스도의 몸으로서 이제는 하나님을 영광스럽게 해야 한다. 이것이 이 땅위에 교회가 세워져서 존재해야 될 유일한 이유이다. 그러므로 교회의 근본적인 일은 삼위일체 하나님께 영광을 올리는 것에 그 사명을 삼고 어느 시대든 자신을 세상과 구별해야 한다. 이런 차원에서 교회의 속성을 생각한다는 것은 상당한 의미가 있다.

2. 교회의 속성

교회가 그리스도의 몸이라는 점에서 교회의 속성 중의 한 면을 생각해 볼 수 있다. 교회가 그리스도의 몸이라고 한다면 교회는 그리스도의 품성을 자연히 드러내게 된다는 의미이다. 즉 교회가 그 머리이신 그리스도와의 관계를 확인하지 않고 그 품성을 발휘하지 못하고 있다면 더 이상 그 교회는 교회로서 가치가 없다.

머리이신 예수 그리스도께서는 친히 십자가에서 죽으시고 보혈을 흘리심으로 모든 죄 곧 죽음의 권세를 깨뜨리시고 우리를 죄의 종된 자리에서 구속하여 교회로 세워주셨다. 따라서 그리스도의 피값 곧 그리스도의 구속의 은혜로 말미암아 교회가 세워졌기 때문에 당연히 교회는 그리스도께서 친히 사신 것이며(행 20:28) 그리스도의 소유(롬 7:4)로서 의미를 가지게 된다.

1) 교회 / 그리스도와 한 몸을 이룬 유기적 공동체

교회를 그리스도의 소유라고 할 때 그리스도는 교회의 주관자이심을 의미하며 교회는 그리스도를 주主라고 한다. 이런 관계를 확인하고 있다면 하나님이신 그리스도께서 친히 우리의 주가 되시기 때문에 우리는 하나님의 소유가 될 만한 위치에 있어야 한다는 사실을 알아야 한다(출 19:4-5). 나아가 이러한 신분이라는 것은 세상의 어떤 것보다 귀한 자리에 있음을 인식해야 한다.

물론 우리에게 그럴 만한 자격이나 가치가 있어서 당연하게 그런 위치에 다다른 것은 아니다. 무엇보다도 성자 예수께서 성부 하나님 앞에 약속하여 친히 우리를 택정하고 구속하기로 결정하신 공효에 따라 우리가 구속함을 입었다는 사실(엡 1:3-4)을 바로 알고 있다면 우리의 위치라든지 신분이 얼마나 귀하고 소중한 것인가를 알 수 있다.

더 놀라운 것은 그리스도께서 우리를 그의 소유로 삼아 주셨을 뿐 아니라 이제는 친히 우리와 하나 곧 일체가 되어 주신다는 사실이다(엡 4:6). 그리스도의 영으로 오신 성령께서 우리(교회) 안에 거하시고 친히 하나님 나라의 왕권을 가지고 우리를 통치하신다. "두세 사람이 내 이름으로 모인 곳에는 나도 그들 중에 있느니라"(마 18:20)는 말씀과 같이 온전한 최소 단위인 만수로서 교회를 이루게 될 때 그중 한 사람의 몫을 그리스도께서 행사하신다고 약속해 주셨다.

최소 만수의 단위를 세 사람으로 상징하는 것은 한 사람이 가지고 있는 것을 다른 사람에게 나누기 위해 둘이라는 공동체가 필요하고 그 두 사람의 나눔을 공감하고 그 영향력을 실감할 수 있는 또 한 사람이 필요하기 때문이다. 그래서 셋을 완전수라고 한다. 완전하신 하나님 역시 세 분이라는 사실을 통해 우리는 그와 같은 원리를 알 수 있다.

그러므로 지상에서 교회를 이루는 데 있어서 최소 두 사람이 그리스도의 이름으로 모인다면 그 둘로는 불완전하지만 그리스도께서 그들 중에 함께 계시므로 그 두 사람은 유형의 교회를 이룰 수 있는 정족수가 된다. 이러한 근거 아래 그리스도는 교회의 머리이며 교회는 항상 그의 몸을 이루는 유기적 공동체가 된다. 이처럼 최소 단위의 교회 모습을 우리는 가정에서 찾을 수 있다. 혼인한 부부로 구성된 가정은 교회를 구성하는 최소 단위이다.9)

---

9) 송영찬, 세례와 성찬(서울, 도서출판 깔뱅, 2006), pp.103-104.

2) 교회 / 그리스도의 품성을 드러내는 공동체

유기적 공동체가 교회 속성의 중요한 한 모습이라고 한다면 이제 교회는 하나님 나라의 본체로서 그리스도의 품성을 이 땅에 드러내어야 한다. 즉 그리스도의 인격이 교회 안에 존재하고 있어야 한다. 그런데 교회 안에서 그리스도의 인격으로 계신 분이 바로 성령이시다(롬 8:1-11 참조).

성령께서 임하시어 마음heart과 인격이 되어 주심으로써 그리스도의 품성person을 발현할 수 있게 된 사람을 우리는 중생한 사람(요 3:3-8), 성령에 속한 사람(엡 2:19-22; 4:4-5) 또는 신령한 사람(고전 2:12-16), 성령의 사람(롬 15:30)이라고 한다. 성령께서는 이러한 사람들을 불러모으시어 그리스도의 몸된 교회로 삼고 인도하며 보호하는 주관자가 되어 주신다(고전 12:13).[10]

그러므로 교회란 그리스도의 몸으로서 성령님이 친히 그 가운데 자존自尊하시고(고전 6:18-20), 하나님이 만나 주시고, 하나님과의 교통이 가능하며, 하나님과 하나가 되는 유기적 존재라고 말할 수 있다. 이런 점에서 교회만이 하나님과 교통하며 그의 통치를 받는 유일한 기관이라고 한다.

여기에서 우리는 누가 교회의 회원이 될 수 있는가 하는 문제를 생

---

10) 도르트 신조 다섯 번째 교리 : 성도의 견인(堅忍) 제8장은 이렇게 선언하고 있다 : 그러므로 믿음과 은혜에서 전적으로 떨어져 나가지 않게 하며 범죄로 인한 멸망에서 우리가 구원된 것은 인간의 공로나 노력에 의한 것이 아니라 하나님의 자비에 따른다. 비록 인간은 실수하여 범죄함으로 마음속에 결심이 변한다 할지라도 하나님의 약속은 결코 변하거나 실패하지 않으며 그 약속이 취소되는 일이 없다. 또한 그리스도의 공로와 그 도고의 기도 그리고 성도를 보호해 주시는 그 모든 것은 성령님의 인치심으로 되는 일이므로 결코 좌절하거나 무효화되는 일이 없다.

각하게 된다. 교회가 그리스도의 십자가 공효로 말미암아 이 땅에 세워진 것처럼 그 교회의 회원이 된 사람들 역시 그리스도의 속죄의 공효를 입고 신앙함으로써 중생한 사람이어야 한다. 이 중생한 사람들은 그리스도의 십자가로 말미암아 다시 산 사람들이기 때문에 먼저 전적인 자기 부정이 되어 있어야 한다. 즉 그리스도와 함께 못박혀 죽었다고 고백하는 자들이다(갈 2:20). 이런 사람을 우리는 세 가지 측면에서 볼 수 있다.

첫째, 자기의 아상我相을 철저하게 버린 사람이다.

자기의 자아self를 버린 사람만이 교회의 회원이 될 수 있다. 이제는 나의 주체, 즉 나 자신myself이 더이상 나를 주관하는 것이 아니다. 나와 함께 계시는 성령께서 나의 주체와 나의 인격이 되어 주신다. 따라서 더 이상 자신의 주관을 좇아 살지 않고 새로운 자아 곧 부활하신 그리스도의 인격을 나의 자아로 받아들여야 한다(골 3:10). 이러한 사람을 성경은 새 사람The Newself이라고 한다

둘째, 자기 인생의 경영을 포기한 사람이다.

즉 자기가 무엇을 해보겠다는 생각을 포기한다. 그렇기에 오히려 자기가 해야 할 일이 무엇인지 더 분명히 아는 사람이다. 자기가 나름대로 삶의 경험으로 체득한 판단의 자료에 따라 살지 않고 이제부터는 성령께서 지시하고 인도하시는 대로 살기 때문이다. 그래서 이제는 성령께서 하실 일이 무엇인줄 알고 그 일을 위해 자기의 최선을 다하게 된다. 그 결과 내 안에서 성령님의 인격이 전적으로 발휘되고 그로 말미암아 하나님께서 하고자 하시는 일 곧 하나님 나라를 건설하겠다는 그 일을 소망하게 된다. 자기의 모든 인생의 목표는 하나님 나라를 건설하는 데 있다.

셋째, 자신의 능력을 의존하지 않는 사람이다.

내 능력과 지혜로써 하나님 나라가 건설되지 않는다는 사실을 알고 자신의 능력과 지혜를 신뢰하지 않게 된다. 온전히 하나님의 능력, 하나님께서 주시는 능력 곧 성령님의 능력을 의존한다. "너희 안에서 행하시는 이는 하나님이시니 자기의 기쁘신 뜻을 위하여 너희로 소원을 두고 행하게 하시나니"(빌 2:13)라고 하신 말씀과 같다.

여기에서 행한다는 말은 에너지energy를 공급한다는 말이다. 하나님께서 우리에게 마땅히 필요한 힘을 공급해 주심으로써 하나님께서 기뻐하시는 일을 할 수 있도록 독려하여 마침내 그 일을 이루기 위해 우리 안에 소원을 주시고 힘써 성취케 하신다는 의미를 담고 있다.

우리가 하나님을 힘입고 있을 때 하나님께서 교회를 세우신 당신의 뜻을 마침내 우리를 통해서 이루어 나가신다. 이와 같은 상태를 가리켜 하나님께 드려진 바 되었다고 한다. 이 말이 곧 '헌신(παριστημι)' 이라는 단어로 표현된다(롬 6:6). 전적으로 하나님의 일을 위해 내 자신이 드려진 상태가 되어야만 비로소 우리는 교회의 회원이 된다.

3) 교회 / 신비한 연합체

교회의 회원이 된다는 것은 날마다 그리스도와 함께 십자가에 못박혀 죽는다(고전 15:31; 갈 2:20)는 말로 달리 표현될 수 있다. 교회에 속해 있는 성도라면 마땅히 자기의 이익과 이상을 추구하지 않는다. 자기의 자아까지도 포기하고 온전히 하나님 나라의 일을 위해야 한다. 이런 사람은 하나님의 성품, 품성, 인격을 드러내며 성령님의 능력에 의존하는 사람이다. 바로 이런 사람들이 교회를 이루어야 한다. 이처럼 성령께서는 각 사람을 주장하고 그들을 한 인격 안에서 통일시켜 교회를 세우시기 때문에(고전 12:13) 교회를 유기적 공동체 또는 신비한 한 몸unio mystica이라

고 한다.[11]

때문에 성도는 각자가 흩어져서 아무 상관없이 살 수 없다. 더군다나 한 교회의 지체라고 할 때는 더욱 따로 분리되어 살 수 없다. 교회는 성도들의 유일한 삶의 터전이기 때문이다. 교회를 떠나서 살 수 없고 생활의 터전이나 방향, 목표도 생각할 수 없다. 이런 의미에서 교회만이 유일한 삶의 기반이며 자기 생명의 실체reality가 된다.

교회만이 하나님께서 각 사람에게 주신 달란트talent를 보존하고 계발하게 함으로써 각각의 능력과 하나님께로부터 받은 지혜를 온전하게 발휘하여 하나님 나라를 건설하는 사역을 유효하게 할 수 있다. 그 결과 성도들은 교회로부터 각각의 삶의 의미 곧 존재의 독특한 의미를 부여받게 된다. 이러한 확인이 되어 있을 때 비로소 각 개인의 삶에서 의미를 찾을 수 있으며 그 삶만이 하나님의 보호와 생명의 보증을 받게 된다.

하나님께서 전 역사를 통해 경영하시는 크신 경륜 가운데 있는 교회 안에서 각 개인의 위치를 확인하고 각자에게 주어진 능력을 발휘하여 그 경륜의 나라와 보조를 같이 할 때 참으로 빛나는 인생을 이루게 된

---

11) 벨직 신앙고백서(1561년) 제28장은 다음과 같이 선언하고 있다 : 모든 그리스도인은 참 교회와 연결되어야 한다. 우리는 이 거룩한 공회가 구원받은 사람들의 모임이요 그 외에는 구원이 있을 수 없으므로 그리스도인은 어떤 상태나 조건 속에 있든지 간에 이 거룩한 모임에서 벗어나서는 안 되며 그 스스로 이 모임의 구성원이 되어야만 한다는 것과 모든 그리스도인은 마땅히 이 공회에 모여서 하나가 되어야 한다는 사실을 믿는 바이다. 이렇게 함으로써 교회가 하나가 되고 그들 스스로가 교회의 원리와 그 가르침에 따르며 예수 그리스도의 명령에 복종하고 서로가 동일한 몸의 지체 역할을 하면서 하나님께서 각자에게 주신 은사를 따라 사랑으로 봉사하는 일을 담당하게 된다. 그리고 이 일이 더욱 효과적으로 이뤄지도록 하기 위하여 비록 하나님께서 명하신 말씀이 국가의 행정 명령이나 칙령에 어긋나는 일이 있다 하더라도 우리는 하나님의 말씀에 따라 하나님께서 세워 주신 교회에서 스스로 그 구성원이 되어야 하며 따라서 자신을 교회에서 속하지 않는 사람들과 구별하는 것은 모든 믿는 자의 마땅히 행할 바이다. 그러므로 같은 교회 내에서 신자들 사이에 구별을 한다는 것이나 또한 신자들끼리 화목을 이루지 못하는 것도 하나님의 명령을 거역하는 행위가 된다.

다. 따라서 교회는 각 성도가 온전한 위치에서 하나님 나라에 쓰임 받고 하나님께 헌신하도록 도와주는 역할을 해야 한다. 이러한 교회적인 삶 곧 교회 중심적이며 교회 지향적인 삶이 이루어질 때 비로소 서로의 생명에 대한 절대적인 책임을 각성하게 된다.[12]

교회의 회원인 '나'는 내 생명 하나만을 위해 존재하지 않는다. 교회라는 생명체를 위해서 존재하며 결국 그 생명체로부터 생명의 원동력을 공급받는 불가분리의 관계를 확인하게 된다(엡 4:12, 15). 그 안에서 서로 지체간에 철저한 책임을 소유하게 된다(벧전 4:10 참조).

여기까지 성장했을 때 그 교회는 살아 있는 교회 곧 활력 있는 교회가 되며 하나님의 능력을 체험하고 발휘할 수 있는 교회로 성장하게 된다. 각자의 존재 의미와 삶의 능력을 교회로부터 부여받은 성도는 자기 자신만을 위해 살지 않고 유기적인 공동체인 하나님 나라의 한 지체로서 교회를 위해 살기 때문에 거기에 속한 모든 사람들에게 절대적인 책임의식을 갖고 살아가게 된다(엡 4:4-6).

이상이 (무형)교회, 즉 모든 교회의 공통된 기반이며 나아가 하나님의 통치가 실제적으로 나타나는 참 교회의 모습이다. 이러한 모습이 한 시대에 등장하고 한 지역에 등장하여 어떤 형태를 취할 때 우리는 이 교회를 유형 교회라고 부른다. 이것을 다른 말로 지교회라고도 한다. 다시 말하면 하나님 나라에 속한 성도들이 각각의 사명과 삶을 확인하고 그 삶을 위한 터전을 마련하기 위해 성령께서 불러모아 유형화시킨 것을 유형 교회 또는 지교회라 한다.

4) 교회 / 공동 목표 지향 공동체

한 가지 중요한 사실은 이러한 유형 교회에 관심을 두고 그 안에서 자

12) 송영찬, 세례와 성찬, pp.118-119.

신이 해야 할 일을 찾기 전에 먼저 우리에게는 하나님 나라의 궁극적인 모습에 대한 분명한 깨달음이 있어야 한다. 하나님께서 이 세상을 창조하셨고 창조하신 그 나라가 발전하여 본상의 하나님 나라와 유기적인 합일을 이루는 것이 하나님께서 계획하셨던 궁극적인 목적이다.

아담에게 주어진 사명이란 자신의 이성과 이지理智를 잘 발현하여 지상의 나라를 하나님 나라와 방불하도록 가꾸는 것이었다. 그러나 아담이 그 일에 실패한 이후 하나님 나라의 성취를 위해 노아와 아브라함과 그 후손들인 이스라엘의 뒤를 이어 마침내 예수 그리스도에 의해 그 사명이 완수되어 이 땅에 하나님의 통치가 구현되는 하나님 나라가 세워지게 되었다. 이것이 바로 교회 곧 우주적인 교회이다.

그 안에 소속되어 있는 성도들이 시간과 공간 안에서 한 무리를 이루고 유형의 형태를 이루어 교회를 세우게 된다. 본래 우리는 우주적인 교회의 한 지체요 한 몸이었던 사람들이다. 그러한 사람들이 이제 같은 시대와 같은 지역에 공존하여 가시적인 한 몸을 이루어서 하나님의 궁극적인 나라의 한 지체로 살아가려 할 때 하나님께서 원하시는 지상 사역을 이 땅에서 이루기 위해 할 일이 무엇인가를 찾게 된다. 이것이 보편적인 지상 교회가 각성할 하나님 나라적인 사명이다.

3. 교회가 가야 할 길

이상의 내용을 기초로 해서 지교회가 수행해야 할 몇 가지 사명들을 찾아볼 수 있다.

1) 지상 과제를 성취해야 하는 교회

지상 교회가 추구할 첫 번째 사명은 우주적인 교회가 본래 추구해야 할 제일된 사명을 따르는 것으로 하나님을 영화롭게 하는 것과 영원토록 그를 즐거워하는 일이다.13) 이것은 사람의 제일된 목적이기도 하며 교회가 존재하는 궁극적인 목적이기도 하다. 하나님을 영화롭게 하고 또 그를 영원토록 즐거워하는 이 사명을 추구해 가는 것이 장차 나타날 하나님 나라를 현시하는 일이다. 이것을 유형적으로 드러내는 최선의 방편은 이 모든 정신을 함축적으로 담고 있는 예배이다.

그러므로 예배는 교회의 속성을 드러내는 중심적인 요소이다. 즉 예배는 하나님을 영화롭게 하는 것과 영원토록 즐거워하는 것의 그 유형적인 실체이다. 우리가 존재하는 우선적인 목적은 하나님께 예배하기 위함이다. 하나님을 예배하지 않는다면 교회가 존재할 필요가 없고 우리 성도가 존재할 이유가 없다. 무엇보다도 먼저 예배를 우리의 삶의 본으로 삼아야 하며 나아가 우리의 모든 삶이 예배여야 한다.

"너희 몸을 하나님께서 기뻐하시는 거룩한 산 제사Living Sacrifice로 드리라 이는 너희의 드릴 영적 예배니라"(롬 12:1)는 말씀과 같이 우리의 모든 삶의 모습이 예배와 별개의 것이라면 결코 온전한 예배일 수 없다. 여기에서 말하고 있는 '영적 예배reasonable worship'란 우리의 이성으로 판단된 결과를 바탕으로 하나님께 경배하는 것을 말한다. 먼저 모든 삶의 영역에서 하나님을 인정하여 우리의 논리가 그 사실에 충돌을 일으키지 않고 자연스럽게 전 인격으로 하나님께 드리는 삶의 예배가 곧 영적 예배이다.

우리의 이성적 판단을 바탕으로 매일의 생활이 마땅히 하나님께 드려질 때 비로소 온전한 예배를 드릴 수 있다. 이 사실과 관련하여 바울은 "너희는 이 세대를 본받지 말고 오직 마음을 새롭게 함으로 변화를 받아 하나님의 선하시고 기뻐하시고 온전하신 뜻이 무엇인지 분별하도록 하

---

13) 대요리문답 제1번.
문 : 사람의 제일 되는 가장 중요하고 고귀한 목적은 무엇인가?
답 : 사람의 제일 되며 가장 중요하고 고귀한 목적은 하나님을 영화롭게 하는 것과 그분을 영원히 마음을 다하여 즐거워하는 것이다.

라”(롬 12:2)고 권하고 있다.

‘분별한다’ (δοκιμαζω)는 단어는 제련소에서 금을 정련하듯이 우리의 이성적인 생각을 정돈하여 사리를 분별하라는 의미를 가지고 있다. 이러한 이유 때문에 우리는 하나님을 예배하는 일에 최선을 다해야 한다. 우리가 드리는 공적인 예배에 최선을 다한다는 것은 결국 하나님께 우리의 모든 삶을 합당하게 드리는 증표가 되기 때문이다.

예배는 정당한 절차를 요구한다. 예배는 하나님의 영광을 드러내는 기도와 하나님의 영광을 밝히는 찬송과 하나님께 헌신하는 의미로서 예물을 드리는 헌상 그리고 하나님의 말씀을 듣기 위한 강설(하나님께서 우리를 통치하시는 기본적인 은혜의 방편)의 절차를 따라 이루어진다.

기도는 구체적으로 하나님을 영광스럽게 하는 것과, 하나님의 이름을 높이는 것과, 하나님의 뜻이 이 땅에 이루어지는 것과, 하나님의 지혜로움을 드높이는 것으로 구성된다.

찬송은 기도와는 달리 유형적이고 형태적인 음률을 갖고 하나님의 성호를 송축한다. 그러므로 찬송에는 자신의 종교적 감정을 만족시키거나 심리적 위안을 받으려는 의도가 담겨 있어서는 안 된다. 순전히 하나님을 송축하는 자세로 드려야 한다.

헌상은 우리를 하나님께 드리는 유형적인 증표이다. 우리의 모든 삶을 하나님께 드리는 것이 마땅한 줄 알아서 드리는 하나의 작은 예물이다. 그렇다면 나와 하나님 사이에 아무런 장애가 없이 교통이 가능할 수 있는 관계가 이미 확실한 상태로 유지되고 있어야 한다.

그럴 때 하나님은 그의 백성에게 삶의 능력을 공급하고 에너지를 주시기 위해 말씀을 통하여 하나님의 뜻을 밝히시는데 그것이 곧 강설이다. 강설을 듣고 그 말씀이 우리에게 실제적인 삶의 능력이 된다는 것은 하나님께서 우리의 예배를 받으시고 또는 헌상을 받으시고 그에 합당한 응답을 주신다는 표증이다. 그러기 위해서는 성령께서 설교자로 세우신 목사를 통하여 선포되는 말씀을 가지고 각 사람을 감화하고 인도하셔야 한다. 이런 점에서 강설은 하나님의 능력이 실제로 우리 안에 임하는 유효한 은혜이기도 하다.

강설은 우리가 하나님의 말씀을 듣고 그 말씀이 실제적으로 성령님의 감화에 따라 삶의 원동력이 되어 모든 삶의 영역에서 준엄한 규범으로 작용한다. 이 규범에 따라 우리가 살아갈 때 하나님의 통치가 우리 안에서 시행된다. 성경을 많이 읽고 줄줄 외웠다 하여 그러한 것이 우리 안에서 어떤 지혜가 되고 삶의 능력이 되는 것은 아니다.

하나님께서 세워주신 목사의 강설을 통하여 하나님의 말씀을 듣고 해석하고 이해하는 과정에서 성령께서 역사하셔야 비로소 우리의 지혜가 되고 삶의 방향을 인도하는 길잡이가 된다. 이러한 과정을 거칠 때 그곳에 하나님의 통치가 구현된다. 때문에 강설은 하나님께서 친히 말씀하시는 것이며 우리는 그 강설을 듣고 삶의 방향을 정하여 인도하심을 따라 나아가야 한다.

이 점에서 예배는 성도들의 생활의 중심이어야 한다. 참된 예배는 앞에서 말한 요소들이 고루 갖추어져 있어야 한다. 우리는 예배에 모든 것을 집중하고 최선을 다해야 한다. 왜냐하면 예배야말로 하나님의 영광을 온전하게 드러내는 것이기 때문이다. 우리가 이 땅에 존재하는 유일한 목표와 의미도 바로 이 예배를 드리기 위함이다.

다른 모든 것을 포기한다 할지라도 이 예배만은 보존해야 한다. 물론 우리의 모든 삶이 하나님께 드리는 예배이다(롬 12:1-2). 그러한 삶의 예배를 무형적인 예배라 하며 오히려 그 무형적인 예배를 더 중요시 해야 한다. 삶속에서 하나님을 경배하는 일없이 예배 절차만을 드린다면 아무런 의미가 없기 때문이다.

우리가 숨쉬는 것과 물을 마시는 것과 직장 생활하는 것 등의 일상 생활이 모두 예배를 위한 것이라고 할 수 있다. 그러한 모든 삶의 예배를 함축시켜서 하나님을 경배하는 시간을 정해 놓은 것이 주일 예배, 즉 공예배이다. 우리의 모든 삶을 하나님께 드리는 증표로 어느 한 시간을 교회가 정해서 예배하는 것이며 다른 모든 시간들은 이 한 시간을 위해 존재하는 것이라고 말할 수 있다.

우리의 직장 생활도 바로 이 시간을 위해서 살아가기 위한 하나의 방편이다. 직장 생활 자체가 우리 삶의 목표는 아니다. 우리가 행하는 일상의 모든 일들은 항상 이 공예배를 준비하고 참여하기 위한 방편으로 행해야 한다. 예배와 상관없이 또는 무시하고 그러한 일을 할 수 없다.

누구든지 예수님보다도 다른 사람을 더 사랑하는 것은 하나님 나라에 합당치 않다(마 10:37-39)는 말씀처럼 예수님에 대한 사랑만은 각별해야 한다. 물론 이 말은 다른 사람을 사랑하지 말라는 뜻은 아니다. 다른 모든 사람도 마땅히 사랑하되 예수님만은 그와 같은 사랑에 비교될 수 없는 아주 각별한 사랑을 해야 한다는 의미이다. 우리가 하나님께 예배하는 시간도 각별하고 그 근본 자체가 전혀 독특한 시간임을 각성하여 구별할 줄 알아야 한다.

2) 하나님의 통치를 드러내야 하는 교회

우리가 정당하게 하나님께 예배를 드린다면 실제로 하나님의 통치가 우리 삶의 모든 영역에서 구현되어야 한다. 또한 그 통치가 우리를 통하여 드러나도록 해야 한다. 따라서 우리는 하나님의 통치에 순응해야 한다. 우리 스스로가 하나님의 다스림에 익숙해 있어야 한다. 마치 예수께서 그 자신을 드려 하나님을 순종하셨던 것처럼 우리의 모든 삶을 통해 하나님께 순종해야 한다.

우리가 하나님의 통치를 받고 있는 삶의 모습을 자연스럽게 드러내는 것이 그 증거이다. 그러한 삶을 통해 깨달은 것이 있다면 그 깨달음을 이 땅에 있는 그리스도인들과 나누며 하나님의 통치를 드러낼 수 있는 기회를 부여하는 것이 서로를 돕는 일이기도 하다.

하나님의 통치가 어떻게 이루어지고 있는가를 서로 내보임으로써 모두가 하나님의 통치에 순응할 수 있도록 돕는 것은 참으로 아름다운 일이다. 우리가 하나님의 말씀을 깨닫고 우리 삶 가운데서 그것이 실증되었다 한다면 우리는 그것을 다른 사람들에게 나타내어 그들 역시 하나님의 통치 안에 순응하도록 돕는 일을 성도들끼리 나누어야 한다. 그러한 구체적인 방법은 우리가 점차 장성하고 서로의 관계를 확인해 나가면서 찾아야 한다.

3) 우주적인 교회 안에서 확인해야 할 교회의 통일성

교회가 추구해야 할 일은 교회의 유기적인 통일성을 확인하는 일이다. 다시 말해서 전全 우주적인 교회로서 무형 교회와 신앙고백이 일치해야 한다. 교회라고 할 때는 우리만 존재하는 것이 아니다. 무형 교회의 한 지체로서 유형 교회로 우리 교회가 존재하되 우리만 교회의 전부가 아니기 때문이다.[14)]

그러므로 우리 외에 존재하는 다른 교회들이 있음을 인정해야 한다.

---

14) 벨직 신앙고백서는 보편적인 기독교 교회(제27장)에 대해 이렇게 선언한다 : 우리는 하나의 보편적인 혹은 우주적인 교회, 다시 말해서 예수 그리스도를 믿음으로 구원받고 그의 보혈로 죄씻음 받으며 성령으로 성화되어 인치심 받음을 믿는 진실한 그리스도인들의 거룩한 교회를 믿는다고 고백하는 바이다. 그리고 이 거룩한 교회는 순간적으로 비록 작아 보이고 인간들이 볼 때는 아무 것도 아닌 것처럼 여김을 받는다 하더라도 마치 아합왕의 시대와 같은 위급한 경우에라도 하나님께서 바알에게 무릎 꿇지 아니한 칠천 명을 남겨 두셨던 것같이 이 악한 세상에 대항할 수 있도록 하나님에 의하여 보호를 받으며 유지된다. 더욱이 이 거룩한 교회는 어떤 장소나 특정한 사람에 한정되거나 경계를 이루는 또는 속박을 받는 것이 아니라 온 세계에 널리 퍼지는 것이요 동시에 믿음의 힘에 의하여 동일한 성령 안에서 마음과 뜻을 모두어 하나로 뭉쳐야만 된다.

그러한 교회들 중에서 우리 교회와 신앙의 일치를 이루는 교회라는 것을 확인하였다면 그들과 함께 하나님 나라의 궁극적인 건설을 위해 서로 협조해야 한다.

물론 개개의 교회는 각기 교회로서 독특한 의미를 갖는다. 그렇다고 배타적인 의식을 갖지 말고 다른 동질의 교회와 협조할 수 있는 마음의 준비를 갖추고 있어야 한다. 이런 마음의 준비가 되어 있을 때 우리는 지역 교회들과 유기적인 통일성을 확인할 수 있다. 각각의 교회는 각자에게 맡겨진 독특한 지상 사명이 있기 때문에 그 독특성을 인정하되 우리는 모든 교회가 자기들의 사명을 충분히 이루어 갈 수 있도록 협조하는 일에도 최선을 다해야 한다.

4) 공동체적인 삶을 이루어야 하는 교회

이상과 같은 일을 이루기 위해 기본적으로 생각할 것은 먼저 교회의 교우들 간에 유기적인 공동체적 삶이 구현되어야 한다. 우리 각자가 결코 별개의 사람들이 아니고 하나님 나라의 한 지체인 교회로 부름받고 그 교회의 한 지체로서 교회를 구성하고 있기 때문에 서로에 대한 사랑과 서로에 대한 신뢰와 책임을 우리 안에서부터 확인하고 있어야 한다. 내가 해야 할 일이 있고 우리 교우들 안에서 해 주어야 할 일이 있고 우리가 존재하는 데 있어서 서로 협조해야 할 일이 있다. 때문에 이제는 '나' 라는 개인이 따로 구별되어서 교회 안에 독자적으로 존재하지 않아야 한다.

우리는 그리스도의 몸된 한 지체로서 존재한다. 우리의 전심을 다하여 하나님께 예배하는 것이 우리의 최고 목표이다. 이 일을 위해 우리는 서로 돕는 역할을 감당한다. 내가 맡아서 해야 할 일은 이 목표 안에서 결정되어야 한다. 서로의 관계에 있어서도 마찬가지이다. 안부를 묻는다 할 때도 인간 관계나 정분(情分)의 차원에서 인사할 것이 아니라 하나님 나라의 백성으로서, 하나님 나라를 건설해 나가는 일꾼들로서 과연 그 일을 자발적이며 적극적으로 수행하고 있는가 하는 차원에서 서로에 대한 격려와 위로와 안부를 물어야 한다.

개인적인 관심은 우리에게는 그다지 의미가 없다. 사적인 관심사를 위해 교회가 존재하는 것이 아니기 때문이다. 그런 일은 세상의 단체나 친목회 같은 곳에서는 중요한 일이다. 반면에 교회는 서로 격려하고 도우며 하나님 나라를 건설해 나가는 곳이다. 하나님 나라 백성으로서 성품과 인격을 최대한 발휘시킬 수 있도록 서로 돌보아 주는 데에 최선을 다해야 한다. 서로 상하지 않고 다치지 않게 돌보아 서로에 대하여 적극적인 위로와 평화를 나누는 모습이 우리 교회의 모습이어야 한다.

3. 교회의 원동력으로서 사랑

예수께서 요한복음 17장에서 기도하신 내용을 살펴보면 크게 세 가지로 나눌 수 있다. ① 하나님의 영광에 대해 ② 그리스도를 영화롭게 하는 일에 대해 ③ 그 영화롭게 된 그리스도와 하나가 된 교회 및 그 회원들간의 영광에 대해 기도하셨다. 그렇게 함으로써 성도들간에는 하나님의 영광이 현존하는 독특한 관계가 늘 유지될 수 있도록 하셨다.

이것은 교회가 가지는 아주 독특한 모습이다. 때문에 서로에 대해서 조금이라도 인격적인 침해가 있어서는 안 되며 우리가 하나님께 대하듯 성도간에 대해야 한다. 내가 하나님께 나의 모든 것을 사랑으로 드린다고 한다면 마찬가지로 성도간에도 사랑으로 관계가 이루어져야 한다.

이러한 사랑의 원천이 교회를 존재하게 하는 능력이 된다. 이것을 떠나서 다른 것으로 교회가 존재할 수 없다. 더군다나 우리의 교회가 하나님의 말씀도 잊어버리고 교회적인 위치와 사명을 상실하여 성도들의 인격마저도 파괴된 시대에 존재하고 있다는 점을 철저하게 자각하고 깨달아서 최소한 우리 교회 안에서만은 하나님의 인격다운 사랑과 화평이 발견되어야 한다.

따라서 우리는 각 사람의 인격을 충분히 발휘하도록 돕는 일에 최선을 다해야 한다. 우리 서로가 성숙에 이르지 않고서는 하나님께 영광을 드릴 수 없기 때문이다. 따라서 하나님께 생명을 맡기는 마음으로 영광을 드리고 서로에 대하여 아름다운 모습으로 가꾸고 나타냄으로써 우리 교회 안에서 하나님의 영광을 발현하고 체험할 수 있도록 최선의 노력을 다해야 한다.

기도

하나님!

하나님의 지혜가 참으로 크고 귀한 줄 아옵나이다. 하나님께서는 친히 독생자 예수 그리스도를 이 땅에 보내셔서 죽음으로 사망을 이기게 하시고 이제 그 생명의 터전 위에 교회를 세우셔서 그 교회 안으로 우리를 부르시고 구원하셨나이다. 하나님을 예배하는 것을 우리 인생의 제일된 목적으로 삼고 하나님의 통치를 우리 안에서 구현하며 서로의 유기적인 지체들로서 살아가면서 하나님을 즐거워하는 거룩한 모습들을 우리가 찾게 해 주심을 감사하옵나이다.

이제 이런 지상 과제를 앞에 놓고 우리 교회를 받아 주셔서 우리의 모습이 하나님께서 소중히 여기실 만한 모습이 될 수 있도록 은혜를 베풀어주시기를 소원합니다. 우리 각 사람을 사랑하되 하나님을 사랑하듯 사랑하고 하나님을 대하듯 대하며 서로의 인격을 충분히 존중하고 드러내어서 하나님께서 친히 영광을 받으실 만한 모습이 우리 안에 이루어지게 하옵소서.

주 예수 그리스도의 이름으로 기도하옵나이다. 아멘.

III. 교회의 품성

누가복음 10장 25-37절

25 어떤 율법사가 일어나 예수를 시험하여 가로되 선생님 내가 무엇을 하여야 영생을 얻으리이
까
26 예수께서 이르시되 율법에 무엇이라 기록되었으며 네가 어떻게 읽느냐
27 대답하여 가로되 네 마음을 다하며 목숨을 다하며 힘을 다하며 뜻을 다하여 주 너의 하나님
을 사랑하고 또한 네 이웃을 네 몸과 같이 사랑하라 하였나이다
28 예수께서 이르시되 네 대답이 옳도다 이를 행하라 그러면 살리라 하시니
29 이 사람이 자기를 옳게 보이려고 예수께 여짜오되 그러면 내 이웃이 누구오니이까
30 예수께서 대답하여 가라사대 어떤 사람이 예루살렘에서 여리고로 내려가다가 강도를 만나
매 강도들이 그 옷을 벗기고 때려 거반 죽은 것을 버리고 갔더라
31 마침 한 제사장이 그 길로 내려가다가 그를 보고 피하여 지나가고
32 또 이와 같이 한 레위인도 그곳에 이르러 그를 보고 피하여 지나가되
33 어떤 사마리아인은 여행하는 중 거기 이르러 그를 보고 불쌍히 여겨
34 가까이 가서 기름과 포도주를 그 상처에 붓고 싸매고 자기 짐승에 태워 주막으로 데리고 가
서 돌보아 주고
35 이튿날에 데나리온 둘을 내어 주막 주인에게 주며 가로되 이 사람을 돌보아 주라 부비가 더
들면 내가 돌아올 때에 갚으리라 하였으니
36 네 의견에는 이 세 사람 중에 누가 강도 만난 자의 이웃이 되겠느냐
37 가로되 자비를 베푼 자니이다 예수께서 이르시되 가서 너도 이와 같이 하라 하시니라

Ⅲ. 교회의 품성

누 10:25-37

하나님께 예배한다는 것은 인생의 기본적인 삶의 목표이다. 웨스트민스터 요리문답에서 사람의 제일되는 목적이 '하나님을 영화롭게 하는 것과 영원토록 즐거워하는 것' 이라고 하였다. 교회의 예배 속에는 바로 이러한 모습이 함축적으로 담겨 있다. 교회는 이 예배가 보존되고 계속 진행될 수 있도록 하는 유일한 터전이다. 하나님께서 교회를 세우신 궁극의 목표는 하나님을 영화롭게 하는 데 있기 때문이다.

1. 그리스도의 품성을 나타내는 교회

하나님은 교회를 통해 하나님께서 창조하셨던 에덴동산의 나라를 회복하시고 더 나아가 그보다 더 영광스럽고 새로운 나라를 건설하시고자 하셨다. 이런 면에서 교회는 이 세상에 존재하는 하나님 나라의 유일한 상징이 된다. 교회는 하나님의 통치가 실제적으로 구현되는 곳이며 창조의 본의를 성취하는 유일한 곳이다.

하나님의 영광과 통치의 은혜를 보존하고 드러내는 터로서 교회는 이 땅에 현저하게 세워진 하나님 나라이다. 거기에는 참 사랑과 평화가 늘 유지되고 발현되어야 한다. 그런데 참 사랑과 평화는 오직 그리스도 안에서만 발견되는 특성이다. 때문에 교회는 교회의 본체이신 그리스도의 성품을 충분히 드러내는 곳으로 무엇보다도 그리스도의 품성을 닮게 된다.

1) 유기체로서 인격을 가지고 있는 교회

교회란 그 회원된 사람들에 의해 그 성품이 나타나는 유기체이다. 따라서 그리스도를 닮은 교회가 되려면 그 회원들의 성품이 그리스도적이어야 한다. 즉 그리스도적인 성품을 드러내기 위한 교회가 되려면 그리스도의 성품을 닮은 사람들이 교회의 구성원이 되어야 한다.

누구든지 그리스도의 성품에 참여하기 위해서는 그리스도의 속죄의 공효를 입고 신앙함으로써 중생해야 한다. 중생한 사람이 아니고서는 결코 그리스도적인 성품을 발현할 수 없다. 이렇게 중생한 성도들이 교회를 이룰 때 그 교회는 인간적인 모습에서 떠나 그리스도적인 성품을 드러내는 기관이 된다.

그러기 위하여 교회의 성도는 자기의 아상我相 곧 자기가 자신의 삶을 계획하고 경영하는 자세를 버리고 성령께서 자기 삶의 주관자가 되시게 해야 한다. 나아가 자신의 모든 이상理想을 성령께 맡기고 하나님 나라를 소망하며 현시적으로 존재하는 하나님 나라로서 교회를 더욱 강건하게 건설하기 위해 교회의 시대적 사명에 최선을 다해야 한다. 그러기 위해 자기의 능력을 의지하지 않고 온전히 성령님의 능력을 의존하는 삶을 살아야 한다.

이러한 삶들이 모아지는 곳이 교회이다. 하나님께서는 이 교회를 통하여 원래 창조하실 때 바라셨던 영광스러운 창조의 질서를 회복하신다. 여기에서 그 교회의 삶을 응축시켜 유형적으로 하나님의 영광과 지혜를 드러내는 행위가 바로 예배이다. 교회야말로 하나님의 백성으로 부름받은 성도들이 이 세상에서 살아가는 기본적인 터전이며 그 안에서 하나님께 예배하는 것이 최상의 삶이고 최우선의 과제이다.

2) 하나님에 대한 사랑의 표시인 예배

하나님께 경배하는 데 있어서 근본적으로 필요한 정신은 사랑이다. 누가복음 10장에서 사랑의 요소가 무엇인가를 살펴 볼 수 있다.

어떤 율법사가 예수님께 나와서 "선생님! 내가 무엇을 하여야 영생을 얻으리이까?" 하고 물었다. 예수께서는 "율법에서 말하는 대강령, 즉 율법의 기본 정신을 무엇이라고 하느냐?"고 다시 물으셨다. 율법사는 "네 마음을 다하고 목숨을 다하며 힘을 다하며 뜻을 다하여 주 너의 하나님을 사랑하고 또한 네 이웃을 네 몸과 같이 사랑하라는 것이라고 성경에 기록되었나이다"라고 대답하였다. 그러자 예수께서 그에게 "그렇게 행하라. 그렇게 하면 네가 참 생명을 얻게 된다"고 대답하셨다.

예수께서 "네 대답이 옳다. 이를 행하라. 그러면 네가 살리라" 하신 이 말씀은 우리가 충분히 율법의 가르침을 이해하고 또 그것을 인정한다면 당연히 그렇게 살아야 할 뿐만 아니라 그것이 영생을 얻는 길임을 말씀하심과 같다. 율법이 가르치고 있는 신령한 도리는 사람에게 짐을 지워주기 위함이 아니라 죄책에 빠져있는 인간을 구원하기 위해 하나님께서 주셨기 때문이다. 하나님을 사랑하고 네 이웃을 네 몸과 같이 사랑하라는 가르침이야말로 생명의 도리임을 예수께서 말씀하셨다. 이런 면에서 율법은 은혜의 방도라고 할 수 있다.

따라서 이 말씀은 "네가 율법에서 읽은 대로 한번 살아 보아라. 네가 참 생명을 얻을 것인지 아닌지 나도 잘 모르겠다"라고 하신 뜻이 아니다. "그렇게 살아라. 그러면 참 생명을 얻는다"고 하신 말씀이다.

예수님의 말씀은 외형적으로만 하나님을 사랑하고 이웃을 사랑하라는 것이 아니다. 형식적이고 외형적인 사랑이 아니라 그 말씀 속에 담고 있는 본의를 알아서 말씀의 근본적인 의도를 따라 살 것을 가르치셨다. 그리고 "네가 그 말씀의 의도대로 산다면 참으로 네가 살 수 있다. 내가 너의 영생을 보장한다"라고 말씀하셨다.

그러므로 율법사의 '영생에 대한 질문' 에 대해 예수께서 율법이 가르친 대로 행할 것이라고 대답하셨다면 그 답변에 진정한 해결책이 있음을 알 수 있다. 설혹 율법사가 예수님이 참 생명의 주인이시고 생명을 주시는 분인지 몰랐다 해도 예수께서는 영원한 진리로 그에게 답변하셨다. 예수님은 대충 답하는 분이 아니시다.

율법사가 진심으로 영생에 대해 관심을 갖고 물었다면 예수님의 말씀에서 참 생명의 길을 찾기 위하여 그 말씀의 본의가 무엇인가에 대하여 자세히 생각했어야 한다. 자기 안에 영생에 대한 질문이 끊임없이 발생해서 그 해답을 얻고자 예수께 물었고 예수께서 어떤 삶의 원리를 그 해답으로 말씀해 주셨다면 구체적으로 어떻게 사는 것이 그 일에 합당한 것인가를 깊이 생각해 보아야 한다.

율법의 대강령인 '하나님을 사랑하는 것과 이웃을 자기 몸과 같이 사랑하는 것' 이 무슨 뜻인가를 알기 위해서 깊이 생각해야 한다. 그것이 영생을 가져다 주는 길이라고 예수께서 선언하셨다면 그리고 그가 진정으로 예수께 질문한 것이라면 그 이상의 다른 길이 없기 때문이다. 따라서 당연히 이 말씀을 근거로 하여 영생을 얻을 줄 알고 율법사는 그 말씀의 의도를 자꾸 따져 알아 가야만 했다.

3) 사랑을 원하시는 하나님

율법의 대강령을 알기 위해서는 먼저 하나님이 누구이신가를 알아야 한다. 그리고 그 지식을 근거로 해서 '하나님과 나와는 어떤 관계인가?'

를 확인해야 한다. 그러기 위해 율법의 주된 가르침인 출애굽기 20장에서부터 신명기 6장의 내용까지를 자세히 상고해야 할 필요가 있다.

다음 단계로 율법이 주어진 동기가 있을 것이기에 율법이 발생하기까지 경과도 알아야 한다. 이렇게 자꾸 따져 보면 "주 너희 하나님을 사랑하라"는 이 말씀 하나만을 알기 위해서도 구약 성경 전부를 살펴보아야 한다.

창세기부터 시작하여 모세 오경 전반에 걸쳐 자세하게 연구하고 나아가서 선지서뿐만 아니라 역사서까지도 자세하게 살펴보아야 한다. 그리고 하나님께서는 무슨 목표를 가지고 세상을 창조하셨고, 어떻게 세상을 주관해 오셨으며, 어떤 능력으로 그 역사를 진행시키시고, 그러한 일을 이루어 가실 때는 어떤 인물들을 부르시는가를 연구해야 하나님이 누구이신가를 알게 된다. 그리고 이런 문제에 대해 심사숙고하는 태도가 모두 하나님을 사랑하는 일이다. 그저 "하나님! 나는 하나님을 사랑합니다"는 말을 되풀이한다고 해서 하나님을 사랑하는 것이 아니다.

또 "네 이웃을 네 몸과 같이 사랑하라"는 말씀도 내 이웃은 누구이며 자기 몸과 같이 사랑한다는 것은 무슨 뜻이며 진실된 사랑은 무엇인가를 자꾸 따져야 한다. 이런 말씀을 깊이 있게 생각해 보면 우리에게 사랑의 대상이 있다는 사실을 알게 된다. 나아가 이 세상에 나 혼자만 존재하는 것이 아니라는 사실도 알게 된다. 내가 하나님을 사랑하면 그것만으로 다 되는 것이 아니다. 내가 사랑해야 할 또 다른 대상들이 있음을 알아야 한다. 곧 하나님 나라의 한 지체로서 또 다른 지체를 사랑해야 할 당위성을 자연스럽게 유추해 내어야 한다.

하나님을 사랑하는 사람은 그 사랑의 실제적인 모습을 형제를 사랑하는 데서 찾아야 한다. 이제는 자기 자신만을 생각하지 않고 하나님 나라에 속한 백성의 한 사람으로서 자신을 바라보고 그 관계 안에서 진정한 형제를 찾아 사랑해야 한다. 이처럼 '하나님을 사랑하라'는 율법의 가르침은 하나님 나라 백성으로서 자신의 위치를 자각하고 하나님 나라의 지체된 형제와의 관계 안에서 진정한 사랑을 키워 온전하게 하나님을 사랑하는 것을 말한다.

4) 하나님과의 관계 안에서 사랑하는 이웃

이러한 가르침의 정신을 바로 이해한다면 사랑의 원천이 되시고 또 사랑의 대상이 되시는 하나님과 자기 자신과의 깊은 관계를 자연스럽게 알아가게 된다. 사랑의 동반자로서 하나님 나라의 지체들(이웃)과의 관계도 확인이 된다. 이러한 관계가 확실해질 때 항상 전체 하나님 나라 안에서 '나' 의 위치를 생각하게 된다. 그와 같은 관계를 무시하고 '나는 이제 하나님을 알게 되었고 하나님을 사랑하고 있으므로 구원받은 것이 확실하다' 고 만족하며 '이제부터는 나 하나 잘 살고 구원받기 위해서 열심히 생활해야겠다' 고 해서는 안 된다.

내가 하나님을 정당하게 인식하고 하나님을 사랑한다면 적어도 그 사랑을 확인할 수 있는 또 다른 삶의 증표가 있어야 한다. 하나님을 인식하고 신앙하는 사람들 안에서 비로소 내 위치와 정당한 사랑이 확인될 수 있기 때문이다. 그러기 위해서는 신앙의 동지同志들이 내 옆에 있어야 한다. 바로 그 사람들을 내 이웃이라고 한다. 옆집에 살기 때문에 이웃이 아니다. 하나님을 같이 인식하고 신앙하기 때문에 이웃이 된다.

일단 이웃이라고 확인된 사람과는 하나님과 자기와의 관계에서 맺어진 그 사랑을 서로 나눌 수 있어야 한다. 이렇게 함으로써 사랑이 무엇인가를 배우게 되고 그 사랑이 장성하는 만큼 하나님께 대한 사랑도 커간다. 이러한 이유 때문에 하나님께서는 사랑을 함께 나누고 가꿀 수 있는 지체를 우리 주변으로 모아 주신다. 그리하여 그들 안에서 함께 구원을 이루어 가게 하신다. 이것이 교회가 존재하는 의미중 하나이다. 그 결과 예수께서 말씀하신 영생에 이르게 된다.

어떤 사람이 자기 혼자 성경을 백 번 읽어서 하나님을 안다고 하는 것은 별 의미가 없다. 그것보다는 하나님에 대해서 이해하고 신앙하는 사람들끼리 함께 살면서 서로 격려하고 위로하고 깨우쳐 주며 때로는 질책을 받아가면서 하나님이 누구이신가를 알도록 되어 있다. 그리고 그러한 경험과 지식이 풍부해짐으로써 '하나님의 사랑이 이런 것이겠다' 하는 것을 경험해 나가야 한다. 이러한 관계 아래 있을 때 하나님께 대한 사랑이 그 안에서 확인될 수 있다. 그 안에서 '내 이웃을 내 몸과 같이 사랑해야 할 이유' 를 발견하게 되고 하나님과 자기와의 관계도 확인하게 된다.

나아가 이러한 거룩한 관계 아래에서 하나님 나라의 도리를 확인하게 된다. 하나님은 처음부터 이스라엘 백성을 부르실 때 한 개인을 부르시고 '나는 너의 하나님이다. 너는 나를 신앙하고 잘 섬기다가 죽은 후 천국에 오너라' 고 하지 않으셨다. 항상 교회라는 테두리 안으로 그의 백성을 부르신다. 공동체 안으로 이스라엘을 부르시어 '너희가 해야 할 일이 이것이다'(출 19:4-6 참고)고 말씀하신다.

하나님 나라의 일은 공동으로 한 몸을 이루어 진전시켜야 할 일임을 보여주셨다. 그렇게 함으로써 서로를 필요로 하고 사랑하도록 하셨다. 그러므로 자기 혼자만 성취하는 구원의 완성이란 존재하지 않는다. 오직 교회 공동체로서 하나님의 나라를 성취할 때 거기에 구원의 실증이 있다. 그래서 하나님은 교회의 한 일원으로 '나' 를 부르시고 교회 안에서 구원을 이루어 나가도록 하셨다.

2. 교회의 완성된 표현으로서 사랑

율법사가 하나님께서 그의 나라를 경영하시는 원칙이 무엇인가를 알고 영생을 소원하고 얻으려 했다면 하나님께서 주신 가르침의 도리를 자꾸 생각해서 구원의 길에 도달했어야 한다. 그러나 이 율법사는 이런 일에 대하여 깊은 사색을 하지 못했다. "네 마음을 다하며 목숨을 다하며 힘을 다하며 뜻을 다하여 주 너의 하나님을 사랑하고 또한 네 이웃을 네 몸과 같이 사랑하라"는 그의 대답은 율법의 핵심이었다. 신명기 6장 4-5절의 말씀이다.

이 말씀을 주실 때의 배경을 먼저 알아야 한다. 모세는 이 말만 하지 않고 출애굽 사건부터 시작하여 율법의 모든 정신을 자세하게 재차 설명하고 난 뒤에 이 강령을 선포했다. 그뿐 아니라 이미 아브라함의 하나님, 이삭의 하나님, 야곱의 하나님부터 시작해서 이스라엘이 하나님을 사랑할 수밖에 없는 그 모든 이유를 자세히 설명하고 있다. 이러한 과정이 있고 난 후에 이 말씀을 통해 모세는 이스라엘 백성이 마땅히 하나님을 사랑해야 한다는 율법의 핵심core을 말했다.

그러한 사람들과 함께 한 몸을 이루어 '진정한 동질의 이웃으로서 서로 사랑하라'는 대원칙을 제시해 주었다. 이 대강령 속에는 이미 깊은 하나님의 인도하심과 보호하심과 또 친히 그 백성을 안위하시고자 하는 모든 것이 다 담겨 있다.

그렇다면 율법사가 이런 말씀을 인용하여 대답할 때는 이 말씀 속에 담겨 있는 본질의 의미를 충분히 파악하고 그 실체를 자신의 삶 가운데서 체험 또는 증험하여 명백하게 드러나는 신앙 고백의 형태로 대답했어야 한다. 그러나 이 사람은 그런 본질의 의미나 능력을 상실하고 전혀 무의미한 상투적인 말로만 대답하고 말았다.

그래서 예수께서 "그 말씀대로 가서 행하라"고 하셨다. "과연 그 말씀이 율법의 대강령으로 네가 알고 있다면 그 실질을 네 삶속에서 확인하고 실제로 하나님의 사랑을 체험하여 이웃과의 관계 안에서 하나님 나라의 실체를 드러내 보여라"고 지적하여 하신 말씀이다.

그런 예수님의 의도를 알지 못하고 이 사람은 자신을 옳게 보이려고 "그러면 내 이웃이 누구이오니이까?" 하고 물었다. 사실 무엇을 자꾸 물어 가는 것은 거기에 소망이 있다. 자기가 어떤 대답을 했을 때 예수께서 그 말대로 하라고 해서 덮어놓고 그냥 떠나지 않고 자세히 물어 그 의도를 알려한 것은 좋은 태도이다. 그러나 이 사람은 무언가 잘못되어 있었다. 바로 자기를 옳게 보이려 했다는 점이 문제이다.

그처럼 유치한 생각을 가지고 있었던 것은 "어떤 율법사가 일어나 예수를 시험하여 가로되"(25절)라고 기록된 것처럼 벌써부터 그 말 가운데는 예수님을 시험해 보려는 의도가 담겨 있었기 때문이다. 그 사람이 본래 영생에 대하여 간절한 관심을 가지고 있어서가 아니었다. 예수님의 가르침이 슬기롭기도 하고 지혜롭기도 하여 자기가 알고 있는 율법의 정신과 사상적 깊이를 견주고 싶은 마음에서 질문하였을 뿐이다.

1) 이웃은 누구인가?

율법사의 잘못된 의도가 그 밑바탕에 깔려 있음에도 불구하고 주님은 거짓 없이 참 생명의 길을 제시하여 주셨다. 이 율법사는 그 정도의 가르침이라면 이미 자기가 행하여 왔었고 그 말씀에 비추어 조금도 모자라지 않으리라는 자신감을 가지고 "그러면 내 이웃이 누구입니까?" 하고 물었다.

이런 질문을 하고 있는 율법사의 태도는 예수님의 대답에 대한 경멸의 의도가 담겨 있다. 영생을 얻는 길이란 심오한 일을 행해서가 아니라 이미 보편적으로 이스라엘에게 제시된 율법에 따라 하나님을 섬기고 이웃을 사랑하는 것에 있다는 예수님의 가르침보다 더 획기적인 답변이 있을 수 없다는 사실을 잘 알고 있었기 때문이다. 따라서 율법사의 속마음에는 '그 정도의 이야기란 누구나 할 수 있는데 어찌 그 정도로 영생을 얻는 유일한 길이라고 할 수 있는가?' 하고 반문하는 의도가 담겨 있다.

왜냐하면 율법사가 '그러면 내 이웃이 누구입니까?' 하고 물을 때 그에게 이웃이라는 개념이 이미 있었기 때문이다. 그럼에도 불구하고 율법사는 굳이 이웃이 누구냐고 물었던 것은 예수님의 평범한 가르침에 대하여 반동이 일어났기 때문이다. 그러나 예수님은 오히려 율법사가 생각하는 정도의 관념이 아닌 진정한 이웃으로서 그리고 인간성의 동질을 각성한 하나님 나라의 지체로서 이웃이라는 개념을 새롭게 가르치셨다. 단순히 같은 시대에 살고 공간적인 유대감이 있는 사람이 이웃이라는 율법사의 빈약한 생각을 깨우쳐 주셨다.

이것이 예수님의 자비로움이다. 여느 사람 같으면 그런 것도 모르냐고 핀잔을 주었을지 모른다. 하지만 예수님은 그분 자신의 행위라든지 말씀 한마디가 모두 계시의 참 빛이기 때문에 그런 사람 앞일지라도 조금도 감추지 않고 오해가 없도록 하기 위하여 참 생명의 말씀을 해 주셨다.

예수님은 여기에서 더 이야기를 진전하여 선한 사마리아 사람의 비유를 말씀하신 후 "누가 진정 강도 만난 이웃이 되겠느냐?"고 물으셨다. 이웃에 대한 개념을 분명하고 확실하게 하도록 하기 위함이다. 그 말씀을 듣고 난 뒤에 비로소 율법사는 이웃에 대한 개념을 가질 수 있었다. 율법사는 '자비를 베푼 자가 선한 이웃이다. 참된 이웃이다'는 개념을 가지게 되었다. 그러자 그에게 이르시기를 "너도 가서 이와 같이 하라"고 하셨다.

2) 사랑은 자기의 생명을 전이하는 것

예수께서 말씀하신 선한 사마리아 사람 비유의 의미가 무엇인가를 우리가 자세히 생각할 필요가 있다. 왜냐하면 진정으로 이웃을 사랑하는 것이 무엇인가를 가르쳐 주신 계시이기 때문이다. 물론 이 비유에서 말하는 선한 사마리아 사람은 예수님 자신을 가리킨다. 예수님 외에는 이 세상에서 결코 선한 사마리아 사람을 찾을 수 없다. 그러나 여기에서는 우리의 이웃과 관련된 범주 안에서 이 비유가 주는 의미를 찾고자 한다.

먼저 생각할 수 있는 것은 어떤 제사장과 레위인은 강도 만난 사람을 그냥 지나쳐 갔다는 점이다. 지나쳐 간다는 것은 짧은 시간의 사건을 지나쳐 가든지 아니면 평생을 같이 살면서 지나쳐 가든지 마찬가지이다. 길가다 지나치는 것뿐만 아니고 평생을 한 이부자리 속에서 살면서도 전혀 서로에 대하여 보지 못하고 그냥 친분에 얽매여 아니면 부부 관계이기 때문에 살아가는 것도 지나치는 것과 다를 바 없다.

그런데 지나쳐 간 사람들과는 달리 사마리아 사람은 자신의 것을 내어주었다. 여행 중에 처음 만난 사람을 위하여 자신의 것을 내어준다는 것은 기이한 일이다. 그러나 그는 강도 만난 사람의 형편이 절대적으로 누군가의 도움이 아니면 살 수 없는 절명의 순간에 처한 위기를 보았기 때문에 망설이지 않고 도움을 베풀어 주었다.

이 이야기에서 문제가 되는 것은 '생명의 존엄성' 에 대한 것으로 누구를 사랑하고 사랑하지 않은 것을 가지고 잘, 잘못을 가리자는 것이 아님을 알 수 있다. 강도 만난 사람의 생명에 대해 관심을 두지 않고 어느 정도의 도움을 주는 것은 지나쳐 간 사람들이나 별반 다를 바가 없기 때문이다. 다른 부수적인 도움을 베풀어 주었다 하더라도 그 사람의 생명을 보존하는 데 유익이 없다면 사랑이라고 말하기에는 빈약하다.

때문에 여기 사마리아 사람이 강도 만난 사람에게 자기의 소유를 내어 기름과 포도주를 그 상처에 바르고, 싸매여 주고, 자기 짐승에 태워 주막까지 데리고 가서 밤새 돌보아 주고, 다음날 아침에는 주막 주인에게 그 사람을 부탁하여 부비를 주며 더 필요할 경우 다음에 들러 갚아 주겠다고 하는 이 모든 일이 그 사람의 생명에 대한 기본적인 사랑의 관심으로 행하였기 때문에 의미가 있다.

이러한 사랑은 자신의 생명을 거기에 쏟아 부은 것과 같다. 한 시간을 어떤 일에 사용하였다면 자신의 생명을 거기에 바친 것과 같다. 따라서 우리의 생명은 결국 시간으로 표현되고 그 시간과 정력을 사용하여 재화를 벌어들이게 되는 것이므로 시간과 재물이란 자기의 생명을 대표하기 마련이다. 그 시간이 몇 시간이 걸렸든지 그 돈이 얼마가 들었든지 그것은 자신의 생명, 자신의 삶 그 자체를 내어준 것과 같다.

즉 자신의 생명을 돌아보고 삶을 경영하기 위해 소중하게 필요한 시간과 재물을 다른 사람을 위해 내어주었다는 뜻이다. 자기의 물질을 내어놓았든지 혹은 자기가 소유한 어떤 유용한 수단을 내어놓았든지 거기에서 중요한 것은 그 양의 많고 적음이 아니라 자기의 생명과 동등한 가치를 표현하는 것들을 주었다는 점에서 사람들이 통속적으로 말하는 사랑과는 차원이 다르다.

자신의 시간과 정성을 거기에 쏟아 부었다고 하는 것은 자신의 생명을, 즉 다시는 되찾을 수 없는 자기 삶의 한 부분을 준 것과 같다는 점에서 그 의미가 있다. 사랑을 베푼다는 이야기를 할 때도 쓰고 남은 여분의 것을 선심쓰듯이 나누어주는 것을 말하지 않는다. 자신의 소중한 생명과 같은 것을 쏟아 붓는 것이 사랑이다. 그러기 위해서는 그 상대방의 생명을 자신의 생명에 대한 가치와 같이 귀하게 여길 수 있어야 한다. 사람이 짐승을 위하여 자기의 생명을 희생할 수는 없는 것처럼 사랑의 대상이라면 거기에 자기의 생명과 동등한 가치를 부여할 만한 관계를 먼저 확인할 수 있어야 한다.

3) 이웃을 사랑한다는 의미

우리는 진정으로 이웃을 사랑할 수 있는 사람이 누구인가에 대한 관심을 가지게 된다. 세상에는 소위 자선사업을 한다는 사람들이나 무슨 재난이 일어나면 의연금을 많이 내는 사람들, 아니면 마음으로라도 이웃에게 사랑을 표시하는 사람들이 많이 있다. 그것도 넓은 의미에서는 사랑이라고 할 수 있다.

그러나 예수께서 사랑에 관해 말씀하실 때는 세속적이거나 인간의 정리에 근거한 사랑을 논하는 것이 아니다. '어떤 사람이 사랑을 할 수 있는가?' 에 대한 해답을 마태복음 19장에서 찾아볼 수 있다.

마태복음 19장 16-26절을 보면 율법사가 예수께 묻는 질문과 똑같은 문제를 가지고 나온 젊은 부자 청년의 이야기가 기록되어 있다. 이 청년이 예수께 나와 "선한 선생님이여! 내가 무슨 선한 일을 하여야 영생을 얻으리이까?" 하고 물었다. 예수께서 "어찌하여 선한 일을 내게 묻느냐? 선한 이는 오직 한 분이시니라"고 대답하셨다. 이 말의 뜻은 네가 나를 선하다고 하고 또 선한 일이 무엇이냐고 묻는데 선하다는 것은 네가 생각하는 정도에서가 아니라 하나님을 기준으로 하여 선을 판단해야 한다는 의미이다.

일반적으로 사람들은 자신이 생각하는 정도의 선한 일, 선한 사람을 염두에 두고 그러한 수준에서 영생을 추구하기 때문이다. 하나님의 드높은 선에 기준을 두는 것이 아니라 자기 주변에서 볼 수 있고 판단할 수 있는 정도의 수준에서 선을 이야기하고 그것을 근거로 공로를 세워 보려고 한다.

하나님이 선의 근본이시니까 선에 대하여 생각할 때도 하나님의 가치기준에서 시작되어야 하는데 그저 자기 수준에 맞춘 선을 가지고 '저 사람은 선하다' 고 판단하고 '선생님 당신은 선한 분입니다. 그러니 저에게 영생의 길 곧 무슨 선한 일을 해야 영생을 얻을 수 있는지를 이야기해 주실 수 있겠지요?' 라고 묻고 있다. 불행히도 이 청년은 자기 수준에서 선한 일을 찾고 있다.

4) 갖춰야 할 하나님에 대한 정당한 지식

예수님은 '아니다. 네 수준에서의 선한 일 정도로는 안 되는 말이다. 그런 생각은 근본적으로 틀렸고 적어도 하나님 수준에서의 절대적인 선을 기본으로 이야기해야 된다' 고 대답하신다. 그러신 후 "네가 생명 곧 영생에 들어가려면 계명들을 지키라"고 말씀하셨다. 이 청년이 만약 예수님의 말씀을 오해하지 않고 이해할 수 있다면 이제 자신이 해야 할 일이 무엇인지 분명해졌다. 앞에서 율법사가 율법의 가르침에 대하여 어떻게 받아들여야 하는가에 대하여 말한 것처럼 이 청년은 율법의 본의를 충분히 생각하고 생명의 길을 찾아야 한다.

이 청년은 "그러면 어떤 계명을 지켜야 합니까?" 하고 물었다. 예수께서는 아주 당연하고 보편적인 율법의 가르침을 들어 "살인하지 말라. 간음하지 말라. 도적질하지 말라. 거짓 증거하지 말라. 네 부모를 공경하라. 네 이웃을 네 몸과 같이 사랑하라 하신 것이라"고 대답하셨다. 이 말은 앞에서 율법사가 말한 "네 마음을 다하며 목숨을 다하며 힘을 다하며 뜻을 다하여 주 너의 하나님을 사랑하고 네 이웃을 네 몸같이 사랑하라"고 한 율법의 대강령과 똑같은 정신을 이야기하셨다.

그렇다면 이 말씀을 예수께서 하실 때는 이것은 적어도 하나님의 선에 근거해서 하신 말씀으로 이 말씀을 깊이 생각하고 이 말씀에 근거하여 율법의 가르침과 그 율법을 주신 의의와 목적을 추적해 알아 간다면 그 청년은 거기에서 참 영생의 길을 찾을 수 있을 것이다. 그런데 청년은 그러한 생각을 하기보다는 '이 모든 것을 내가 지키었사오니' 라고 말한다.

자기는 이 모든 것을 다 지켰다고 한다. 그가 지킨 것은 자기 수준에서 그 계명을 지킨 것뿐이다. 하나님께서 주신 의미, 본래의 의도와 하나님의 수준에서 그 율법을 지킨 것이 아니라 여전히 자기가 살아 온 관습과 정황 아래에서 지킨 것을 가지고 다 지켰다고 생각했다. 그러면서 '아직도 무엇이 부족합니까?' 하고 묻고 있다.

'살인하지 말라. 간음하지 말라. 도적질하지 말라. 거짓 증거하지 말라. 네 부모를 공경하라. 네 이웃을 네 몸같이 사랑하라'는 계명에 대하여 다행히 한 번도 그러한 죄를 지을 자리에 있지 않았던 사람이라면 다 지킨 것이라고 말할 수도 있다. 이 사람이 부자이고, 그만큼 재력도 있고, 유복한 가정에서 태어나 다행히 죄를 지을 만한 기회가 없었는지는 몰라도 그가 죄를 지을 만한 위치라든지 환경 가운데 던져졌다면 죄를 안 지을 재주가 없었다.

죄를 지었어도 자기가 생각하기를 대수롭지 않게 여겨 버린다면 그건 자기 생각에 죄가 아닐 뿐이다. 자기 수준에 죄를 한 번도 범하지 않았든지, 그런 기회가 없었든지 그것도 아니면 자기 수준에서 죄가 없다고 판단을 했든지간에 자신은 율법을 다 지켰다고 결론을 내렸다.

그런 수준에서 예수님이 율법을 지키는 것이 영생을 얻는 길이라고 하시니까 자기는 충분히 영생을 얻을 자리에 서 있다고 생각했다. 그리고 혹시라도 모자란 것이 있다면 안 되겠기에 또 달리 지켜야 할 것이 있느냐고 묻는다. 물론 그 마음 가운데는 자기가 영생을 얻는 일에 있어서 더 이상 아무 것도 필요하지 않을 만큼 충분하다고 생각하였을 것이다.

5) 포기해야 할 '자기'

예수께서는 "네가 정녕 온전하고자 할진대 가서 네 소유를 팔아 가난한 자들에게 나누어 주라. 그리하면 하늘에서 보화가 네게 있으리라. 그리고 와서 나를 좇으라"(21절)고 말씀해 주신다. 이 말을 들은 청년은 자기에게 재물이 많은 연고로 한참 근심하다가 그만 예수님을 떠나 버리고 말았다. 이 기사를 마태가 기록할 때는 이 사건을 통해 말하고 싶었던 특별한 의도가 있었다.

그 뒤를 이어 나오는 이야기를 보면 알 수 있다. 예수께서 제자들에게 하신 말씀 속에 '부자가 천국에 들어가기가 어떻게 어려운지 낙타가 바늘귀에 들어가는 것이 부자가 천국에 들어가는 것보다 쉬우니라' 는 말씀과 같이 하나님 나라에 들어가는 것은 하나님의 절대 주권, 하나님의 능력에 의해 구원받는 것이지 사람이 자기 수준에 이 정도 하면 충분하다고 해서 구원받는 것이 아니라는 것을 기록하고 있다.

이 이야기 가운데 우리가 중시해야 할 것이 있다. 지금 우리가 생각해야 할 명제는 누가 진정으로 이웃을 사랑할 수 있느냐? 하는 주제에 따라서 이웃 사랑이라는 것이 도대체 무엇인가를 생각하고 있다. 여기에서도 공통적으로 나타나는 이야기는 '살인하지 말라, 간음하지 말라, 도적질하지 말라' 는 것이고, 그것이 곧 이웃을 사랑하라는 의미의 가르침으로 네가 온전하게 살고 싶으면 소유를 팔아 이웃에게 나누어주라는 말씀으로 표현하신다. 결국 이웃을 사랑하는 것과 소유를 파는 것을 같은 일로 이야기하신다.

소유란 단순히 물질적인 재산만을 의미하는 것이 아니다. 재물만이 아니라 자기 지식일 수도 있고 자기의 가치를 대변할 수 있는 모든 것이 소유이다. 무엇을 소유하느냐에 따라 그 사람의 인품이 결정된다. 그 사람이 돈을 많이 가지고 있든, 지식을 많이 가지고 있든 아니면 좋은 성품을 가지고 있든 그 사람이 무엇을 가지고 있느냐에 따라서 그 사람의 가치가 달라지게 된다. 결국 그의 소유가 그를 대변하고 있다. 그렇다면 네 소유를 팔라는 말뜻은 자기가 가치가 있다고 생각하는 모든 것을 포기하라는 말이기도 하다.

그 사람에게서 가치를 두고 있는 것이 곧 그 사람의 소유이다. 그것을 팔아 버리면 아무 것도 남지 않는다. 그 소유를 이웃을 사랑하기 위해 내어놓으라고 하신다. 자기 생명과 같이 소중한 것, 자기에게 가치 있는 것을 내놓는 것이 사랑이라는 말이다. 그러기 위해 이웃을 사랑하는 데 있어서 먼저 요구되는 것이 자기 자신을 포기하는 일이다. 그러한 상태에서 남을 위해 무엇을 하라고 하신다. 사랑을 베풀든지, 도움을 주든지 자기라는 아상을 철저하게 포기한 상태에서 행하는 것이 진정한 사랑이고 이러한 모습이 곧 영생에 이르는 사람으로서 당연히 드러나는 삶의 자태이다.

6) 하나님을 의지한다는 의미

자기의 소유를 판다는 것은 더이상 자신의 생명을 자기 스스로 부지할 만한 수단을 포기한다는 의미이다. 그러므로 자기의 것을 다 팔아서 가난한 자들에게 주라는 말씀은 이제는 그러한 삶의 수단에 의존하거나 먹고살려고 애쓰지 말라는 의미이다.

이런 도전이 있을 때 자신의 삶을 유지하기 위해서는 과연 어떤 길로 가야 하느냐는 문제를 느끼게 되고 자신에게는 해결할 방법이 없음을 알아서 생명의 주인이신 하나님을 의지하게 된다. 주님은 부자 청년에게 소유를 다 팔고 주님을 따르라고 하셨다. 거기에 비로소 그가 갈망하던 영생의 길이 있다.

이 이야기의 핵심은 주님을 따르라는 데 있다. 주님을 따르는 데 있어 제반 방해가 되는 요소인 튼튼하게 남아 있는 자기의 소유 곧 자신의 생존권을 유지하기 위한 수단으로 재산을 팔라는 의미이다. 이것은 커다란 전환점이다. 지금까지 자기의 모든 삶을 유지하고 경영해 나감에 있어서 그 재물이 절대적인 역할을 해왔기 때문이다.

재물은 그 사람을 유지시키고, 그 사람을 보호하고, 어떤 때는 그 사람의 신분을 대변해 주었던 것으로 자신의 분신이기도 하다. 좋은 옷과 좋은 반지를 끼고 있다 할 때는 그 사람의 신분이 상당하다는 것을 과시

한다. 그것들을 모두 포기하라는 것은 더이상 사람들에게 대접받는 위치에 있지 말고 과시할 것 없이 그저 한 인간으로 서 있으라는 것을 의미한다.

어떤 사람의 둘째 아들이 아버지의 재산을 갖고 멀리 갔을 때(눅 15장 탕자비유) 그가 재산을 가지고 있을 동안에는 대접도 잘 받고 사람들에게 존경도 받았지만 재산을 다 허비하고 난 뒤에는 돼지 치는 사람이 되고 만 것처럼 자신의 재산을 다 포기한다는 것은 사람으로서 당연히 누릴 권리마저도 포기함과 같다.

7) 알아야 할 '자기'의 참된 가치

주께서 청년에게 이 말씀을 하신 것은 참으로 무엇이 너에게 진정한 삶의 가치를 부여하는가를 깊이 생각해 보라는 의미이다. 네가 참으로 영생을 얻고자 하느냐? 참으로 네가 온전하게 살고자 하느냐? 그러면 너의 가치 판단부터 다르게 하라는 말이다. 자기가 생각하는 정도의 수준에서 가치를 판단하지 말고, 자신의 가치나 자기의 생명에 대한 진정한 의미가 무엇인가를 바로 판단하라는 가르침이었다. 그러한 생각에서 자신의 생명을 어디서부터 얻을 수 있을 것인가를 추론해 나가야 한다.

과연 내가 소유하고 있는 재산이 나에게 참 생명을 줄 수 있는가? 아니면 또 다른 절대적인 생명의 근원이 있는가를 자꾸 생각할 때 거기에 생명을 얻을 방도가 있다. 그러한 판단을 거친 후에 '내가 이제 온전하게 살 수 있는 참된 길, 원초적인 생명의 능력을 소유하고 계신 하나님께 전적으로 의지하고 이런 재물 정도는 다 포기해야겠다'는 결단을 내릴 수 있어야 한다.

따라서 청년이 "내가 어떻게 하여야 영생을 얻을 수 있습니까?"라고 물었다면 의당히 "영생은 어디로부터 오는 것입니까?" 하고 물었어야 한다. "내가 율법에서 가르치는 것은 다 했는데 그밖에 또 무엇을 해야 합니까?" 하는 질문을 할 것이 아니라 영생은 어디로부터 오는가에 대하여 관심을 가져야 했다.

그랬다면 주께서 "내가 곧 길이요 진리요 생명이다. 그러니 당연히 나를 따라야 하지 않겠느냐?"고 말씀하셨을 것이다. 그렇지만 그 청년에게는 그러한 정당한 반응을 볼 수 없었다. 예수께서는 그의 심중을 꿰뚫어 보시고 "네가 가치를 두고 있는 너의 모든 삶의 근거인 그 재물을 다 포기하고 나를 따르라. 나를 따르는 일에서부터 너는 참 생명의 길로 가는 것이다"고 진리의 길을 말씀해 주셨다.

영생을 얻는 길이 무엇입니까? 하고 묻는 말에 그저 아무렇게나 동문서답하신 것이 아니라 참 생명의 길에 대하여 정확하게 답해 주셨다. 이런 깨우침이 있었다면 그가 쓸데없는 근심 때문에 괴로워하지 않고 그의 생애에 있어서 전환점turning point을 얻는 기회를 잡을 수 있었다. 예수께서 '나를 따르라' 하셨다면 그것은 복된 초청이다. 하나님께서 부르신 영광의 자리이기 때문이다.

영생의 길에 대하여 물었을 때 아무런 거리낌없이 자신을 따르라고 말씀하셨다면 그분은 여느 사람들과는 무언가 다르다는 점을 알 수 있다. 그렇다면 그 말속에 어떤 비상한 뜻이 있음을 간파하고 그렇게 말씀하시는 예수님이 누구인가를 알려는 것이 당연한 일이다. '예수라는 분은 도대체 누구인가?'를 알아보아야 한다. 그랬다면 그렇게 오래 걸리지 않아 '이 분이야말로 하나님의 아들이시며 메시아시며 구세주이시다. 그러므로 이 분에게 참 생명의 길이 있다. 이 분이 곧 영생이시며 생명의 떡이시다'는 결론에 이르게 된다.

이 점을 감안해 본다면 사실 인간 스스로 구도의 길을 간다고 해서 구원에 도달할 수 없다. 인간은 누구든지 자신을 전적으로 부정하고, 예수님의 구속을 인정하고, 그것에 의지하지 않고서는 구원에 이를 수 없다. 계명을 지키라고 하신 것이나, 소유를 팔아 가난한 자에게 주라고 하신 말씀은 바로 이런 의미에서만이 그 본의를 정확히 파악할 수 있다.

때문에 이러한 구원의 깨우침이라는 것은 예수님을 따른다는 것에서부터 시작해서 배우고 알아 가게 된다. 그 결과 자기가 구원의 길, 즉 그리스도의 대속의 죽음과 부활 사건을 통해 완성된 구속 사역의 효력 안에 서 있음을 발견하고 비로소 자기에 대한 가치 인식이 전혀 새로워지게 된다. 전에는 재물이나 또는 자기 나름대로 소유했던 것에서 가치를 찾고, 의미를 부여하고, 자신의 전부를 쏟아 부었는데 이제는 참 생명의 근원이신 주님을 모시고 그분 안에서만 참 생명과 삶의 가치와 의미를 찾아가게 된다.

이 사실이 분명할 때 자신에 대한 참된 가치 인식이 발생하게 된다. '나에게 참 생명이 있다. 나에게 영생의 길이 있다' 는 인식이 생기면 그 후부터 자신을 사랑하기 시작한다. 결국 지금까지 자기가 갖고 있던 모든 가치 판단의 척도를 포기하게 되고, 영생의 길이신 예수 그리스도를 알고부터 자신의 가치에 대하여 새롭게 인식하고, 그 가치를 알게 되어 자기를 진정으로 사랑하게 된다.

자기를 사랑할 수 있는 사람이어야 이웃도 사랑할 수 있는 자격을 갖추게 된다. 나 하나도 책임질 수 없고, 자기 자신에 대한 생명의 가치도 확인하지 못했을 때는 감히 이웃을 사랑한다는 말을 해서는 안 된다. 자신도 사랑할 줄 모르는 사람이 남을 사랑한다는 것은 대단히 잘못된 일이다.

3. 사랑의 가치

누가복음 10장에서 선한 사마리아 사람이 강도 만난 사람을 사랑하고, 그를 위해 자기의 시간을 바치고, 생명을 바쳤다 할 때, 자기 시간이 참으로 무의미하고 할 일 없이 빈둥거리며 놀고 '내가 왜 살고 있는가?

무엇을 위해 살고 있는가?' 라고 자기의 가치조차도 확인하지 않은 사람이 남에게 호의를 베푸는 것을 사랑이라고 할 수 없다. 남에게 무언가 베푼다 할 때는 소중한 것을 베풀어야 한다. 아무짝에도 쓸모 없는 것을 주면서 "내가 당신을 이만큼 사랑하니까 이것을 받아 주십시오" 한다면 황당하기 짝이 없고 오히려 욕이 된다.

이 선한 사마리아 사람이 강도 만난 자에게 기름을 붓고, 포도주로 씻어 상처를 싸매 주고, 나귀에 태워 주막에까지 데려다 주고, 돌보아 줄 뿐만 아니라 부비를 대주고, 더 소용이 될 경비까지 보장해 주는 이 모든 일들이 그 사마리아 사람에게는 쉽게 할 수 있는 하찮은 것들이었다면 그 일은 어떤 사람이라도 재미로 할 수도 있는 일이다.

그러나 여기 보면 그는 자기에게 참으로 소중한 것을 주었음을 알 수 있다. 날마다 노는 사람이 소일거리로 이런 일을 했다면 그것도 소중한 일이기는 하지만 이 사람은 여행 중에 꼭 무슨 일을 해야 할 사람인데 잠시 그 임무를 물려두고 강도 만난 사람의 생명을 위해 사랑을 베풀었다.

이 사마리아 사람은 자기가 마땅히 해야 할 일이 있기에 또다시 길을 떠나고 있다. 그만큼 소중하게 자기의 인생을 경영하는 사람이다. 자기의 생명에 대한 분명한 가치 인식이 되어 있었다. 그러므로 이러한 사람만이 곧 자기 생명에 대한 가치를 충분히 인식할 수 있어서 남을 위해 사랑을 베풀 때 거기에 참된 사랑의 가치가 있다. 이런 사랑은 하나님을 알고 하나님을 사랑할 수 있는 사람이 자기에게 참 생명이 있음을 알고 자신의 삶의 가치를 확인한 후에 이웃 사랑의 능력을 발현하는 데서 나타나게 된다. 이러한 사랑을 아름다운 사랑이라고 한다.

1) 그리스도에 대한 사랑에 근거한 '사랑의 가치'

마태복음 16장 24-26절을 보면 "이에 예수께서 제자들에게 이르시되 아무든지 나를 따라 오려거든 자기를 부인하고 자기 십자가를 지고 나를 좇을 것이니라 누구든지 제 목숨을 구원코자 하면 잃을 것이요 누구든지 나를 위해서 제 목숨을 잃으면 찾으리라 사람이 만일 온 천하를 얻고도 제 목숨을 잃으면 무엇이 유익하리요 사람이 무엇을 주고 제 목숨을 바꾸겠느냐"라고 하셨다. 여기에서도 소중한 것은 자기 목숨이라고 하시면서 그 목숨을 다른 데서가 아니라 자기 십자가를 지고, 자기를 부인하고, 예수님을 좇는 것에서 얻을 수 있다고 하신다.

예수님을 좇는 것이 참 생명을 얻는 길이라면 예수님이 누구인가를 알아야 한다. '그분이 과연 그런 말을 할 자격이 있는 분인가?' 하는 확고한 증거가 있어야 한다. 이런 확증이 있어야 자신에 대한 소유권을 포기하든지 아니면 자기 전부를 포기하고 순전히 예수님을 의지할 수 있다. 그래야 비로소 참된 생명의 가치를 인식하게 된다.

마태복음 10장 37-39절에서도 "아비나 어미를 나보다 더 사랑하는 자는 나에게 합당치 않고 아들이나 딸을 나보다 더 사랑하는 자도 합당치 않고 또 자기 십자가를 지고 나를 좇지 않는 자도 내게 합당치 아니하니라 자기 목숨을 얻는 자는 잃을 것이요 나를 위하여 자기 목숨을 잃는 자는 얻으리라"고 말씀하신다. 여기에서 사랑이라고 할 때 '나보다 더 사랑해서는 안 된다' 고 하시는데, 누가복음 14장 26절에서는 "무릇 내게 오는 자가 자기 부모와 처자와 형제와 자매와 및 자기 목숨까지 미워하지 아니하면 능히 나의 제자가 되지 못한다"고 하신다.

히브리 개념에서는 '미워한다' 는 말이 따로 의미를 갖기보다는 사랑의 결여 혹은 결핍된 상태를 지시하는 말로써 '사랑한다' 는 것에 대한 상대적인 의미로 쓰인다. 그러므로 내가 예수님보다 누구를 더 사랑하면 그것은 곧 예수님을 미워하는 것이 된다. 따라서 자기 목숨까지 미워해야 한다고 말씀하실 때는 예수님보다 상대적으로 더 사랑하지 말라는 뜻이지 자기 자신을 증오하라는 뜻은 아니다.

히브리 사람들이 '미워한다'고 할 때는 상대적으로 열등하게 대우하는 것을 의미한다. 정말로 미워하거나 혐오하는 것이 아니라는 말이다. 결국 예수님보다도 다른 사람을 더 사랑하는 것은 합당치 않다는 말씀을 하시는 근본 의도는 '어디에 참된 생명의 가치가 있느냐?' 하는 점을 항상 자세히 따져 보라는 의미이다.

2) 교회의 품성으로서 '사랑'

이상의 가르침을 종합해 보면 '우리에게 참된 생명의 가치가 어디에 있느냐?'를 먼저 확인하고 이에 근거하여 내 생명의 의미를 부여함이 참으로 중요함을 알 수 있다. 이런 확인이 있은 후에야 서로를 충분히 사랑할 수 있고 또 그것이 참 사랑이다. 그런 확인도 없이 무조건 사랑하는 것은 사랑이 아니다. "우리 서로 사랑합시다"라고 아무리 다짐해 보아도 그건 예수님이 말씀하신 의미에서의 사랑이 아니다.

적어도 우리 교회가 '하나님께 대해서 예배를 드린다' 하고 '하나님을 사랑한다'고 할 때도 마찬가지이다. 맹목적으로 하나님을 사랑하고 예배한다면 그건 불가당한 이야기이다. '내가 과연 하나님을 예배할 만한 자리에 있는가? 내가 하나님을 사랑할 수 있고 또 실제로 하나님을 사랑한다면 그것을 실증할 만한 사랑의 교제나 교통이 있는가?' 하는 점들을 깊이 생각해야 한다. 그럴 만한 자격도 없는 사람들이 하나님을 사랑한다 하고, 예배한다고 하면 그건 잘못이다. 그런 일은 있을 수도 없고 있어서도 안 된다.

이제 이런 일을 살펴서 우리 자신을 그만큼 소중히 여길 줄 알고, 또 그렇다 한다면 우리 교우들에게 그 이상의 가치를 보여줄 수 있어야 한다. 그럴 때 교회와 그 교회가 드리는 예배가 하나님 앞에 의미가 있고 하나님께 영광이 된다. '하나님께 영광을 돌려야 한다'고 하고서는 입을 벌려 "하나님 영광! 하나님 영광!" 하고 있다고 해서 그것이 하나님께 영광이 될 일은 없다.

우리가 하나님께 영광을 드릴 위치에 먼저 있어야 하고 그 같은 자격이 형성되어서 외적으로 드러나는 가치에 대해 서로 확인하고 있어야 한다. 교회는 이런 일에 대하여 차근차근 확인하고 서로가 충분히 사랑할 수 있어야 그 바탕 위에서 하나님과 서로를 사랑할 수 있는 지식과 자격을 갖추게 된다. 모든 것이 완전하지 않다고 해도 적어도 충분히 사랑을 나눌 수 있고 갖출 수 있는 교회로 성장해야 한다.

기도

하나님!

참된 생명의 길은 하나님께 있사옵니다. 그래서 그 길을 좇아 살 때 우리에게 참된 삶의 가치가 있는 줄 아옵나이다. 이러한 것을 우리에게 가르치셨사오니 우리가 참 생명의 길에서 떠나지 않게 하시고 항상 이 기쁨의 말씀 가운데서 우리를 깨우쳐 주셔서 '우리가 누구인가?' 하는 그 가치를, 즉 우리 안에 담겨 있는 귀중한 보화를 발견하게 하시고, 하나님과 항상 동행케 하신 이 거룩한 제도로 세우신 교회 안에서 우리가 서로를 사랑하고 그러한 가운데서 하나님께서 세우신 그 뜻을 이 땅에 이루어 나가는 교회로 발돋움하게 하옵소서.

주 예수 그리스도의 이름으로 기도하옵나이다. 아멘.

103

Ⅳ. 교회의 좌표

에베소서 4장 1-24절

1 그러므로 주 안에서 갇힌 내가 너희를 권하노니 너희가 부르심을 입은 부름에 합당하게 행하여
2 모든 겸손과 온유로 하고 오래 참음으로 사랑 가운데서 서로 용납하고
3 평안의 매는 줄로 성령의 하나되게 하신 것을 힘써 지키라
4 몸이 하나이요 성령이 하나이니 이와 같이 너희가 부르심의 한 소망 안에서 부르심을 입었느니라
5 주도 하나이요 믿음도 하나이요 세례도 하나이요
6 하나님도 하나이시니 곧 만유의 아버지시라 만유 위에 계시고 만유를 통일하시고 만유 가운데 계시도다
7 우리 각 사람에게 그리스도의 선물의 분량대로 은혜를 주셨나니
8 그러므로 이르기를 그가 위로 올라가실 때에 사로잡힌 자를 사로잡고 사람들에게 선물을 주셨다 하였도다
9 올라가셨다 하였은즉 땅 아랫곳으로 내리셨던 것이 아니면 무엇이냐
10 내리셨던 그가 곧 모든 하늘 위에 오르신 자니 이는 만물을 충만케 하려 하심이니라
11 그가 혹은 사도로, 혹은 선지자로, 혹은 복음 전하는 자로, 혹은 목사와 교사로 주셨으니
12 이는 성도를 온전케 하며 봉사의 일을 하게 하며 그리스도의 몸을 세우려 하심이라
13 우리가 다 하나님의 아들을 믿는 것과 아는 일에 하나가 되어 온전한 사람을 이루어 그리스도의 장성한 분량이 충만한 데까지 이르리니
14 이는 우리가 이제부터 어린아이가 되지 아니하여 사람의 궤술과 간사한 유혹에 빠져 모든 교훈의 풍조에 밀려 요동치 않게 하려 함이라
15 오직 사랑 안에서 참된 것을 하여 범사에 그에게까지 자랄지라 그는 머리니 곧 그리스도라
16 그에게서 온 몸이 각 마디를 통하여 도움을 입음으로 연락하고 상합하여 각 지체의 분량대로 역사하여 그 몸을 자라게 하며 사랑 안에서 스스로 세우느니라
17 그러므로 내가 이것을 말하며 주 안에서 증거하노니 이제부터는 이방인이 그 마음의 허망한 것으로 행함같이 너희는 행하지 말라
18 저희 총명이 어두워지고 저희 가운데 있는 무지함과 저희 마음이 굳어짐으로 말미암아 하나님의 생명에서 떠나 있도다
19 저희가 감각 없는 자 되어 자신을 방탕에 방임하여 모든 더러운 것을 욕심으로 행하되
20 오직 너희는 그리스도를 이같이 배우지 아니하였느니라

21 진리가 예수 안에 있는 것같이 너희가 과연 그에게서 듣고 또한 그 안에서 가르침을 받았을
진대
22 너희는 유혹의 욕심을 따라 썩어져 가는 구습을 좇는 옛 사람을 벗어버리고
23 오직 심령으로 새롭게 되어
24 하나님을 따라 의와 진리의 거룩함으로 지으심을 받은 새 사람을 입으라

Ⅳ. 교회의 좌표

엡 4:1–24

하나님께서는 독생자 예수 그리스도를 이 땅에 보내 그 아들로 하여금 친히 십자가를 지게 하심으로 구속 사역을 완수하셨다. 이로써 예수님은 이스라엘의 주(*Κυριος*; 큐리오스)와 그리스도(*Χριστος*; 크리스토스)가 되셨다(행 2:36). 예수께서 주主와 그리스도가 되셨다는 선포는 당시 유대인들에게 심상치 않은 메시지를 담고 있다. 왜냐하면 주(*Κυριος*)라는 말은 그들이 여호와 하나님을 지칭하여 사용하는 주(אדני; 아도나이)와 동의어로 이는 하나님의 거룩한 이름이기 때문이다.

그런데 예수님을 가리켜 하나님을 지칭하는 이름을 적용하여 주主라고 하는 것은 예수님이 곧 하나님과 동등한 분이심을 보여준다. 또한 그리스도(*Χριστος*)가 되었다는 것은 오랫동안 유대인들이 소망해 왔던 메시아(משיח; 메시아흐)가 곧 예수님이었음을 의미하는 것이기도 하다.

이렇게 함으로써 구약에서 예언했던 메시아 사상은 예수 그리스도 안에서 성취되었을 뿐만 아니라 그분은 곧 하나님이셨음을 보여주고 있다. 여호와 하나님의 아들이신 예수 그리스도께서는 이 땅에 계시는 동안 하나님을 영화롭게 하고 나아가 십자가 사건을 통하여 그 아버지 하나님께서 그 아들 예수를 영화롭게 하셨다.

죽음에서 부활하여 승천하심으로써 하나님의 영광을 받으신 예수 그리스도는 진리의 영(*Πνυματος*; 프뉴마토스, 성령)으로 오시어 교회를 세우셨다. 예수님은 이미 이 교회와 한 몸이 되실 것을 기뻐하셨고 장차 그 아들과 한 몸, 한 지체가 될 교회의 성도들을 아버지 하나님께서 영화롭게 하여 주실 것을 위해 기도하신 바 있다(요 17장).

우리는 예수께서 아버지 하나님께 기도하신 내용을 통해 인생의 참된 목표란 하나님을 경배하는 데 있음을 알 수 있다. 그리고 하나님의 영광스러운 그 모습을 이 땅에 드러내는 것과 우리가 그 영광의 자리에 참여하는 자태를 드러내는 것임을 알게 된다.

하나님의 영광된 자리에 참여하는 성도들의 성품이 어떠해야 하는가에 대하여는 한 부자 청년과 어떤 율법사의 질문에 대한 예수님의 답변을 통하여, 영생에 이르는 길이란 하나님을 사랑하는 것과 이웃을 내 몸과 같이 사랑하는 것임을 알 수 있다. 즉 '사랑' 을 그 사람의 성품으로 가져야 한다. 이 사랑의 근거나 발출發出은 다른 곳이 아닌 바로 자기 자신에 대한 사랑에서부터 비롯되어야 한다. 자신을 사랑할 수 있으려면 자기의 가치를 파악해야만 가능하며 그러기 위해 자기 자신이 이 땅에 존재할 만한 가치를 확인하고 있어야 한다.

자기 자신의 존재 가치란 영생을 주시는 예수 그리스도와 연합되어 자기 안에 참된 보화를 가짐으로써 얻어진다. 그리고 이러한 사람만이 자신을 사랑할 수 있다. 이와 같이 예수 그리스도와 연합하여 자기 자신을 사랑할 수 있는 능력이 있는 사람만이 이웃을 사랑할 수 있고 그 이웃을 사랑하는 그것이 결국은 하나님을 사랑하는 그리고 하나님을 경배하는 모습으로 나타나야 한다. 이런 모습이 우리 교회가 추구해야 할 삶의 모습이다.

이제 우리는 개인적인 경건의 면에서부터 (지금까지의 개인적인 그리고 그리스도인으로서의 자질에 관한 것에서 좀더 확대하여) 교회라는 단체가 또는 하나의 유기적인 이 생명체가 가야 할 길에 관한 문제로 우리의 시선을 바꾸어 볼 필요가 있다.

물론 그것이 꼭 분리되는 것은 아니다. 교회가 나타내는 품격이나 그 교회의 성도로서 드러내는 품성은 동일하기 때문에 굳이 나눌 필요는 없지만 좀더 우리의 시선을 넓게 하여 교회가 마땅히 나아가야 할 길에 대하여 살펴보고자 한다. 그러기 위해 먼저 교회가 존재하는 위치의 좌표를 확인하는 것이 순서이다.

1. 교회를 세우신 목적

하나님께서 교회를 세우신 목적은 "찬송하리로다 하나님 곧 우리 주 예수 그리스도의 아버지께서 그리스도 안에서 하늘에 속한 모든 신령한 복으로 우리에게 복 주시되 곧 창세 전에 그리스도 안에서 우리를 택하사 우리로 사랑 안에서 그 앞에 거룩하고 흠이 없게 하시려고 그 기쁘신 뜻대로 우리를 예정하사 예수 그리스도로 말미암아 자기의 아들들이 되게 하셨으니 이는 그의 사랑하시는 자 안에서 우리에게 거저 주시는 바 그의 은혜의 영광을 찬미하게 하려는 것이라"(엡 1:3-6)는 바울 사도의 말에서 찾을 수 있다.

여기에서 '우리'라는 말은 성도 각 개인이 합하여 형성된 '우리라는 공동체로서 교회'를 의미한다. 에베소서는 교회에 대하여 기본적인 이론을 제시하고 있기에 일명 '교회론'이라고도 하는데, 여기에서 바울 사도는 처음부터 한 개인을 상대로 하지 않고 '우리'라고 하는 '교회 공동체'를 그 바탕에 두고 이야기를 전개시키고 있음을 볼 수 있다. 또한 교회의 근원은 곧 하나님의 부르심으로부터 시작되었다고 말한다.

교회라는 말 자체가 '불러냄' to call out을 의미하는 히브리어의 '카할' (כָהל), 헬라어의 '에클레시아' (*εκκλησια*)라는 말에서 나왔다. 즉 교회란 '불리움을 받은 사람들의 모임' 을 의미한다고 볼 수 있다. 교회란 하나님께서 불러 모아 놓은 사람들을 지시한다. 그래서 하나님은 교회에게 당신의 아들들이 되게 하기 위하여 당신의 사랑을 가지고 불러내시며 하나님 나라를 그 기업으로 주시고 그 나라의 백성답게 살 수 있는 자질과 능력을 주신다. 그들을 통하여 하나님께서 본래 이 세상을 창조하실 때 계획하셨던 영광과 지혜가 충일한 나라로 재창조되기를 원하신다.

따라서 교회란 하나님께서 창조한 그 본래의 목적을 완수하기 위해 불러낸 사람들의 모임이라고 할 수 있다. 교회는 곧 하나님의 선과 의를 구현하는 나라이다. 그러므로 이 땅에 세워진 교회가 궁극적으로 추구해야 할 것은 곧 창조된 원래의 하나님 나라를 회복하고 하나님의 선과 의를 이 땅에 구현하는 일이라 할 수 있다. 이렇게 하나님의 선과 의를 구현하는 나라는 결국 하나님의 은혜와 지혜를 실감하고 찬미하는 독특한 나라여야 한다. 그 백성은 바로 이러한 복에 참여하는 것과 하나님을 찬미하는 일을 위해 존재한다.

2. 세상과 구별되는 교회(교회의 거룩성)

교회의 존재는 하나님께서 우리를 부르셨다는 사실에서 비롯된다. 그리고 하나님께서 교회를 부르셨을 때는 교회가 하나님의 아들로서 그들로 하여금 하나님께서 본래 창조하시고자 하는 나라를 세우고자 하는 특별한 목적이 있었다. 그러기 위해 교회는 특이한 성격이 나타나도록 되어 있다.

그 특성이란 교회가 세상과 구별됨을 말하는데 그것은 이미 창세 전부터 그렇게 구별되어졌다. 그때부터 하나님은 교회를 거룩하고 흠이 없게 하셨다. 이러한 가르침은 에베소서 1장 7절에 나타나는 것처럼 '죄사함' 이라는 말로 표현된다. 이 죄사함은 예수 그리스도의 보혈로써 되어진 은혜라는 특성을 가지고 있다(엡 1:7-8). "우리가 그리스도 안에서 그의 은혜의 풍성함을 따라 그의 피로 말미암아 구속 곧 죄사함을 받았으니"(엡 1:7)라는 말씀에서 그 사실을 보여주고 있다(이것을 교회의 거룩성이라고 한다).

우리를 세상과 구별하신 이유는 본래 우리가 자유인으로서 하나님의 백성이었는데 그러한 숭고한 위치에서 죄로 말미암아 오히려 죄의 종이 되어 본래의 고귀한 위치를 잃어버리고 그 자유를 상실하였기 때문이다. 그러한 자리에서 우리를 구속하심으로써 우리가 가지고 있는 가장 최고의 능력과 가치를 발휘하고 드러낼 수 있기 위하여 타락한 세상과 구별을 하셔야 했다.

왜냐하면 죄의 자리에 있는 상태에서는 도저히 영광된 하나님 앞에 나갈 수도 없고 그 본래의 능력 곧 자유함을 행사할 수 없기 때문이다. 예수 그리스도께서 이렇게 죄 아래 있는 그의 백성을 구속하여 자유케 하려고 우리가 짊어진 죄의 대가를 속량하셨다. 어떤 이들은 예수 그리스도께서 사탄에게 죄의 값을 치른 것처럼 오해하는데 여기에서 예수께서 속량하셨다는 의미는 하나님의 의에 대한 대가를 속량하셨다는 의미이다.

1) 대가를 요구하는 죄

죄란 그 본래가 죽음을 가져다주는 지독한 독이라서 죽음을 대가로 하지 않고서는 한 번 그 자리에 들어온 사람을 결코 풀어주지 않는다. 누구나 죄로부터 해방을 받기 위해서는 자기의 생명을 대가로 지불해야만 한다. 이것은 하나님께서 정하신 법칙이다. 아무도 이 법칙에서 예외

일 수 없다.

죄의 마지막은 죽음이라는 것이 하나님 나라의 법칙이다. 이것은 하나님께서 행하실 공의의 심판이 얼마나 엄중하고 무서운 것인지 여실히 보여 주고 있다. 하나님은 아담에게 이 사실을 분명하게 밝혀주셨고 결코 죄에 빠지지 않도록 경고하셨다(창 2:17). 그 대신 아담에게는 적극적으로 하나님의 선을 향하여 나아갈 수 있는 능력을 풍성하게 주심으로써 아담의 가치를 이 세상에 충만하게 드러낼 수 있도록 보장해 주셨다.

하나님의 경고에도 불구하고 아담이 죄의 자리에 빠져버렸기 때문에 인류가 자기의 생명을 대가로 지불해야만 그 죽음의 자리에서 나올 수 있게 되었다. 그러나 어느 누구도 자기의 생명을 내어놓는다 할지라도 이미 그는 죄로 말미암아 죽음의 노예가 되었기 때문에 영원히 그 자리에서 나올 능력을 상실해 버렸다.

하나님은 죄인 대신 예수 그리스도로 하여금 속량의 피를 죽음의 대가로 지불하고 인류를 구원하시기로 하셨다. 예수 그리스도께서는 마침내 이 계획을 십자가 위에서 성취하셨다. 이것이 구원의 사실이다. 이것을 신학적인 용어로 '구속' 이라고 말하고 이 구속으로 말미암아 생명의 자리로 옮기어 자유의 상태로 회복된 것을 '중생' 이라고 한다.

2) 중생의 본좌

'중생' 이란 죄사함을 받았다는 것으로 끝나는 것이 아니다. 우리가 본래 가지고 있던 자유함과 하나님의 영광을 드러낼 수 있는 능력을 회복했다는 점에서 더 큰 의의가 있다. 그동안 죄 아래 종 노릇하던 자리에서 벗어나 이제부터 적극적으로 우리의 능력을 발휘하여 하나님의 나라를 드러내고 그 영광을 나타내어야 한다.

바로 이러한 자유인들이 모여 인생의 참 가치를 실현할 수 있는 곳이 교회이다. 그러므로 교회는 예수 그리스도의 피로 말미암아 죄사함을 받고 세상과 구별되어 그 본연의 능력을 행사하기 위해 부르심을 받은 성도들로 무리를 이루어야 한다는 사실을 염두에 두고 있어야 한다.

때문에 교회의 한 지체로 들어오는 사람이나 받아들이는 성도들은 서로가 하나님께서 선택하신 성도의 한 무리인지 그리고 십자가의 구속 사실을 참으로 자기 것으로 받아들이고 신앙하고 있는지를 명확하게 확인하고 있어야 한다. 그와 같이 신앙을 고백하고 확인한 성도라면 이제는 자기 혼자서 자신의 삶을 경영하는 것이 아니라 세상에서 구별된 성도의 한 무리가 되었음을 각성하고 그 지체된 자로서 책임과 의무를 수행해야 한다.

어떤 사람이 하나님을 알고 예수 그리스도의 십자가 공로를 알았다고 한다면 이제는 결코 자기 혼자가 아님을 자각해야 한다. 즉 세상으로부터 구별된 성도들의 한 무리 속에 소속되었다는 사실과 그 무리들이 이루는 교회 안에서만이 자기가 가진 참 자유를 보장받을 수 있으며 자기의 능력을 최대로 발휘할 수 있음을 알아야 한다.

그래서 예수 그리스도의 십자가로 구속을 받았다면 당연히 그 사람은 세상과 구별되는 교회에 소속이 된다. 이후부터는 교회와 상관없이 자기 혼자서 하나님을 섬길 수 있을 것이라든지, 본연의 가치를 충분하게 드러낼 수 있을 것이라든지, 하나님 나라를 세워나가고 그 영광을 드러낼 수 있을 것이라든지 하는 생각을 가져서는 안 된다.

이런 점에서 교회에 소속된 것이 곧 중생했다는 하나의 증표가 될 수 있다. 예수 그리스도의 십자가 피로 말미암아 한 무리를 이루었다는 그 구성 자체가 곧 중생의 사실이다. 이러한 교회가 존재한다는 것은 큰 의미를 가진다. 그렇지 않다면 다른 어떤 곳에서도 중생이라는 사실을 확인할 수 없기 때문이다. 내가 교회에 소속되어 있지 않고는 다른 어떤 방법으로도 중생의 여부를 알 수 없다.

3) 중생의 증표

어떤 사람이 성경을 읽었다고 해서 예수 그리스도의 십자가로 말미암아 구속받았다는 사실을 다 아는 것은 아니다. 교회에 한 번도 가보지 않은 사람이 어느 날 우연히 성경을 읽었다 해서 '자기가 본래 하나님의 아들이었는데 죄 아래 팔려있는 노예와 같이 되었다가 예수 그리스도의 십자가 공효로 말미암아 자유를 회복할 수 있는 길을 하나님께서 마련하셨기 때문에 예수 그리스도의 십자가를 믿음으로 구원을 받았다'는 기독교의 도리를 깨달아 알 수 있는 것이 아니다.

그런 도리는 성경을 많이 읽어서 아는 것이 아니라 교회의 정상한 가르침을 통해서 알게 된다. 특히 이와 관련해 역사적으로 교회에게 위대한 신앙고백서들[15]을 주신 하나님의 은혜에 감사해야 한다.

때문에 세상 사람들에게 아무리 그런 이야기를 해주어도 그들이 알아듣고 예수를 구주로 믿는 일이란 쉬운 일이 아니다. 세상 사람들에게 "하나님이 계신다"고 말하면 대뜸 "하나님이 어디 계시냐?"고 반문한다. 그리 쉽게 믿고 받아들여지는 것이 아니다.

더군다나 "예수께서 우리의 죄를 위해 십자가를 지고 죽으셨다"고 하면 "그런 일이 어찌 있을 수 있느냐?"고 반박해 온다. 그러므로 이런 복음의 도리는 아무데나 가서 아무나 붙들고 전하는 게 아니다. 혹 체면 때문에 그 앞에서는 아무 말 안 할지 몰라도 필경 하나님과 그리스도의 이름을 욕되게 하는 경우가 더 많이 있다. 복음은 그렇게 전하여지지 않는다.

실제로 우리가 복음의 도리에 따라 하나님께서 보장해 주시는 능력을

---

15) 전통적으로 개혁 교회에서는 벨직 신앙고백서(1561년), 하이델베르크 교리문답(1563년), 도르트 신조(1618년)를 일치 신조로 고백하고 받아들인다. 장로 교회에서는 웨스트민스터 신앙고백서(1647년)와 웨스트민스터 대요리문답 및 소요리문답을 신조로 받아들인다.

힘입고 사는 것이 구원받은 사람으로서 가장 큰 일이다. 그리고 그 증거가 확실하다면 그것을 본 세상 사람들이 복음에 관심을 가지고 물어옴으로써 자연스럽게 복음은 전이된다. 아무리 지식이 많고 돈이 많다고 해도 그런 것들이 복음의 도리를 알게 하는 것이 아니다. 그들이 관심을 가지고 성경을 읽는다 해도 복음의 도리를 알 수 있는 것도 아니다. 물론 뛰어난 두뇌가 아니더라도 웬만한 판단력으로 성경을 읽다 보면 하나님이 계시다든지 예수 그리스도께서 활동하신다든지 혹은 성령께서 역사하신다는 이야기는 알 수 있다.

그러나 그것이 구원의 증거라고는 할 수 없다. 왜냐하면 복음의 도리가 그렇게 성경을 읽고 몇 가지 사실을 아는 것으로 자기 자신의 삶을 경영해 나가는 데 실제적인 능력을 주는 것은 아니기 때문이다. 참으로 구원의 도리를 깨달았다면 그 사실에 대한 분명한 증거를 하나님께서 주시기 마련이다.

그렇다면 실제로 자기의 삶속에서 하나님이 자신을 구원하셨다는 증표가 있어야 한다. 자기 혼자서는 찾고자 해도 찾을 수 없으며 찾아지지도 않는다. 왜냐하면 구원받은 실제적인 삶의 터전인 '교회' 안에 들어와 있어야만 구원의 증표를 찾고 확인할 수 있기 때문이다.

4) 거듭남을 보증하는 교회

어떤 사람이 하나님의 복음을 듣고 진리를 깨달았다고 한다면 그것은 자기 혼자만의 진리가 되어서는 안 된다. 자기 혼자만 어떤 신비한 진리를 알고 있다면 그건 그 사람 이야기이지 그것이 객관화된 진리가 될 수 없기 때문이다. 따라서 누가 어떤 진리를 깨달았다면 그건 그 사람만이 알고 있을 것이 아니라 그것이 과연 진리인가 아닌가를 확인할 수 있는 어떤 기준criteria이 있어서 그 진실성을 증명해 주어야 한다.

때문에 하나님께서는 이 땅에 성도를 보내실 때 그 한 사람만 하나님의 말씀을 듣고 깨닫게 하는 것이 아니다. 그 깨달음을 공감하고 나눌 수 있는 무리를 함께 보내신다. 같은 시대, 같은 곳으로 복음을 정당하게 알고 하나님을 섬기는 무리를 보내주신다. 누구 혼자서만 하나님에 대한 지식을 갖고 홀로 하나님을 섬기도록 되어 있지가 않다. 그리고 그 사람들이 서로를 알도록 여러 가지 방법으로 인도해주신다. 그렇게 해서 하나의 교회를 이루도록 하신다.

그러한 무리들 곧 하나님께서 특별하게 부르신 그 무리들은 전혀 다른 사람들이지만 이제는 한 형제임을 바로 알고 함께 하나님 나라를 세워 나가고 그 영광을 위하여 협력하게 된다. 그 지체란 하나님에 대한 신앙이 서로 같다는 것으로 확인되고 그러한 사실에 대하여 서로 명확하게 비추어 봄으로써 모자라고 부족한 것을 보충하고 격려해 가면서 점차 완성되어 가도록 하는 데에 하나님의 뜻이 있다.

그들은 하나님 나라에 대한 깨달음과 지식이 우연히 얻어진 것이 아니라 이러한 과정을 통하여 하나님께서 계시하시고 교회를 통해 보존해 오셨으며 이미 명료하게 밝혀진 성도들 안에서 객관적으로 드러난다는 사실을 비로소 발견하게 된다. 그 사실을 발견할 수 있는 터전이 곧 교회이다.

교회는 신앙과 신학이 같은 사람들로 모이게 되고 세워지는 것이 정상이다. 그러한 무리들이 모여 교회를 이루어 가는 것이 기본적인 모습이다. 이처럼 하나님께서 교회를 세우실 때는 먼저 세상과 구별된 무리를 모으심으로부터 시작하신다. 어떤 한 사람만을 세상과 구별시키지 않고 다른 사람들도 함께 구별시켜 한 무리로 만나게 하신다.

전에는 전혀 하나님을 몰랐던 사람들이었지만 그리고 예수 그리스도를 소개하면 거절했던 사람들이었지만 하나님의 부르심을 받고 서로 한 형제임을 확인하고 모여서 하나님을 경배하는 것은 기적과 같은 일이다. 교회는 이렇게 기적처럼 세워진다. 그래서 교회는 하나님께서 세우시는 것이며 지상에 존재하는 유일한 구원의 기관이 된다.

3. 구원의 기관으로서 역사적인 교회(교회의 통일성)

교회가 세워지면 이렇게 서로 만나고 함께 하나님의 일을 추구하는 것으로 끝나지 않고 또 다른 사실이 거기에서 발생하게 된다. 그것이 곧 역사의 흔적이다. 하나님께서 세우신 교회가 있다면 분명히 거기에는 역사의 자취가 있기 마련이다. 그래서 우리는 초대교회의 역사를 보고 그 시대에 속한 성도들의 신앙과 우리의 신앙이 같다는 사실을 발견하게 된다. 그들이 남겨 놓은 발자취가 지금도 선명하게 남아서 우리의 발걸음을 인도하는 이정표가 된다.

그렇게 멀리 가지 않더라도 16세기의 종교개혁 시대의 칼빈의 사상을 보면 그 신학이 우리와 맥을 같이하고 있음을 알 수 있다. 뿐만 아니라 우리가 그의 신앙과 신학을 뒤따르고 있음을 명백히 알 수 있다. 어느 누가 칼빈의 생애와 사상을 가르쳐 주지 않았다 하더라도 이미 한 길을 가고 있음을 언제든지 확인할 수 있다(이것을 교회의 통일성이라고 한다). 이것이 개혁교회의 모습이다.

개혁교회는 역사를 가지고 있다. 그리고 역사로서 항상 우리에게 남아 있다. 어느 한 시대의 교회가 그 전 시대의 교회와 단절되어서 존재하는 것이 아니라 면면히 흘러오는 역사적인 교회에 바탕을 두고 교회가 존재한다.

따라서 개혁교회의 역사가 지금까지 흘러온 발자취를 지켜보면 내 신앙과 내가 알고 있는 하나님과 내가 신앙하는 하나님에 대한 신학 노선이 같다는 사실을 확인할 수 있다. 그렇지 않고 지금 내가 알고 있는 하나님과 신학적인 지식이 지금까지 교회가 가지고 왔던 그 흔적 곧 역사적인 자취와 비교해 볼 때 전혀 다르다든지 엉뚱한 것이라면 매우 큰 일이다. 그건 이단이거나 사이비이기 때문이다.

그러므로 지금 우리가 가지는 신앙의 노선과 삶의 모습 그리고 하나님을 섬기는 방법 등이 역사적인 또는 전통적인 교회가 가지고 왔던 것과 비교해 볼 때 같아야 하며 그 안에서 객관성을 찾을 수 있어야 한다. 우리가 지금까지 무언가 추구해서 이만큼 이룬 것이 있다면 우리에게서만 아니라 적어도 역사 안에 있는 개혁교회의 발자취 안에서도 그 모습을 찾을 수 있어야 한다. 특히 초대교회가 보여주었던 신앙의 모습과 면밀히 비교해 보았을 때 동질성을 확인할 수 있어야 한다.

다른 것은 몰라도 초대교회의 신앙은 성경에 기록되어 있기 때문에 우리가 비교해 볼 수 있다. 따라서 그들의 신앙과 우리의 신앙이 같은지를 확인할 수 있어야 한다. 내가 중생했고 하나님을 알았고 신앙하고 있다면 예수 그리스도께서 보여주신 삶의 모습과 내 삶의 모습이 닮은 데가 있어야 한다. 특히 교회의 삶을 통해 하나님 나라를 드러내었던 초대교회와 그 맥을 같이 하고 있어야 한다. 예수께서 가르치신 것이 초대교회의 삶속에서는 분명히 나타나는데 그들의 삶이 나와 무관하다면 우리는 스스로 그 점을 주의하여 살펴보아야 한다.

좀더 올라가서 구약의 교회와도 우리가 고백하는 신앙의 맥이 일치해야 한다. 광야 교회, 사사 시대의 교회, 이스라엘 왕국 시대가 보여준 교회적 삶의 모습은 하나님의 나라를 추구하는 것이었다. 때문에 현재 존재하는 우리 교회 역시 그들이 추구했던 기본적인 삶의 열매가 같아야 한다. 이렇게 함으로써 우리가 추구하는 삶의 모습이 역사의 한 장을 구성하게 된다.

이처럼 우리 교회가 추구한 신앙 생활의 흔적이 역사 안에 자리를 잡아야 한다. 이 흔적이 10년이 지나든 100년이 지나든 우리 다음 세대에 개혁 신앙을 가지고 있는 후진들이 자기들의 하나님에 대한 인식과 비교해 볼 때 같아야 되고 그들에게 신앙의 좌표가 될 만한 이정표로서의 위치를 차지하고 있어야 한다.

구약 교회에서나 초대교회에서나 종교개혁 시대에 있어서나 지금 우리의 신앙이나 장차 후진들의 신앙이 항상 그 맥을 같이 하게 된다. 만일 각각의 신앙고백이 전혀 별개의 것이라 한다면 우리의 모습을 점검할 근거가 없어진다.

우리가 살고 있는 이 삶의 현장이라는 것은 역사 안에서 중요한 위치를 차지한다. 즉 이 삶이 역사에 기록될 만한 것이어야 한다. 이것이 중생한 사람들의 삶이기도 하다. 중생하지 않은 사람들은 이런 일에 관심을 가질 필요 없고 역사에 대한 책임도 없다. 그들은 역사와는 전혀 상관없이 별개로 살아가고 있다.

그러나 우리는 그렇지 않다. 지금까지의 역사를 잇고 후세에게 넘겨줄 책임이 있으며 우리가 남길 발자취에 따라 많은 사람들이 옳은 길로 가거나 또는 그른 길로 가는 책임이 있음을 인식하면서 이 시대를 살아야 한다.

4. 성령께서 세워나가시는 교회(교회의 보편성)

구약 시대나 신약 시대에 있어서나 혹은 중세 교회 시대나 오늘날 우리 시대에 있어서 이와 같이 한 맥을 이룰 수 있는 원동력이 어디에서 나오는가를 알아야 한다. 바로 그 일은 성령께서 하시는 일이다. 성령께서 우리 안에 오셔서 하나님을 깨닫게 하시는 일에서부터 교회를 세워나가고 복음의 도리를 체득하고 확인하게 하시는 일까지 주도하신다.

무엇보다도 하나님 나라로서 교회를 세우시는 일은 어느 시대나 성령께서 하신다. 그래서 예나 지금이나 그 맥을 이어오고 있다(이것을 교회의 보편성이라고 한다). 이것은 놀라운 사실이다. 2천년 전에 십자가에서 죽으신 예수 그리스도의 사건은 지금 우리와의 관계 속에서도 매우 중요한 도리로 남아 있다. 그렇지 않다면 그분이 죽으신 것과 수치를 당하신 일들이 지금 나하고 아무런 상관이 없다.

물론 누구나 성경을 읽거나 교회를 다니거나 혹은 누구에게 이야기를 들어서 십자가 사건에 대해 알 수는 있다. 그러나 그것을 아는 것과 그 사건이 실제로 나를 구원으로 이끄는 것과는 전혀 다른 문제이다. 역사 안에서 어떤 사건이 있었는지 알고 신뢰하는 것 곧 이런 역사적인 지식을 신앙하는 것을 가리켜 소위 '역사 신앙' 이라고 한다. 그러나 그것은 구원의 신앙이 아니다.

또는 교회가 보여준 교회의 이적을 믿을 수도 있다. 이것을 '기적 신앙' 이라고 한다. 여기에서 기적 신앙이란 하나님께서 행하신 이적을 믿든지 예수 그리스도의 이적을 믿든지간에 나타나 보여지는 어떤 현상이 신뢰의 근거가 되는 신앙을 의미한다. 그러나 그런 기적 신앙으로 구원을 받는 것도 아니다.

구원에 이르는 신앙은 따로 있다. 바로 '구원의 신앙saving faith' 이라고 일컫는 이 신앙은 지금 내 삶의 목표와 모양이 예수 그리스도의 삶과 일치한 신앙을 말한다. 그 일치성은 예수 그리스도의 생애와 초대교회가 전하여 준 그리스도의 가르침과 행적 그리고 제자들의 삶과 그들이 이룬 교회의 삶을 통해 확인을 할 수 있다. 뿐만 아니라 초대교회 성도들의 삶속에서나 종교개혁교회 성도들의 삶의 모습 속에서도 얼마든지 일치점을 발견할 수 있다.

어떻게 100년 전이나 300년 전 심지어 2,000년 전의 선진들의 삶의 모습이나 삶의 목표가 오늘날 우리와 일치할 수 있는지 참으로 놀라운 일이다. 이것은 성령께서 그와 같이 인도하시고 역사해 주시지 않으면 안 되는 일이기에 신비로운 일이다. 그들과 우리가 역사 안에서 한 맥을 이루고 있다는 사실부터가 성령께서 하나로 엮어주신 일임을 알아야 한다. 때문에 이처럼 신앙의 일치성을 역사 안에서 확인하는 과정 자체가 곧 구원의 증표이다.

1) 하나님의 능력을 체험하는 교회

이와 같이 교회에 대한 여러 가지 가르침을 통하여 우리 교회가 궁극적으로 나아가야 할 모습을 확인할 수 있다. 에베소서 1장 8절에서 읽은 것처럼 하나님의 영광에 참여하는 것이 교회의 궁극적인 목표이다. 이것 때문에 하나님께서 우리를 부르셨다. 그리고 이 소망 하나가 우리의 전부이다. 새 나라를 건설하는 것이 지교회의 소망이며 전 역사 교회의 소망이다. 아담도 그랬고 노아나, 아브라함이나, 모세나, 이스라엘 백성이나 그리고 예수 그리스도께서도 그러하셨다. 나아가 사도들과 종교개혁자들도 이 소망을 위해 살았다.

모두가 하나님의 부르심에 한 소망을 가지고 새 나라를 건설하기 위해 살아왔다. 오직 영원한 하나님 나라의 건설을 유일한 소망으로 삼아왔다. 그리고 하나님은 우리로 하여금 이 나라를 건설하는 것으로 말미암아 하나님의 영광에 참여케 하셨다. 왕되신 하나님의 보좌 앞에 친히 참여할 수 있도록 우리를 부르셨다.

우리는 이 세상에서 교회라는 하나님 나라 안에 살면서 이 모든 일을 이루시는 하나님의 크신 능력을 체험해야 한다. 그리고 마침내 우리는 그 나라의 백성으로서 하나님께서 다스리시는 영광에 동참하게 된다. 그러나 이런 일에 있어서 우리는 동참하는 것일 뿐이다. 우리의 능력으로 그것을 성취하는 것은 아니다. 왜냐하면 그것은 이미 하나님께서 계획하셨고 그 일을 이루시기까지 교회를 보존하고 인도하심으로써 성취되기 때문이다. 바로 하나님의 능력으로 되는 일이다.

그러면 그러한 능력으로 하나님께서는 어떻게 그의 교회를 세워 나가시는가를 알아야 한다. 그것을 우리는 에베소서 2장 1–10절에서 볼 수 있다. 여기에서 우리의 예전 상태는 진노의 자녀였다고 바울 사도가 말한다. 우리는 허물과 죄로 죽은 사람들이었다. 이런 우리를 하늘의 영광된 보좌 위에 앉히셨다.

곧 생명의 대가를 지불하고 교회를 사심으로써 죄 아래에서 불러내셨다. 이것이 하나님 나라를 세우시는 하나님의 기본적인 방법이다. 하나님께서 우리를 부르심으로써 허물과 죄로 죽은 사람들을 살려 하나님의 그 영광의 나라, 하나님의 영적 통치권이 발현되는 이 영적인 나라로 우리를 인도하여 교회를 세우신다.

'신령하다' 는 것 곧 하나님의 영적 통치권이 발현된다는 점이 이 세상과 유일하게 구분되는 요소이다. 바로 이 점이 세상과 교회의 다른 점이다. 세상은 세상의 법이 있고 질서가 있어서 그 나름대로 삶의 모습이 있고 그 삶을 이끌어 나가는 규율이 있다. 즉 힘있는 자가 이기고 지혜있는 자가 출세하는 것이 세상의 법칙이다. 그러나 교회는 힘이나 지혜로 되어지는 곳이 아니다. 오직 신령함으로 되는 곳이다. 신령함 곧 하나님의 능력과 하나님의 영적 통치권만으로 가능한 곳이다.

예로부터 사람이 생각하거나 상상하지 못하는 일이 실제로 이루어질 때 '신통' 하다고 말한다. 교회는 바로 그처럼 신통한 곳이다. 신통력으로 존재하고 또 유지하고 나아가는 곳이다. 그래서 세상 사람들이 아무리 교회를 이해하려 해도 이해할 수 없다.

그렇다고 교회가 무슨 큰 힘을 가지고 있는 것은 아니다. 요즘 대부분의 교회들처럼 든든히 벽돌로 건물을 지어 놓거나 아니면 십자가 첨탑을 높이 세웠다고 해서 교회가 서는 것은 아니다. 대형 버스를 사서 운행을 하고 교인들을 실어 날라서 교회가 운영되는 것도 아니다. 그런 식으로 세워지고 운영되는 것을 교회라 하지 않는다.

교회는 신통하게 움직인다. 또한 신통하게 세워진다. 교회는 사람들이 상상하지 못하는 방법으로 세워지기 때문에 사람들이 세우고 싶다고 해서 세워지는 것이 결코 아니다. 또한 아무리 무너뜨리려 해도 무너뜨릴 수도 없다.

하나님께서 교회를 이와 같이 세워 나가신다면 실제로 우리의 삶 가운데 하나님께서 우리 교회를 세워나가신다는 사실을 체험할 수 있어야 한다. 아담부터 시작해서 하나님 나라인 이 교회가 지금까지 맥을 이어오고 있는데 그렇다면 그 가운데서 우리 교회도 이와 같이 세워져 왔는지 확인해 보아야 한다.

예를 들면 아브라함의 생애를 놓고 볼 때 그의 생애가 철저하게 하나님으로부터 보장을 받았다는 사실을 알 수 있다. 결코 아브라함 혼자서 살아간 것이 아니었다. 그렇다고 아브라함이 남겨 놓은 일이 세속의 역사에 길이 남을 만큼 업적을 이룬 것도 아니다. 그가 한 일은 아들 이삭 하나를 생산한 것이라고 말해도 과언이 아니다. 오직 그것 하나만을 위해 전 생애를 살았고 하나님은 그의 전 삶을 보호해 주셨다.

이 일과 관련하여 아브라함이 자기의 아내를 누이 동생이라고 속여 애굽의 바로에게 빼앗겼을 때도 사람으로서는 도무지 조치를 취할 수 없을 만큼 불가항력적인 상황에서 아내를 되찾게 하는 일을 하나님께서 해주셨다. 참으로 신통하게 구출해 내셨다. 아브라함의 생애 가운데에는 이보다 신통한 일이 얼마든지 있다.

우리 교회도 마찬가지여야 한다. 우리가 힘을 모으고 돈을 모으고 지혜를 모아서 교회가 세워지는 것이 아니다. 교회는 신통하게 세워져야 한다. 상상도 못하는 방법으로 교회가 세워졌다는 신기함을 느낄 수 있어야 한다. 우리가 추구하는 삶의 현장이 바로 이 교회인데 하나님이 친히 다스리고 운영하시는 능력을 우리가 체험할 수 없다면 이것은 무언가 교회가 잘못되었다.

그렇다고 사람들이 힘을 모으고 지혜를 모아서 어떻게 하면 우리 교회가 잘 될 것인가를 사사건건 토론해서 이렇게 해 나가다가 틀리면 저렇게 해 보고 시행착오를 거쳐서 잘 되면 좋고 안 되면 어쩔 수 없는 식으로 교회가 운영되는 것도 아니다.

2) 성령께서 운영하시는 교회

신통력이 어떻게 발휘되는가를 알아야 한다. 우리가 가만히 있는데 신통력이 임해가지고 우리를 어떻게 변화시키는 것은 아니다. 예를 들어 전에는 예수를 안 믿던 사람이 예수를 믿게 되었다고 해서 갑자기 그 사람 안에 신비스런 기운이 발생하고 알지 못했던 것들을 알게 되는 일은 없다.

사람들은 흔히 예수를 믿고 성령이 임하시면 뭔가 큰 변화가 생기고 이상한 힘을 발휘하는 것으로 생각한다. 방언을 하든가 아니면 예언을 하든가 또는 병을 고치는 은사가 있어야만 성령받은 것이고 그래야만 중생한 것이라고 말한다. 그러나 이런 생각들은 잘못되었다. 성령께서 내 안에 오셔서 나로 하여금 중생케 하시고, 교회를 이루게 하시고, 이 교회에서 하나님을 섬기게 하시고, 영광된 자리에 서 나가는 일을 해 나가시는 데 있어서 무슨 신비한 현상을 동반하시는 것은 아니다.

예수 믿기 전과 믿고 난 후에 근본적으로 달라진 것이 하나 있다. 바로 성령께서 우리와 함께 하신다는 사실이다. 성령께서 우리와 함께 하시기 전에는 도무지 우리는 하나님을 알지 못했다. 십자가에 대하여 아무리 설명을 들어도 깨닫지 못했다. 지금까지 우리가 한 이야기들을 세상 사람들에게 들려준다 한들 그들이 이해할 수 없는 것과 마찬가지이다. 그런데 우리는 다 알고 있다. 이해가 되고 몰랐던 것들이 더 알아지고 십자가라든지 그리스도의 구속이라든지 하는 이야기들이 더 생생해지고 분명해진다는 사실이다. 그리고 전에는 죄인의 신분이었는데 이제는 자유인으로 구속을 받았다는 사실이 믿어지게 된다.

또한 예수 그리스도를 믿으면 하나님의 자녀가 되고 그 은혜에 참여하게 된다는 사실을 아무런 의심 없이 받아들이게 된다. 그것을 누가 증명해 준다든지 강제로 믿으라 하지 않아도 이제는 자연스럽게 받아들여지고 우리 것이 되어간다. 성경을 읽으면 그러한 도리에 대하여 조금씩 깨달음이 오게 된다. 그러한 실제적인 능력이 우리를 주장하고 우리 삶을 인도해 나가게 된다.

이것이 성령께서 하시는 일이다. 사람이 하는 일이 아니다. 성령께서 우리와 함께 하심으로써 이런 일들이 일어나게 된다. 그러면 여기에서 우리 안에 자아가 따로 있고 성령께서 따로 계시는가 하는 문제에 부딪히게 된다. 내 안에 나의 자아 말고 또 다른 인격체가 와 있는가 하는 문제이다.

3) 성령님과 하나 되었다는 의미

물론 한 사람 안에는 한 인격만이 있을 뿐이다. 한 사람 안에 두 인격이 있을 수 없다. 그런데 '성령께서 오시어 나를 주장하고 새 사람으로 만드신다' 는 가르침은 마치 '나는 없어져 버리고 오직 성령님의 인도를 받아야만 한다' 는 것인 양 대부분 말하기 때문에 우리의 인격이 말살되는 것처럼 오해하게 되는 경우가 종종 있다.

그러나 사실 본래 우리가 하나님의 자녀로서 자유를 행사할 수 있는 사람들이었는데 죄 아래 팔려 죄의 노예 노릇하다가 그리스도의 속량으로 말미암아 이제 자유인이 되어 적극적으로 자기의 이성과 의지를 동원하여 하나님 나라를 건설할 자격을 회복하게 되었다는 것이 중생의 도리이다.

그러므로 성령이 우리 안에 오심은 내 인격 속에서 어떤 위치를 차지하고 주장하신다는 말은 아니다. 성령님 역시 한 인격자이기 때문에 고유한 인격을 가진 우리 안에 침범하실 수 없다. 성령님은 한 인격자로서 오히려 우리로 하여금 자유를 가장 온전하게 발휘하고 하나님께서 기뻐하시는 일에 그 능력을 행사할 수 있도록 도와서 우리의 인격이 최상으로 발현될 수 있게 나를 인도하고 보호하시는 분이시다.

성령님은 우리가 참 생명의 가치를 개발하고 발전시키며 성장시킬 수 있도록 하나님께서 우리에게 베푸신 은혜를 보존하시며 그 은혜 아래 우리가 생명의 참 가치를 나타낼 수 있도록 보호하고 깨우쳐 주시는 일을 하시는 분이다. 때문에 성령님을 보혜사, 즉 은혜를 보존하시는 분이라 하고 위로자the Comforter라고도 한다.

우리가 본래는 자유인이었으나 죄 아래 있어서 그동안 그 능력을 전혀 행사하지 못하다가 이제 그리스도의 대속으로 새 생명을 발휘할 수 있게 되어 성령께서 친히 우리를 지키고 인도하시어 가장 효과 있고 쓰일 만한 곳에 쓰일 수 있도록 해 주신다.

여기에 우리가 적극적으로 성령님을 의지할 이유가 있다. 우리가 죄로부터 해방을 얻었다고 해서 참으로 그 자유를 백분 발휘할 수 있을 만큼 온전한 것은 아니기 때문이다. 그 자유를 온전히 발휘할 수 없게 하는 제약이 바로 우리가 입고 있는 육신이다. 시간과 공간의 제약을 받을 뿐만 아니라 갈수록 쇠하여지고 약해지도록 되어 있어 육신을 입고 있는 한 우리가 가지고 있는 새 생명의 고상한 능력을 제대로 발휘할 수 없게 된다.

그래서 우리가 그리스도의 부활하신 영체를 덧입어서 모든 능력을 최대로 발휘하기 전까지는 성령님의 인도를 받아야만 한다. 바로 그것이 앞에서 말한 신통력의 발현이라고 할 수 있다. 우리 안에서 무언가 이상한 기운이 나오는 것이 아니라 우리가 전에는 죄로 말미암아 전혀 발휘할 수 없었던 자유의 능력이 이제는 성령님의 보호와 인도를 받아 선하고 온전하게 발휘될 수 있게 되었다. 하나님께서 본래 우리를 통하여 이루고자 하신 하나님 나라를 건설해 나갈 수 있게 된 것이다.

그러므로 우리의 삶을 하나님께서 전적으로 주관하신다는 의미로 볼 때 성령께서 나와 하나가 되신다는 뜻이지 내 자아my self를 무시해 버리고 성령께서 독자적으로 하고 싶으신 대로 이리저리 나를 끌고 다니며 일을 시키신다는 말은 아니다. 나는 원치 않는데 하나님께서 시키시니까, 아니면 성령님의 강권에 못이겨 억지로 하나님의 일을 한다든지 교회의 일을 하거나 목사가 되는 경우란 있을 수 없다.

오히려 하나님은 그렇게 억지로 하나님의 일을 하는 것을 거부하고 원치 않으신다. 우리에게 자유를 주어 하나님 나라를 건설하고 영광스러운 하나님의 은혜 가운데 살도록 구원하신 하나님께서 그렇게 사람의 인격을 함부로 대우하지 않으신다.

성령께서 나와 하나가 되어주신다는 것은 내가 성령으로 말미암아 하나님의 신神을 입음으로, 즉 신격神格을 입어서 하나님과 같은 성품을 소유하고 발휘할 수 있도록 하기 위함이라는 사실을 명심해야 한다. 내가 억지로 그리스도의 인격을 닮아 흉내를 내려고 애쓰는 것이 아니라 성령님과 하나가 되었기 때문에 당연히 우리의 모든 인격의 발휘라는 것이 그리스도의 품성을 자연스럽게 드러내도록 되었다. 이것이 참으로 놀라운 하나님의 은혜이다. 그렇지 않고서는 사람이 아무리 애쓴다 한들 하나님과 같은 성품을 나타내는 것은 도저히 불가능한 일이다.

이것을 가리켜 '유기적인 연합' 또는 '신비한 연합unio mystica' 이라고 한다. 성령께서 내 인격을 침해하거나 간섭하지 않고서도 가장 합리적이고 순전한 상태에서 그리스도의 신격神格을 나타낼 수 있도록 하신다는 것이 참으로 놀라운 신비이다.

유기적인 연합이라고 할 때는 적당히 타협한다든지 아니면 성령님의 생각과 나의 생각이 달라서 충돌이 생기는 일없이 서로 일치하는 것을 의미한다. 그래서 성령님의 인격이 곧 나의 인격으로 발출될 수 있고 나의 인격이 곧 하나님의 인격과 같을 수 있다. 이런 상태를 가리켜 성령의 충만 상태라고 한다. 이 말은 곧 우리가 하나님과 하나가 되었음을 뜻한다. 온전한 한 몸을 입었다는 말이다. 그래서 성경에서는 교회를 가리켜 그리스도의 몸이라 하고 그리스도는 교회의 머리라 한다(엡 2:22-23).

뿐만 아니라 에베소서 4장 6절에서 "하나님도 하나이시니 곧 만유의 하나님이시라 곧 만유 위에 계시고 만유를 통일하시고 만유 가운데 계시도다"라고 말씀하신 것처럼 하나님은 만유 곧 우주 어느 곳에나 계시는 분이신데 이제는 성도 각 사람을 통해서도 하나님을 볼 수 있게 되었다. 성도라면 의당히 하나님과 하나이고 하나님의 인격을 발휘하고 있기 때문에 서로가 충만하신 하나님의 인격을 드러내어 어느 곳에서나 하나님과 함께 동행하고 교제할 수 있다.

결국 성부 하나님과 성자 예수님과 성령 하나님이 한 몸이듯이 우리도 하나님과 한 몸을 입은 것이고 바로 우리가 이러한 상태에 있을 때 새 사람The New Self을 입었다고 말한다. 여기에서 '새 사람'이란 부활하신 그리스도를 의미하는 바 후에 그리스도의 영으로 오신 성령님과 하나가 된 성도들의 대표가 되신다. 따라서 우리가 새 사람이 되었다는 것은 그리스도의 영으로 오신 성령님과 하나가 되었음을 의미하는 것이기도 하다.

5. 독특한 인격체인 교회

우리가 모두 새 사람이라고 한다면 교회란 유기적인 연합체이기 때문에 하나의 독특한 인격으로 존재하게 된다. 하나의 고유한 존재의 의미를 가지고 있다는 말이다. 우리 각 사람이 각각의 독립된 인격을 가지고 있어서 독특한 것처럼 교회도 한 인격을 가지고 있는 까닭에 다른 교회와는 전혀 다른 독특성을 가지며 서로 구별되어야 한다. 그렇지 않고 이 교회나 저 교회나 서로 비슷하고 무언가 다른 인격적인 요소가 전혀 나타나고 있지 않다면 큰 문제이다. 그러한 교회는 인격이 없든지 사이비든지 모조품일 가능성이 높다.

인격이 없다는 것은 무생물과 같다. 무생물들은 그 특성이 서로 독특할 필요가 없다. 예를 들면 자동차 공장에서 어떤 형의 자동차가 생산되었을 때 각 차마다 독특한 개성이 있을 필요가 없다. 물론 페인트 색깔이 다르고 성능을 달리하기 위해 약간의 장식이나 부속을 달리하는 경우가 있지만 그것을 가리켜 그 차는 다른 차와 인격이 다르다고는 하지 않는다. '인격'이란 말은 생명체에게, 그것도 식물이나 동물처럼 본성적으로 활동하는 것이 아니라 자발적으로 생각하고 판단하는 능력이 있는 사람에게만 적용된다.

마찬가지로 이 땅에 존재하는 유기적인 조직체인 교회가 아무런 독특성도 없이 다 똑같다고 한다면 그건 죽어 있는 상태이기가 십상이다. 죽어 있을 때는 모두가 대동소이하다. 사람도 죽어 있는 사람들만 모아 놓으면 비슷하다. 옷만 바꿔 입었지 숨도 안 쉬고 움직이지도 않고 생각도 안 하고 무엇이 옳고 그른가를 판단하지도 못하고 아무런 개성이나 인격의 발휘 등의 흔적도 나타나지 않는다. 즉 사람이라는 특성이 없다.

교회가 죽어 있다면 그것도 마찬가지이다. 인격이 없으면 독특한 개성이 없고 살아서 움직이는 기미가 없는 것처럼 그저 대부분의 죽은 교회들은 다 비슷하다. 마치 수퍼마켓에 가 보면 어딜 가나 그다지 크게 다를 바 없이 비슷한 것과 같다. 참으로 새 사람으로 사는 자들로 연합체를 이루는 교회라 한다면 아주 독특해야 한다. 전혀 색다른 맛이 나타나야 한다.

그렇지 않고 어느 교회를 가도 똑같다고 한다면 이 땅의 교회들은 무엇인가 매우 잘못되었다. 하나님께서 그 교회의 무리를 따로 모으셨고 독특한 성도들끼리 서로 신앙과 인생과 하나님 앞에서 삶을 확인하여 사명을 수행하도록 하나의 무리를 이루어 교회를 세우셨기 때문에 교회마다 구별됨이 있어야 한다. 그래서 하나님께서 세우신 교회는 독특한 개성을 가지고 있다. 이처럼 서로 다른 교회와 엄연히 구별되어지는 것이 교회가 가지는 또 하나의 특성이다.

에베소서 4장 16절에서 교회라 할 때는 살아있는 생명체를 이야기하는 것인데, 교회 안에는 사도도 있고 목사도 있고 교사도 있어 각각의 은사에 따라 하는 역할이 다른 사람들로 구성되어 있음을 알 수 있다. 그러면 왜 하나님께서 한 교회 안에 그렇게 각각의 사람들을 세우셨는지를 알아야 한다.

그것은 각각의 사람이 연합하여 그들을 통해 한 교회를 세워 나가기 위함이다. 한 교회 안에서도 각각의 역할이라는 것이 있음을 알게 된다. 그들이 은사가 다르고 인품이 다르고 성향이 다 다르지만 서로 하나 되게 하시는 성령님의 인도를 따라 자기에게 주어진 은사talent를 아름답게 발휘함으로써 한 교회의 지체로서 서로 협력하고 나아갈 때 가장 온전한 하나의 교회를 세워 나가게 된다.

이런 원리를 놓고 보면 큰 통일된 교회, 즉 우주적인 교회universal church 또는 무형 교회 혹은 공교회catholic church라고 부르는 이 교회는 본래 하나님 나라를 상징하는 유일한 교회로 이 교회 안에서도 이제 각각의 유형 교회로서 지교회local church가 그 하나님 나라를 세워나가는 것이고 그 각각의 독립된 역할이 있다.

하나님께서 각 지교회 안에서도 성도들이 각각의 역할을 하도록 하신 것처럼 우주적인 하나님 나라 안에서 각 지교회도 그 독특한 역할이 있기 때문에 서로 다른 시대와 다른 지방에 별도로 다른 교회를 세우신다. 그렇지 않으면 서로 다른 사람들을 교회에 불러 은사를 다르게 하시고 하나의 지교회 안에서 여러 가지 지체를 따로 모으실 이유가 없다.

그냥 다 똑같이 만드시고 서로 다르지 않게 하셨다면 각자의 역할이

다르다고 싸울 일도 없고 누가 더 능력이 있느냐고 다툴 일도 없어서 좋을지 모른다. 그런데도 구태여 각각의 사람들을 불러 모이게 하신 까닭은 서로 독특한 역할이 필요하기 때문이다. 각 지교회도 마찬가지이다. 하나님 나라로서 교회를 서로 각기 따로 세우고 그 나름대로 역할을 감당하게 하신 것은 각각의 독특한 위치와 역할이 필요하기 때문이다. 그래서 교회를 독특한 인격체로 인정하여 '교회아敎會我'라고 한다.

1) 고유한 사명을 가지고 있는 교회

한 교회가 어느 지역에 세워졌다는 것은 역사적으로 매우 큰 의미를 가진다. 그렇지 않고 한 교회가 세워졌는데 다른 교회와 그다지 다를 바 없다면 구태여 하나님께서 그런 교회를 따로 세우실 필요가 없다.

예를 들어 여기 우리 교회가 세워졌는데 시내에 있는 교회들과 별반 다르지 않다면 여기에 또 하나의 교회가 서 있어야 할 이유가 없다. 그냥 시내 교회에 가서 같이 예배드리고 함께 하나님의 일을 하면 된다. 목사들이 먹고살자고 개척한다든지 하나님의 뜻에 따라 교회를 세운다는 미명 아래 사람들이 자기들 좋으라고 아무데서나 함부로 교회를 개척한다면 그건 교회가 무엇인지 모르고 하는 몰지각한 행위이다.

교회를 하나님께서 따로 세우신 것은 그 교회에게 바라시는 독특한 역할이 있기 때문이다. 하나님께서 세우신 교회는 엄연히 하나님께서 세우신 증표가 있다. 그것은 그 교회만이 가지는 독특한 역사적 좌표와 역할이다.

이것을 가리켜 교회의 시대적 사명이라고 할 수 있다. 그래서 많이 모이는 교회는 많이 모이는 대로 적게 모이는 교회는 적게 모이는 대로 각기 할 일이 있어 그렇게 모이게 하셨다. 각각의 교회적 사명에 따라 하나님께서는 많이 모이게도 하시고 적게 모이게도 하시는 것이지 교회를 운영하는 목사의 능력 정도에 따라 되어지는 것이 아니다.

이처럼 시대적 사명이 있어야 교회가 독자적인 존재의 의미가 있는 것이지 그저 돈이 많고 사람들 숫자가 많으면 성공한 교회고 훌륭한 목사고 실력 있는 성도가 되는 것이 아니다. 요즘은 개척한 지 한 3년이면 자립하고 6년 지나면 땅 사고 교회당을 지어야 성공했다고 하는 이상한 풍토가 생겼다.

서울 강동에 있는 어떤 교회가 개척한 지 몇 년도 되지 않아 교인 수가 만 명이 넘자 사람들은 성공한 특별 케이스라고 다들 부러워서 그 사례를 연구하고 분석하여 어떻게 하면 빨리 부흥하는가를 전문적으로 그 방법을 제시하는 것이 신학교의 논문 주제 거리가 된 적도 있었다.

교회의 역할이나 하나님 나라 안에서의 사명을 따지기도 전에 일단 목회에 성공하기 위해 수단과 방법을 안 가리는 시대 속에서 이런 이야기하고 있다는 것이 시대에 뒤떨어진 말일지는 몰라도 교회는 이 점을 처음부터 분명히 하지 않으면 안 된다. 이런 것이 분명하지 않으면 교회를 개척해야 할 이유가 없다. 차라리 세상에 나가서 장사를 하면 했지 감히 하나님 나라를 빙자해서 교회를 세우는 것이라든지 하나님께 영광이라는 명분 아래 이상한 짓 하는 것이 두렵고 떨리는 일인 줄 알아야 한다.

2) 현실 교회의 사정

각각의 교회는 그 독특한 사명 때문에 하나님께서 다른 교회와 구별하여 세우신다. 그래서 그 사명이 각성되어 있지 않다면 사람이 많든 적든 아무 상관도 없고 그것을 가리켜 교회라고도 하지 않는다.

예를 들어 어떤 교회가 선교사를 보내어 복음을 전하는 것이 독특한 사명이라고 한다면 그 교회는 대여섯 사람 모여 가지고서는 그런 일을 할 수 없다. 그런 교회는 많이 모여서 그것도 경제적으로 유력한 사람들이 많아야 헌금을 충분히 하여 선교사를 훈련하고 파송하고 돕는 일을 수행할 수 있다. 선교사를 파송한다 하더라도 빠듯하게 후원하는 것이 아니라 외지에서 충분히 활동할 수 있을 만큼 뒷바라지를 해야 한다. 그러기 위해 그 교회 규모가 작아서는 안 된다.

농어촌 교회를 돕는 교회라 한다면 그것이 그 교회의 독특한 역할이라면 그 교회를 하나님께서 세우실 때는 그러한 일을 기뻐하고 즐겨하는 사람들을 모으시고 충분히 그만한 일을 할 수 있는 상태로 세우신다. 그저 명분상 이 교회를 돕는다, 저 교회를 돕는다, 선교사를 보낸다 해가지고 주보에 전시 효과나 내기 위함이 아니다.

그런 일이 요즘 일부 교회들의 유행이 되다시피 하였다. 교회로서 할 일도 없고 존재해야 할 무슨 특별한 이유도 없으니까 그저 사람이나 모아놓고 선심쓰듯이 선교한다고 한다면 선교라는 독특한 의미도 없고 교회의 사명도 찾아볼 수 없다. 더군다나 모든 교회가 다 선교하기 위해 존재하는 것도 아니다.

에베소서 4장을 보면 교회 안에는 각기 다른 성령님의 은사를 소유한 지체들이 있어서 그 받은 은사대로 쓰임을 받아 교회를 세워나가는 사실을 알게 된다. 하나의 교회 안에도 이렇게 각각의 역할이 따로 있는 것처럼 크게 보아 하나의 무형 교회, 즉 전체 하나님 나라를 표방하는 우주적인 교회 안에서도 각 시대, 각 지역마다 존재하는 교회들은 나름대로의 독특한 모습을 가지게 됨을 항상 명심해야 한다.

3) 신학 사상이 일치해야 하는 교회

교회는 하나님 나라에 속한 한 지체로서 하나의 독특한 존재 의미를 발견해야 한다. 그런 것도 없이 구태여 교회로서 따로 존재할 이유가 없다. 그러기 위해 먼저 교회가 기본적으로 가져야 할 공통된 요소가 우리에게 있는가를 확인해 보아야 한다.

공통된 요소란 에베소서 4장 13-15절에서 볼 수 있듯이 우리가 다 하나님을 믿는 것과 아는 일에 하나가 되어야 한다. 교회의 모든 구성원들이 하나님의 아들을 믿는 것과 아는 일에 하나가 되지 않고 각기 다르다면 그 교회는 교회로서 존재해야 할 기본적인 요소가 결여되었다. 어떤 사람은 이렇게 알고 다른 사람은 저렇게 알아서 복음이 통일되어 있지 않다면 교회로서 기본적인 성격을 가질 수 없기 때문이다. 적어도 서로 한 몸을 이룬 교회라 한다면 그 안에서 교회로서 동질성만은 확인될 수 있어야 한다.

교회가 하나님을 아는 일에 있어서 하나가 되기 위해서 우선 계시의 가르침에 관심을 가져야 한다. 다른 사업을 하거나 업적을 쌓는 일보다는 먼저 모든 관심을 기울여 하나님의 말씀을 자세하고 깊이 있게 연구하고 깨우침을 받아 온 교회가 계시에 대한 풍부한 사상을 갖고 있어야 한다. 그래야 서로 비교해서 틀린 점이 있다면 함께 교정해 가면서 장성하는 것이지 가진 것도 없이 무엇을 해보려고 해도 할 것이 없다.

막상 교회라고 모아놓고는 할 일이 없어 여전도회니, 남전도회니 쫓아다니면서 사업이나 벌여놓고 서로 잘난 체 하느라고 정신이 없다. 교회가 그런 일을 해야만 하는 충분한 근거도 없이 바자회니 고아원 방문이니 해 가면서 그저 남들이 보아서 칭찬할 만하고 내세울 만하면 다들 덤벼들어 야단법석을 피우는 것은 참으로 꼴불견이 아닐 수 없다. 교회가 하는 일이란 그런 것이 아니라 제일 먼저 하나님의 말씀부터 아는 데 있다. 그리고 그 아는 일에 하나가 되는 일이다.

그러기 위해서는 자기가 가지고 있는 것을 서슴없이 내어놓고 서로 격려하며 세워나감으로써 한 몸으로서 한 교회를 이루고 있다는 동질성을 확인해 나가야 한다. 그렇게 해서 서로가 모두 온전한 사람을 이루어 마침내 그리스도의 장성한 분량에 충만한 데까지 도달하는 것이 교회의 궁극적인 모습이다. 그러자면 자연히 하나님의 아들을 믿는 것과 하나님을 아는 일에 하나가 되어 이제는 그리스도의 장성한 모습을 드러낼 수 있어야 한다. 그 일을 위해 교회가 있는 것이지 할 일 없던 사람들이 교회에 들어와 감투를 하나씩 나누어 쓰고 별 잡다한 일을 하며 기분이나 좋으라고 교회가 존재하지 않는다.

따라서 이제부터 어린아이같이 유치하거나, 사람의 궤술과 간사한 유혹에 빠져 모든 교훈의 풍조에 밀려 요동하거나, 얄팍한 마음으로 이리저리 이권을 얻기 위해 좇아다니는 일은 없어야 한다. 이단들이 와서 뭐라고 쑥덕거릴 때 거기에 휩쓸려 몇 사람이라도 빠져나가는 교회라면 그건 교회로서 자질도 없다. 그런 얄팍한 궤술과 사술에 빠져 교회가 풍비박산나고 분란이 생긴다는 것 자체가 얼마나 교회의 사상이 빈곤하며 계시의 가르침에 어두운가를 단적으로 보여주는 것이다. 성경에서 '교회'라 할 때는 그런 정도를 교회라 말하지 않는다.

마치는 말

1) 교회의 출발점으로서 교회의 동질성 확인

앞에서도 살펴보았듯이 교회라 한다면 기본적으로 하나님을 믿는 것과 아는 일에 하나여야 한다. 즉 한 복음을 가지고 있어야 한다는 말이다. 다른 교회는 그만 두고 우리 교회만이라도 우리 중 어떤 한 사람이 아는 지식과 다른 사람이 아는 지식이 동질이어야 한다. 수준은 다를지라도 질은 같아야 한다.

각기 하나님을 다르게 알고 따로 섬기고 있다면 그건 교회로서 존재할 가치가 없다. 서로 같은 사상을 가진 사람들끼리 모여 예배하는 것이 마땅하다. 마음도 하나가 안 된 사람들이 그저 체면치레나 하면서 하나님을 경배한다고 떠든다면 그건 예배로서 의미도 없고 오히려 하나님의 이름을 망령되게 하기가 쉽다.

2) 그리스도의 인격을 드러내는 교회

우리는 예수 그리스도의 인품을 풍성하게 드러내는 일에 하나가 되어야 한다. 마태복음 5-7장에 나타난 것처럼 하나님 나라적인 삶의 모습이 풍성하게 나타나야 한다. 그 나라의 도덕적인 품성, 다른 말로 하면 성령님의 열매가 가득한 교회로 세워져 나가야 한다. 갈라디아서 5장 22-23절에 있는 것처럼 사랑과 온유와 자비, 양선, 오래 참음 등 이런 것들이 성령님의 열매인데 이것은 모두 그리스도의 인격을 드러내는 것들이다.

하나님 나라의 백성이라고 한다면 바로 이러한 품성이 풍성하게 나타나야 한다. 이렇게 함으로써 하나님 나라가 세워진다. 이것은 어느 교회나 가져야 할 기본적인 밑바탕base이다. 목사가 교인들을 흉본다든지, 장로가 목사를 흠 한다든지, 서로가 틀렸다고 책하고 흉을 보는 저급한 도덕 수준을 가진 상태로는 교회라는 말을 붙일 수도 없다. 하나님께서 세우신 교회가 과연 그 안에 있는지조차도 분명치 않다.

그리스도의 성품을 닮는다는 것은 우리 교회가 서 나가는 데 가장 기본적인 모습으로 교회의 인격이자 성품이다. 우리 교회로서 독특한 사명을 세우기 전에 먼저 교회의 이러한 기본적인 자질부터 갖추어야 한다. 이것은 성령께서 하시는 일이다.

그래서 하나님께서 세우신 교회는 아담 시대든, 노아 시대든, 아브라함 시대든, 이스라엘 교회나 초대교회나 종교개혁교회 안에서나 모두 공통적으로 이런 자질 또는 성품이 나타나기 마련이다. 그와 마찬가지로 우리 교회도 이런 기본적인 자질이 있어야 한다. 왜냐하면 이것을 무시하고서는 교회가 존재할 수 없기 때문이다.

사람에게 당연히 인격이 있어야 하는 것처럼 우리 교회도 교회아로서 품격이 있어야 하고 이런 터전 위에서 사명을 수행할 특성이 나타나게 된다.

신생아실에 들어가 보면 어떤 아이든지 독특하게 튀어나는 법이 없다. 그 갓난아이들은 모두 거의 비슷한 모습이지만 자라면 자랄수록 달라지기 시작한다. 한 너덧 살 먹으면 사내인지 여아인지 확실하게 구별이 되고 점차 나이가 들면 각각의 개성이 분명해지는 법이다.

마찬가지로 우리 교회가 지금 당장 어떤 독특한 모습을 교회의 모습이라고 내놓는 것은 시기 상조일 수 있다. 그러나 지금은 표가 안 날 수도 있지만 시간이 가면 분명히 나타나야 한다. 한 10년된 교회나 20년된 교회나 30년된 교회가 서로 구별이 되지 않거나 서울에 있는 교회나 시골에 있는 교회가 서로 다를 바가 없다면 그건 큰 문제이다.

우리 교회는 시간이 가면 갈수록 독특한 우리 교회의 모습이 있어야 한다. 남들이 보고 여기에서 함부로 신앙 생활하겠다고 덤비지 않을 정도가 되어야 한다. 자기 몸이 아닌데 여기에 들어 와서 한 지체인 것처럼 하고 있다면 그건 서로가 힘든 일이다.

교회의 좌표를 정하는 데 있어서 먼저 그 원점을 점검해야 한다. XY 좌표에서 그 원점이 어디인가를 확인했다면 이제 여기에서 시작해서 교회가 나아가야 할 방향을 정해야 한다. 그리고 점차 우리 교회가 다른 교회들과 어떤 부분이 어떻게 다른가를 비교해 보아야 한다.

그리고 우리가 아는 것과 믿는 것과 드러내어야 할 그리스도의 품성이 다른 교회와는 어떤 유기성을 가지고 있는가를 점검해야 한다. 만일 다른 교회와 다른 점이 있다면 어떤 점에서 다른가를 면밀히 살펴보아야 한다.

뿐만 아니라 역사적인 개혁교회가 표명해 왔던 복음과도 비교를 해야 한다. 만약 큰 차이점이 발견되면 원점으로 되돌아가야 한다. 그리고 다른 교회와의 비교를 통해 우리 교회가 교류할 수 있는 교회는 어떤 교회인가를 알아서 그들과 교제도 하는 것이고 만약 그렇지 않다면 그 교회와 단절을 해서라도 우리 교회의 순수성을 지켜 나가야 한다.

이러한 자세로 우리 교회가 이 좌표의 원점에서 출발할 때 바른 방향이 잡히게 되고 특별한 성향이 나타나게 된다. 그 성향에 따라 독특한 모양이 생겨 마침내 어떤 형체를 발생시키게 된다. 우리는 그렇게 되기까지 부단히 우리의 믿음을 지켜 나가야 한다.

기 도

아버지시여.

주님께서 역사 안에서 친히 주장하셔서 그의 거룩한 백성을 모으셨고 세상과 구별하셨음을 우리가 성경을 통해, 또한 개혁교회의 역사의 발자취를 통해 보았사옵니다. 그리고 우리 교회가 그러한 하나님의 역사 안에 소속된 교회로서 온전한 자리에 있기 위하여 먼저 개혁교회가 출발했던 가장 기본적인 원점을 확인했사옵니다.

먼저 하나님의 아들을 믿는 것과 아는 일에 하나여야 하며 결국 그러한 계시에 대한 인식을 통하여서 장성함으로 말미암아 예수 그리스도의 품성을 우리가 삶 가운데서 풍성하게 드러내는 것이 교회가 기본적으로 갖추어야 할 모습임을 알았사옵니다. 그리고 그것을 기본으로 해서 교회도 각각의 인격이 있어서 그 독특한 것이 나타나는 것처럼 이제 우리 교회도 한 인격체로 성장하여 교회의 독특한 면을 드러낼 때가 와야 될 것인 줄 아옵나이다.

이제 우리가 날마다 이것을 위해 생각하고 사모하고 우리의 신앙을 정진할 것이온즉 우리에게 더욱 새 힘을 주시고 잘못된 교회들처럼 그들이 갔던 길을 따라가지 않고 그런 일에 빠져들지 않게 보호해 주시고 강건케 하여 주시옵소서.

교회를 별 의미도 없이 세우고 사람이 모이면 건축하고 건축하면 또 부흥시키려고 여러 가지 수단과 방법을 가리지 않다가 교회가 풍비박산 나는 현실을 많이 보온즉 우리 교회가 그런 잘못된 교회의 전철을 밟지 않게 하시고 개혁교회가 역사 안에서 지향해 왔던 것처럼 하나님 나라를 이루는 그런 독특한 역할을 이제 이 땅에서, 이곳에서 우리를 통해 이루시옵소서.

이런 일을 통하여 하나님께서 친히 영광을 거두시고 우리 교회를 하나님의 영광된 자리에 앉혀주시옵소서. 이런 위치 안에서 우리 인생의 각각의 의미를 발견하게 하시고 우리가 하나님 앞에 순전하며 순결한 모습으로 이 일을 다하는 충정을 발휘할 수 있도록 도와주옵소서.

예수님의 이름으로 기도하옵나이다. 아멘.

제2부

교회의 사명 의식

I. 교회의 능력

로마서 6장 1-23절

1 그런즉 우리가 무슨 말 하리요 은혜를 더하게 하려고 죄에 거하겠느뇨
2 그럴 수 없느니라 죄에 대하여 죽은 우리가 어찌 그 가운데 더 살리요
3 무릇 그리스도 예수와 합하여 세례를 받은 우리는 그의 죽으심과 합하여 세례 받은 줄을 알지 못하느뇨
4 그러므로 우리가 그의 죽으심과 합하여 세례를 받음으로 그와 함께 장사되었나니 이는 아버지의 영광으로 말미암아 그리스도를 죽은 자 가운데서 살리심과 같이 우리로 또한 새 생명 가운데서 행하게 하려 함이니라
5 만일 우리가 그의 죽으심을 본받아 연합한 자가 되었으면 또한 그의 부활을 본받아 연합한 자가 되리라
6 우리가 알거니와 우리 옛 사람이 예수와 함께 십자가에 못박힌 것은 죄의 몸이 멸하여 다시는 우리가 죄에게 종 노릇하지 아니하려 함이니
7 이는 죽은 자가 죄에서 벗어나 의롭다 하심을 얻었음이니라
8 만일 우리가 그리스도와 함께 죽었으면 또한 그와 함께 살 줄을 믿노니
9 이는 그리스도께서 죽은 자 가운데서 사셨으매 다시 죽지 아니하시고 사망이 다시 그를 주장하지 못할 줄을 앎이로라
10 그의 죽으심은 죄에 대하여 단번에 죽으심이요 그의 살으심은 하나님께 대하여 살으심이니
11 이와 같이 너희도 너희 자신을 죄에 대하여는 죽은 자요 그리스도 예수 안에서 하나님을 대하여는 산 자로 여길지어다
12 그러므로 너희는 죄로 너희 죽을 몸에 왕 노릇 하지 못하게 하여 몸의 사욕을 순종치 말고
13 또한 너희 지체를 불의의 병기로 죄에게 드리지 말고 오직 너희 자신을 죽은 자 가운데서 다시 산 자같이 하나님께 드리며 너의 지체를 의의 병기로 하나님께 드리라
14 죄가 너희를 주관치 못하리니 이는 너희가 법 아래 있지 아니하고 은혜 아래 있음이니라
15 그런즉 어찌하리요 우리가 법 아래 있지 아니하고 은혜 아래 있으니 죄를 지으리요 그럴 수 없느니라
16 너희 자신을 종으로 드려 누구에게 순종하든지 그 순종함을 받는 자의 종이 되는 줄을 너희가 알지 못하느냐 혹은 죄의 종으로 사망에 이르고 순종의 종으로 의에 이르느니라
17 하나님께 감사하리로다 너희가 본래 죄의 종이더니 너희에게 전하여 준 바 교훈의 본을 마음으로 순종하여
18 죄에게서 해방되어 의에게 종이 되었느니라

19 너희 육신이 연약하므로 내가 사람의 예대로 말하노니 전에 너희가 너희 지체를 부정과 불
법에 드려 불법에 이른 것같이 이제는 너희 지체를 의에게 종으로 드려 거룩함에 이르라
20 너희가 죄의 종이 되었을 때에는 의에 대하여 자유하였느니라
21 너희가 그때에 무슨 열매를 얻었느뇨 이제는 너희가 그 일을 부끄러워하나니 이는 그 마지
막이 사망임이니라
22 그러나 이제는 너희가 죄에게서 해방되고 하나님께 종이 되어 거룩함에 이르는 열매를 얻었
으니 이 마지막은 영생이라
23 죄의 삯은 사망이요 하나님의 은사는 그리스도 예수 우리 주 안에 있는 영생이니라

개혁교회론 - 교회와 사명
제2부 | 교회의 사명의식

I. 교회의 능력

롬 6:1-23

교회에서는 전통적으로 예배 시간에 성경을 낭독하는 시간이 따로 있었다. 설교를 하기 위해서 또는 설교의 본문을 읽기 위해서 성경을 낭독하는 것이 아니다. 성경을 읽는 것 자체가 하나님을 예배하는 한 순서였다. 그러므로 어떤 성경을 읽었다고 해서 설교자가 꼭 거기에만 얽매여서 설교하는 것이 아니어서 설교자는 설교자 나름대로 설교하고 성경을 읽는 것은 그 나름대로 하나님을 예배하는 순서로 드려졌다.

그런데 가급적이면 예배의 찬송이나 또 성경의 낭독이나 강설이 모두 다 한 주제를 가지고 하는 것이 더 자연스럽기 때문에 가급적 강설의 내용과 성경 낭독의 내용을 일치시키는 것이 좋다. 성경의 낭독은 찬송이나 기도와 마찬가지로 예배에서 똑같은 비중을 차지하기 때문에 하나님께 예배하는 한 순서로 성경을 낭독해야 한다. 그러므로 어떤 분이 예배 순서에 따라 성경을 읽을 때는 그 읽는 말씀에 함께 참여해야 한다.

기도 역시 마찬가지다. 누가 대표로 기도할 때는 아무나 기도할 것이 아니라 그 교회의 사정을 잘 아는 사람이 해야 하며, 또한 기도를 할 때는 그 한 사람이 기도하지만 우리 모두를 대표하여 하는 것이기 때문에 그 예배에 참여하는 모두가 똑같은 마음을 가지고 있어야 한다. 그래서 개혁교회에서는 교회를 대표할 만한 위치에 있고 무엇보다도 교회의 사정을 잘 알고 있는 목사가 교회를 대표하여 목회기도pastoral prayer를 해왔다.

하나님을 찬송할 때도 남들이 하니까 따라 한다는 태도는 금물이며 온전히 하나님께 경배하고 찬양하는 심정으로 하나님을 찬송해야 한다. 예배는 우리 삶의 전체를 가지고 하나님께 영광을 드리는 것이다. 하지만 그중에서 찬송은 하나님께로부터 받은 여러 가지 은혜 중에서 한 주제를 가지고 하나님의 영광을 찬미한다. 그래서 찬송에는 영광송榮光頌, 경배송敬拜頌, 성삼위송聖三位頌 그리고 송영頌榮 등이 있다. 그 나름대로 다 주제를 가지고 찬미하기 때문에 찬송이 가지고 있는 고유한 주제를 항상 염두에 두고 그 가사와 내용까지도 살펴서 찬송해야 한다.

1. 죄에 대하여 능력을 발휘하는 복음

로마서 1-4장까지의 내용을 간략하게 살펴보자. 먼저 바울은 복음이 이 땅에 왔다는 사실을 전제하고 '그 복음은 무엇인가?' 에서부터 논리를 전개시켜 나간다. 그 복음에 대해서는 1장 3-4절에서 말하기를 '그 아들' 이 곧 복음이라고 한다.

그런데 이 아들에 대해서는 "육신으로는 다윗의 혈통에서 나셨고 성결의 영으로는 죽음 가운데서 부활하여 능력으로 하나님의 아들로 인정되셨으니 곧 우리 주 예수 그리스도시라"고 말한다. 이 분으로 말미암아 모든 부르심을 받은 자들에게 하나님의 자녀가 되게 하셔서(7절) 하나님을 아버지로 섬기게 하셨다고 말한다.

결국 예수 그리스도의 십자가의 공효를 우리가 입음으로써 하나님을 아버지로 섬기는 자녀의 위치에 이르게 되었다. 그러한 복음이 그 능력을 발휘하는 자리는 바로 죄가 있는 이 세상이다. 곧 죄 있는 사람들의 사회와 개인 안에서 이 복음의 능력이 역사한다.

예수 그리스도의 복음이란 이 세상의 어떤 부조리라든지, 구조악이라든지, 가난함이라든지, 착취라든지 하는 각 부분의 죄에 대하여 역사하는 것이 아니라 이러한 부조리나 구조악 등이 존재할 수밖에 없는 근원적인 죄를 해결하고 그 죄를 근본적으로 없애기 위해 역사한다. 이것이 예수 그리스도의 복음의 사역이다.

십자가 위에서 예수 그리스도께서 죽으신 것은 어떤 이들이 이야기하듯이 단순히 노동자들의 해방이나 억눌린 자들의 해방을 위해 죽으신 것이 아니다. 인간 속에 그리고 사회 안에 근본적으로 숨겨 있는 죄를 해결함으로써 이상의 문제점들을 근원적으로 회복하시기 위함이었다.

이렇게 복음의 능력은 죄 있는 사람에게 나타나 근본적인 죄의 문제를 해결함으로써 인간의 참 가치를 회복하게 한다. 로마서는 바로 이 주제, 즉 죄 있는 인간과 이 사회에서 복음이 어떠한 모습으로 역사해 가느냐 하는 점을 추론해 나간다. 물론 궁극적으로 추구할 것은 의로운 삶이다. 복음은 결국 죄인을 의로운 삶으로 인도하고 그 결과 이 사회의 개조를 가져오게 한다.

1) 죄의 판단 기준으로서 인간의 양심

먼저 죄라는 것이 무엇인지 알아야 한다. 그러기 위해서는 그것이 죄인가 아닌가를 판단할 만한 기준 혹은 표준criteria이 있어야 한다. 그 표준으로는 먼저 유대인들에게 주신 율법이 있다. 하나님께서는 그 율법에 비추어서 죄를 알게 하셨다. 그러므로 율법이 없이는 무엇이 죄인가를 모르기 마련이다. 반면에 이방인들은 하나님께서 사람에게 주신 본성을 가지고 죄를 판단하게 하셨다. 하나님의 형상을 닮은 인간의 본성을 보통 양심이라고 한다. 이것이 죄에 대한 표준이 된다. 그리고 그것을 근거로 해서 사람들은 법을 만든다.

이처럼 이방인들은 율법이나 하나님께서 주신 계명으로서의 법이 아니라 사람들의 양심에 따라 법을 만들었다. 율법이 주어진 그때쯤 해서 사람들도 법이라는 걸 만들었는데 우리가 잘 아는 함무라비 법전이 그 중 하나이다. 그것은 바로 사람들이 가지고 있는 본성을 근거로 해서 만들어졌다. 그리고 그 나라의 형편에 맞추어 규정을 세워 놓고 그 법에 어긋났을 때 죄라고 판단한다.

2) 하나님에게서 나온 인간의 양심

사람의 본성은 원래 하나님의 인격에서부터 시작되었다. 하나님께서 사람을 지으셨을 때 하나님의 형상을 따라 지으셨기 때문에 거기에는 반드시 하나님의 인격이 발휘되는 고상한 인격이 나타나게 되어 있다. 그러나 인간의 범죄로 말미암아 그 인격이 어그러져 정상적인 기능을 상실하고 말았다. 그럼에도 불구하고 다른 피조물과는 달리 인격체인 사람들이기 때문에 손상된 본성이나마 남아 있어서 그 나름대로 도덕적인 표준을 만들었다.

함무라비 법전이라든지 아니면 대한민국의 헌법 등을 만든 것은 모두 일종의 최하의 도덕적인 표준을 기준으로 하여 만든 것이다. 이처럼 외적 형식으로 규정한 것을 법이라 하고, 반면에 사람들의 마음속에 잠겨 있는 인격적인 표준을 도덕 또는 윤리라 한다. 이러한 법이나 윤리의 근거는 앞에서도 이야기한 바와 같이 하나님의 성품을 기초로 하고 있다. 결국 인간들이 윤리를 세우고 법을 만든다 하더라도 그 근본을 살펴보면 하나님이 그것의 입법자임을 알 수 있다.

그러므로 사람들 사이에서 만들어지는 법은 모두 하나님의 일반 계시 범위 안에서 형성된다. 때문에 세상의 법이 한결같이 악법은 아니다. 인간들이 어떤 개인적인 사리를 채우기 위해서 악법을 만드는 경우가 없지는 않지만 일반 보편적인 법의 내용을 볼 것 같으면 그 나름대로 하나님의 품성을 따라 제정된 것이기 때문에 법은 완전하지는 않지만 정의의 상징이 된다.

이처럼 법이란 자연스럽게 사람들 사이에서 형성된 인간의 도리를 규정하였다 해서 인륜人倫이라고도 할 수 있으며 누구나 보편적이고 정당하게 그 앞에서 행사하고 보호를 받을 수 있는 판단의 표준이 된다.

일반적인 법칙 아래 만들어진 세상의 법이라 해도 우리 그리스도인들은 이에 따라야 한다. 그 이유는 법이란 하나님께서 이 세상에 주신 보편적인 법칙이기 때문이다. 이런 의미로 세속 국가의 법도 하나님께서 입법하셨다고 말한다. 그 나라의 수준에 맞게 그 나라 백성의 민도에 따라 법을 제정하신다. 사람들이 하는 것 같아도 하나님께서 세우고 그 법에 따라 세상을 통치하신다. 그래서 이 세상의 국가들을 하나님의 통치 아래 있는 '권능의 왕국regnum potentia' 아래 있다고 한다.

그렇게 해서 하나님께서는 개인과 나라를 세우기도 하시고 패망하게도 하심으로써 우주적인 권능의 왕국을 다스려 나가신다. 이처럼 하나님께서는 인간의 본성을 통하여 법을 세우시고 나라를 세워서 운영하는 구체적인 방편을 통해 세상의 역사를 경영해 나가신다.

공산주의는 공산주의대로, 민주주의는 민주주의대로, 또는 제3세계는 제3세계대로 법이 있어서 그 법을 통하여 하나님은 자연스럽게 이 세상을 통치해 나가신다. 그러므로 이 권능의 왕국이란 하나님의 통치권 안에 있는 것이지 무조건 사람들의 마음대로 경영되는 것이 아니다.

3) 하나님께서 인류를 통치하시는 방편으로서 '법'

어떤 나라는 좀더 우월한 법이 있고 어떤 나라는 열등한 법이 있기 마련이다. 그건 그 나라 사람들의 일반적인 인식 수준의 정도 차이 때문이다. 본성에 대한 인식 곧 양심에 대한 인식이라든지 하나님에 대한 인식이 높을수록 그 나라의 법이 월등하기 마련이다. 반면에 그 인식이 저급할수록 그 나라의 법은 열등할 수밖에 없다.

결국 하나님에 대한 인식을 갖고 두려워하는 사람들이 많을수록 그 나라의 법이 월등하고 그만큼 그 나라는 하나님의 통치에 대하여 더 민감하다는 말이다. 그렇지 못하다는 것은 하나님의 통치에 대하여 거부하고 불순한 요소가 더 많다는 의미이기도 하다. 그러한 모습도 하나님께서 이 세상을 통치하시는 한 방편이라고 볼 수 있다. 그처럼 법이 열등하다는 것 자체가 하나님의 공의로운 심판이다.

그래서 어떤 나라는 그 나라의 조악한 법 때문에 백성이 다른 나라 사람들보다 훨씬 더 고충을 당하게 된다. 그런 결과는 당연한 일이다. 그 나라 백성이 그만큼 하나님에 대한 각성도 없고 양심에 대해 무딘 대가로 그러한 악법이 만들어짐으로써 그 조악한 법에 따라 고통을 당한다. 그것이 하나님께서 이 세상을 통치하시는 방법이다.

4) 양심의 입법 기관으로서 교회

하나님에 대해서 관심이 없고, 창조주에 대한 각성도 빈약하고, 양심에 대한 최소한의 양식이 결여되어 있는 사람들은 좋은 법을 만들 수 없기 때문에 그런 조잡한 법에 의해 고통을 당함으로써 심판을 받는다. 대한민국도 마찬가지이다. 이 나라 사람들이 양심이 바르고 양식이 있어서 좀더 우등한 법을 만들었다면 오늘날과 같이 악법 때문에 고통을 당하지 않을 것이다.

국가 보안법이라든지 여러 악법이 생겨서 선량한 사람을 잡아 고문하고 사람을 죽이는 것은 입법자들이 악했거나 법 자체가 악법이라기보다는 대한민국 전체 사람들의 수준과 양식良識이 그 정도밖에 안 되기 때문이다. 대한민국에 올바른 교회와 성도들이 많이 있다면 모두 이 나라 백성의 양심 기관이 되어서 그런 악법을 벌써 무너뜨려야 했다. 그렇지 못한 것은 교회가 그만큼 능력이 없다는 말과 같다.

그래서 그런 악법들이 활개를 치고 있다. 때문에 그런 일로 남을 원망하는 것은 부질없는 짓이다. 오래 전 H신문에 최00씨가 "왜, 하나님이 정말 살아 계신다면 이처럼 비민주적인 악법 때문에 희생을 당하는 사람들이 많고, 신부들이 구속을 당하고 목사들이 곤란을 당하게 모른 체 하십니까?" 하고 논설을 썼는데 그건 무지한 소리이다.

이 나라 백성의 수준이 그 정도밖에는 안 되었다. 그걸 가지고 하나님이 계시느니 안 계시느니 원망하며 하나님께서 존재하신다면 친히 나서서라도 이 나라의 권력자들을 처벌해 달라고 탄원하는 것은 어리석은 일이다. 중요한 것은 오히려 교회가 교회로서 자태를 분명히 하고 있어서 그 사회의 양심이 되고 있는가 하는 점이다.

2. 하나님께서 세우신 교회의 법

이처럼 하나님의 권능의 왕국이라는 것은 미국인들이나 한국인들이나 아프리카 사람들이거나 보편적으로 그들에게 적합하고 그 시대 백성의 수준에 맞는 것으로 나타나는 법이다. 그래서 하나님에 대한 인식이 높아질수록 일반적으로 그 사람들은 그 수준의 법의 도움과 보호를 받게 된다. 이런 현상이 모두 권능의 왕국 안에 속해 있어서 하나님의 통치를 받고 살아가는 모습이다. 그리고 그러한 통치의 구현으로 나타나는 법을 통해서 죄가 무엇이고 그 형벌이 어떤 것인가를 밝히 보여주고 있다.

반면에 이러한 일반적인 권능의 왕국 가운데 특별하게 하나님께서 부르셔서 계시를 보여주시고 하나님의 경영을 보여주시는 독특한 영역이 있다. 바로 이것이 '은혜의 왕국regnum gratia' 이다. 이 은혜의 왕국에도 그에 합당한 표준으로서 법이 있다. 권능의 왕국이 어느 시대에든지 각 나라마다 그 나름대로 어떤 표준 곧 법이 있어서 그 사람들을 하나님께서 통치하시는 것처럼 은혜의 왕국에서도 하나님께서 요구하시는 표준이 있고 무엇보다도 하나님이 그 나라의 왕이시기 때문에 하나님께서 제정하신 법이 있다.

따라서 우리는 먼저 그 표준이 무엇인가부터 알아야 한다. 그러기 위해서는 이 땅에 존재해 온 은혜의 왕국에 대해 살펴봄으로써 그 나라가 어떻게 하나님의 통치를 드러냈는가를 알아야 한다. 그런데 이 은혜의 왕국에도 나름대로의 형태가 있어서 각 시대를 구분할 만한 특성이 있다. 때문에 그 시대적 특성에 맞는 통치의 모습을 살펴보는 것이 유익하다. 크게 나누어 볼 때 그 첫 번째의 구분은 아담부터 아브라함까지를 한 시대로 나눌 수 있다. 이 시기는 하나님과 그의 백성이 직접 교통함으로써 하나님의 통치를 드러내던 시기이다.

1) 족장시대는 하나님께서 직접 그의 백성을 통치하심

이때는 어떤 형태의 법이 있기보다는 하나님께서 친히 크고 거룩한 은혜 가운데서 각 사람들에게 구원의 경륜을 직접 체험케 하셨다. 물론 각 사람마다 하나님께서 구원의 도리를 똑같이 적용한 것은 아니지만 그들 나름대로 효과적이고 능력 있는 방편으로 하나님의 구원의 경륜을 직접 체험하게 하심으로 '이것이 곧 하나님의 법이구나, 하나님의 표준이구나, 이것이 하나님의 백성으로서 의당히 살아야 할 길이구나' 하는 것을 각자에게 다 보여 주셨다.

아담은 아담에게, 노아는 노아에게, 아브라함은 아브라함에게 알맞는 방법으로 확실하고 적합한 구원의 도리를 보여주셨다. 그래서 그들은 각각 그 표준을 따라서 무엇이 하나님 앞에 죄인가를 백성에게 알게 하였다.

2) 왕국 시대에는 계시된 법으로 통치하심

그 이후 시대에는 하나님께서 직접 개인을 대상으로 하지 않고 특별한 계시를 통하여 하나의 법을 제정하시고 그 법에 따라 곧 그 율법에 따라 하나의 나라를 조직하여 그 나라의 법도로 세우고 온 백성이 하나님 앞에서 스스로 판단하며 행하게 하셨다. 그렇게 해서 이스라엘이라는 국가 체제를 세우고 그 나라 백성답게 살도록, 즉 하나님 나라적인 문화와 제도 속에서 규모 있게 살도록 하셨다.

그 문화와 제도는 특별히 율법으로 대표된다. 율법이라 해서 아담 이후부터 아브라함 시대까지 주신 하나님에 대한 표준과 어떤 차이가 있는 것이 아니라 그 근본적 사상이 같다는 것을 알 수 있다. 율법의 사상을 한마디로 말하면 신명기 6장 4-5절과 예수님이 율법의 대강령에 대해서 가르쳐 주심과 같이 하나님을 사랑함이 율법의 기본적인 사상이다. 그러한 사상은 아담이나, 노아나, 아브라함이나, 이스라엘 백성 누구에게나 똑같다. 단지 그러한 사상을 법적으로 세분화시키고 성문화시킨 것을 율법이라고 하는 것뿐이다.

3) 신약 시대에는 교회를 통하여 통치하심

신약 시대(예수 그리스도의 십자가 사건 이후)에 와서는 천하 만국에서 하나님께서 직접 뽑아내신 그의 백성에게 하나의 새로운 제도와 법칙을 주셨다. 그것이 바로 '교회'이다. 그러므로 신약 시대를 사는 우리는 교회라는 특수한 제도 안에 속한 사람들로서 바로 예수 그리스도를 머리와 주主로, 즉 구속자로 삼아 예수 그리스도의 구속함을 받아서 그 나라 곧 교회에 참여함을 받은 사람들이다. 따라서 이 신약의 시대에 와서는 크게 두 부류의 영역에 속한 사람들이 있다고 할 수 있다.

먼저 하나님의 일반적 은혜의 통치 가운데 있는 '권능의 왕국'이 있다. 여기에는 세상에 존재하는 모든 사람들이 속해 있다. 그 가운데 특별히 하나님의 직접적인 통치를 받는 사람들이 있는데 그들은 교회 안에 속해 있는 사람들로서 '은혜의 왕국' 을 구성한다. '권능의 왕국' 에서는 일반적인 계시의 영향을 받아 제정된 법률과 윤리에 따라 사람들이 선과 의를 추구하며 살아간다. 즉 모든 사람들은 각 나라의 법과 윤리와 도덕에 따라 살게 되어 있으며 마찬가지로 우리도 그 법에 따라 살도록 되어 있다.

반면에 특별히 하나님께서 직접 제정하신 법에 따라 사는 사람들로 세워진 '은혜의 왕국' 에서는 교회의 법에 따라 삶의 목적을 이루어 가게 되어 있다. 그러므로 권능의 왕국에만 속해 있는 사람들이 있고 그 가운데서 구별되어 은혜의 왕국에도 속한 사람들이 있음을 알 수 있다. 그런데 앞에서 이야기한 바와 같이 '권능의 왕국' 에서 나타나는 윤리나 도덕 그리고 법률뿐만 아니라 '은혜의 왕국' 인 교회에 주신 하나님의 법이나 계시는 모두 하나님의 영광을 궁극적인 목표로 하고 있다.

4) 법의 궁극적 목표는 하나님의 영광을 드러내는 것

법은 하나님이 경영하고 계획하시는 하나님 나라의 충일한 영광의 현현을 위해 운영되어야 한다. 도덕, 윤리, 법 그리고 교회 내의 법이나 제도 등은 모두 하나님 나라의 그 충만한 영광이 나타나도록 하기 위해서 존재하기 때문이다. 그래서 일반적인 권능의 나라 곧 일반 제도 속에 있는 모든 사람들조차도 그런 법을 통하여 선이나 정의, 공의 등을 좇아 살게 되어 있다. 그리고 하나님은 사람들이 이러한 법을 가지고 선을 좇고 정의를 발휘하고 공의를 세워서 이런 것들을 통하여 창조주를 알고, 인간이 근본적으로 지향해야 할 목표를 알아서 그 길을 찾아 이루어 나가라고 법 제도를 주셨다.

그러므로 일반 제도의 어떤 법에 저촉이 되어서 벌을 받는다고 할 때

'죄를 지으면 벌을 받는 것' 이라는 사실을 알아서 회개하고 선을 좇아 의를 행하게 하여 결국은 하나님께서 다스리실 그 영광된 나라의 모습을 드러내어야 한다. 그런데 일반적으로 사람들이 그런 것을 생각하느냐 하면 전혀 그렇지 못하다. 왜냐하면 이미 그들은 죄로 말미암아 부패해져서 하나님께 대한 인식이 결여되어 있거나 오해되어 있기 때문이다.

사람들에게 왜 선을 행하느냐고 물어보면 '그것은 당연한 사람의 본분이기 때문' 이라고 대답을 하거나 심지어 왜 의를 행해야 하느냐고 물으면 '정의야말로 최후에 승리하는 것이기 때문' 이라고들 대답한다. 그런 사람들이 영화를 만든다든지 소설을 쓸 때는 항상 정의가 이기는 것처럼 각본을 쓰지만 그것은 하나의 허상에 지나지 않는다. 그 이상을 생각하지 못하는 것은 사람이 가지고 있는 근본적인 부패성 때문이다. 하나님의 경륜이라든지 하나님 나라의 모습이 이런 것이기 때문에 우리가 선을 행하고 의를 좇아야 한다는 생각을 도무지 하지 못한다.

선과 의를 좇는 것에는 일반적으로 각각 나름대로의 욕망이 거기에 담겨 있는 것이 대부분이다. 또한 사람들이 선과 의를 행한다고 할 때도 자기 나름대로의 인류애, 박애주의 또는 자기 신념, 이런 것들이 그 사람 속에 뿌리 박혀 있어서 결국 인본주의humanism로 발동되어 그것을 근거로 선을 행하고 의를 행하는 것이 일반적이다. 왜 남에게 자선을 행하는가를 가만히 따지고 보면 어떤 면에서는 '내가 선을 행하였구나!' 하는 자기 만족을 위한 것이기가 쉽다.

'누구를 위하여 선을 행하는가?' 를 따지고 보면 선을 행치 않으면 자기 양심이 부끄럽고 창피하니까 선을 행하는 경우가 대부분이다. 그것이 좀더 확대되면 박애주의자가 되고 인류를 위하여 헌신하는 사람이 된다. 물론 이런 생각조차 없어서 남을 미워하고 해치는 사람보다는 나을지는 모른다. 그러나 그 정도 이상은 벗어나지 못한다. 그러므로 우리는 '하나님께서 도덕적인 규범과 목표를 주셔서 우리로 하여금 도달하도록 할 목적지가 어디인가?' 를 마땅히 생각해 보아야 한다.

3. 하나님께서 인류를 창조하신 목적

하나님께서 인류를 창조하신 목적은 하나님의 그 거룩한 영광을 온 땅에 충일하게 하고 그 영광을 스스로 즐거워할 만큼 거룩한 위치에 오르도록 하는 것임을 앞서 살펴보았다. 그러기 위해 인류에게 도덕과 윤리를 주시고 규범도 세우셨다. 그러므로 인류는 하나님의 영광에까지 도달하는 것이 그 삶의 목표이며 본분이다. 그렇지 못할 경우 그에게는 심판이 있다.

그러나 하나님으로부터 율법을 받은 유대인들이라 할지라도 그러한 하나님의 궁극적인 목표에 도달하지 못함으로써 마침내 심판을 받을 수밖에 없다고 로마서 1-4장에서 말한다. 그것은 우리 인간이 죄로 말미암아 부패되었기 때문이다. 우리가 하나님의 거룩한 공동체인 교회에 소속되기 이전의 상태란 바로 이처럼 하나님의 심판 아래 있는 것이었다.

인간에게 주어진 여러 가지 양심이나, 도덕이나, 윤리나, 사회법 등을 통해서 하나님의 선하시고 의로우심을 발견하고 그것을 근거로 하여 영광된 하나님의 나라를 소망하게 하셨는데 결국은 아무도 그렇게 하지 못하였다. 바로 '죄' 라는 것이 인간으로 하여금 그러한 능력을 발휘하지 못하도록 만들어 버렸다.

그래서 죄 아래 있는 한 하나님의 선과 의를 추구하기보다는 왜곡되고 오염된 선과 의를 만들어 냄으로써 이런 것들이 오히려 인간을 심히 부패하게 한다. 이처럼 '죄' 가 우리를 얽매여서 죄의 종으로 삼아 놓았었다. 그래서 인간은 그런 죄의 자리에서 벗어나지 못하고 심히 암매한 자리에 빠져 있었다.

1) 죄 아래 빠져 있는 인간

결국 우리는 죄 아래에서 벗어나지 못하고 항상 방황하고 만다. 내가 선을 행한다 하더라도 끝까지 선을 행하지 못하고 도중에서 꼭 악으로 변질되고 만다. 누군가와 열심을 다해서 사랑하다가도 마음에 들지 않으면 싸우고 사랑이 미움으로 바뀌게 되는 것이 우리의 현실이다.

이처럼 삶이라는 게 빈곤하여서 항상 영구하지 못하고 이리저리 방황하고 마는 것이 우리의 인생이다. 내 인생의 목표조차도 바로 정하지 못해서 항상 이랬다저랬다 방황하고 만다. 책임도 지지 못하고 그렇다고 별다른 대책도 없이 그저 그렇게 맹목적인 삶을 살았던 것이 사실이다.

이것이 곧 '죄'이다. 마땅히 사람으로서 살아야 할 본연의 모습을 찾지 못한 채 평생을 산다는 것처럼 큰 죄는 없다. 인간을 창조하신 본연의 모습에서 벗어나 있다는 자체가 바로 하나님의 진노를 받는 이유가 되며 그래서 하나님의 심판을 받아 죽어 마땅한 자리로 전락되어 있는 것이 인생의 모습이다.

2) 죄로부터 구속을 받게 하는 복음

심판의 자리에 있었던 우리를 하나님께서 그 아들 예수 그리스도를 보내셔서 우리의 죄를 대신하게 하시고 우리로 하여금 새로운 삶의 자리에 서게 하셨다. 이것을 구원이라고 한다. 그리고 지금까지의 죄의 종된 자리에서 새로운 자유인의 자리에 설 수 있도록, 친히 죄에게 값을 지불하시기 위해 십자가에서 죽으신 것을 십자가의 구속이라고 한다.

그래서 누구든지 그 사실을 믿고, 믿음으로써 예수 그리스도를 구주로 받아들인다면 하나님께서는 "이제 너는 의롭다. 이제는 더이상 죄인이 아니다. 내가 너를 형벌하지 않겠다. 사망에 너를 넘기지 않겠다"라고 선포하시는데 이것을 '칭의稱義'라고 한다. 이것이 로마서 5장에 기록된 내용이다.

하나님께서 예수 그리스도를 통해서 우리에게 구속의 자리를 만드셨고 누구든지 그것을 믿고 받아들이면 하나님의 아들로 인정될 뿐 아니라, 하나님께서 더이상 죄에 대하여 다시는 힐문하지 않겠다고 선언하신 것이 곧 칭의justification이다. 이 칭의란 용어는 법적인 용어이다.

어느 법정에서 판사가 "당신은 죄가 없다. 무죄이다"라고 선포하는 것을 칭의라고 한다. 전에는 우리가 양심이나, 도덕이나, 윤리에 저촉이 되어서 하나님의 형벌을 받아 마땅할 사람들이었는데 이제는 하나님께서 "그러한 죄 때문에 다시는 너를 힐문하지 않겠다"라고 하시며 "너는 의롭다"라고 선고해 주셨다. 그래서 우리는 죄 때문에 다시는 형벌을 받지 않는 전혀 새로운 자리에 서 있게 된다.

그렇다고 그것으로 우리의 삶이 완전한 것은 아니다. 칭의를 받은 사람이 살아야 할 길이 이제부터 새롭게 펼쳐지게 된다. 그 이야기가 로마서 6장에 기록되어 있다. '의롭다 인정을 받았으니까 계속 죄 가운데 있어도 상관이 없는가? 아니면 어떻게 해야 할 것인가?' 하는 물음을 던지면서 우리가 의롭다고 인정을 받았으면 실질적으로 우리의 삶 가운데 의로운 삶의 모습이 나타나야 한다고 바울은 말한다.

3) 십자가의 구속으로 새 생명을 얻음

바울은 또한 그렇게 거룩한 삶을 사는 일은 우리가 그리스도와 함께 십자가에 못박혀 죽음으로써 발생한다고 말한다. 즉 우리가 그리스도 안에서 그리스도와 함께 죽고 함께 세례를 받음으로써 우리가 새 생명 가운데서 살게 된다. 다시 말하면 새 생명이 발휘될 위치에 서 있게 되었다.

예수님과 함께 죽었으나 그 안에서 다시 삶으로써 새 생명을 입고 그 새 생명에 따라 살게 된 것이 바로 '칭의'이다.

마라톤 선수가 그 코스를 달리기 위해 제일 먼저 하는 일은 그가 출발선에 서는 일이다. 그가 출발선에 서 있는 것 자체가 선수로 인정을 받았다는 증표이다. 그처럼 우리가 하나님의 거룩한 백성으로 살기 위해서는 제일 먼저 그 나라의 백성으로 부르심을 받아서 새 생명을 따라 살 수 있는 출발선에 서 있어야 한다. 그리고 출발 신호가 나면 마라톤 선수들이 그 코스를 완주하기 위해 달려나가야 하는 것처럼 이제는 새 생명을 받았으면 그 생명답게 살아야 한다.

출발 신호가 났는데도 불구하고 여전히 그 자리에 서 있다면 그건 그 자리에 나와 있어야 할 목적을 상실한 것과 같다. 즉 출발선에서 출발하는 것이 의로운 길이며 의로운 삶이다. 그렇지 않으면 구태여 그 자리에까지 나와 있을 이유가 없다.

출발선 이전의 자리는 바로 사망의 자리이다. 그리고 비록 출발선에 서 있다 하더라도 앞으로 나가지 않으면 그가 더이상 죄악의 자리로 되돌아가지 않는다 해도 그것이 그가 서 있어야 할 정당한 자리는 아니다. 출발 신호가 나면 가다가 넘어진다 할지라도 출발하는 것이 마라톤 선수이다. 출발 신호가 났는데도 앞으로 달려갈 길이 두려워 주저하고 있다면 선수로서 자격을 상실한 것과 같다. 마찬가지로 이제 하나님께서 '너는 의롭다'라고 선언해 주셨음에도 불구하고(이것은 새 생명을 받았다는 선언인데) 여전히 그 자리에 서 있다면 크게 잘못되었다.

여기에서 우리는 그 출발선의 자리에 서서 출발 신호가 나면 즉시 출발할 능력이 있는가를 생각해 보아야 한다. 과연 새 생명을 받은 즉시 그에 합당한 삶의 모습을 갖추고 앞으로 나아갈 수 있느냐 하면 사실 우리는 그럴 수 없다. 왜냐하면 우리가 새 생명을 받기 이전의 상태가 너무 비참하였기 때문이다.

좀더 자세히 말하면 우리가 예수 그리스도와 함께 십자가에 못박혀 죽었다는 것은 우리 옛 사람이 죽었다는 말이다. 그 말은 지금까지 우리가 죄의 지배 안에 있었다는 말이다. 즉 출발선 이전의 상태란 우리가 죄의 지배 아래 있었던 상태이다. 그래서 우리는 과거의 결핍들을 어쩔 수 없이 가지고 출발하게 된다.

따라서 우리가 죄의 자리에 서 있는 것이 아니라 의의 자리에 서게 되었다 하더라도 그 새 생명을 받자마자 의를 향하여 달려갈 수 있는 것은 아니다. 마라톤 선수가 출발 신호와 함께 불같이 달려나가듯이 그렇게 할 능력이 우리에게 없다. 아기가 어머니 태에서 나왔을 때 태어나자마자 사람으로서 구실을 하는 것이 아니라 적어도 20년은 자라야 성년이 되어 사람의 역할을 하는 것과 같이 새 생명을 소유하게 된 사람에게도 그만한 장성의 과정이 필요하다.

4. 전적으로 하나님을 의지하는 새 사람

우리가 의로운 사람으로 태어났을 때 먼저 해야 할 일이 있다. "그러므로 너희는 죄로 너희 죽을 몸에 왕 노릇 하지 못하게 하여 몸의 사욕을 순종치 말고 또한 너희 지체를 불의의 병기로 죄에게 드리지 말고 오직 너희 자신을 죽은 자 가운데서 다시 산 자같이 하나님께 드리며 너희 지체를 의의 병기로 하나님께 드리라 죄가 너희를 주관치 못하리니 이는 너희가 법 아래에 있지 아니하고 은혜 아래 있음이니라"(롬 6:12-14)는 말씀이 바로 그것이다.

지금까지 우리는 죄의 영향력 아래 있었는데 예수 그리스도의 십자가의 공로로 말미암아 죄의 영향력 아래에서 벗어나게 되어 이제 새롭게 살아갈 수 있는 출발선에 서 있게 되었다. 그 자리에 서 있는 자로서 해야 할 일은 먼저 자신을 '하나님께 드리는 것' 이라고 바울은 말한다. '드린다' 는 말은 '헌신한다' 는 말이기도 하지만 좀더 그 의미를 살펴보면 '주인께서 쓸 수 있도록 잘 준비하여 내 맡긴다display' 는 말이다. 바로 우리의 모든 것을 하나님께서 의의 병기로 쓰실 수 있도록 잘 정돈하여 내어놓는 것이 곧 헌신이다.

1) 신앙의 기초로서 '헌신'

'왜 우리를 하나님께 드려야 하는가?' 하는 문제를 생각해야 한다. 그것은 우리가 죄에서 벗어나 새롭게 살기 위한 출발선에 서 있는 것이 분명하지만 나 스스로 한 발자국이라도 나갈 수 있느냐 하면 전혀 그럴 수 없기 때문이다. 한 걸음이라도 앞으로 나가야 출발선을 떠나게 된다. 그래야 자꾸 전진해 나가게 된다. 그런데 우리 현실을 보면 그 한 발을 내딛으려 해도 도무지 나갈 방향이 없다.

전에는 자기의 판단이라는 것이 확실하여 앞길을 개척해 나가던 사람들이 이제 새 사람으로서 살라고 새로운 출발선에 세워두면 전혀 앞으로 갈 능력을 갖지 못하다는 것을 제일 먼저 알게 된다. 혹 아직도 옛 사람적인 관성이 남아 있어서 나름대로 자기 살길을 가려고 하는 사람들이 있으나 머지 않아 그것이 아니라는 사실을 알게 된다.

새 생명을 가진 사람에게 있어 제일 먼저 부딪히는 것이 바로 이 점이다. 즉 '나로서는 도무지 이 생명의 길을 한 발자국도 나갈 수 없구나!' 하는 고백이 발생한다. 그래서 '네 자신을 하나님께 드리라' 는 바울 사도의 권고와 같이 우리 자신을 하나님께 드리고자 하는 결단이 서게 된다. '전에는 너희가 죄에게 완전히 몸을 맡겨버리고 죄가 하라는 대로 다 했었지만 이제는 하나님께 몸을 다 맡기라' 는 것이 바울 사도의 권고이다.

어두움의 세계에 있었을 때는 그냥 죄가 시키는 대로 한 것이 우리의 전부이다. 그러나 이제 새 생명의 삶을 위해 출발선에 서 있다면 출발선

저쪽의 옛 생활 쪽으로 방향을 틀지 말고 새 생명이 있는 방향으로 몸을 내맡기라는 말이다. 전에는 죄에게 몸을 던져 하고 싶은 대로 다 하면서 마음대로 살았던 것처럼 이제는 오히려 하나님께 우리의 몸을 총체적으로 다 내어드림으로써 누구보다도 능력이 있고 우리의 본질에 대하여 분명하게 알고 계신 하나님께서 우리를 적합하게 쓰실 수 있도록 맡겨야 한다.

그러한 신앙 고백이 실제로 나타나는 행위가 곧 예배 시간에 있어서의 헌상獻上이다. '우리를 하나님께 드립니다' 라는 신앙 고백의 행위가 곧 헌상 시간에 우리가 드리는 헌금으로 표상된다. 그리고 하나님께서 적합한 모습으로 나를 사용하여 하나님 나라를 세우고 그 의를 드러내시도록 맡기는 것이 헌상의 정신이며 이것을 가리켜 '헌신獻身' 이라고 한다. 마치 갓난아기가 자기의 생사를 어머니에게 전적으로 의존하듯이 우리의 삶의 태도가 그래야 한다는 말이다.

2) 사탄을 이기는 헌신한 성도

앞서 살펴보았듯이 우리가 새 생명으로 태어났다면 제일 먼저 해야 할 일이 하나님께 내 자신을 맡기는 일이다. 바로 이것이 죄의 자리에서 벗어나 극복해 나가는 곧 죄를 이기는 삶으로서 첫 행보行步이다.

사실 우리가 별 방도를 다 써보아도 죄를 이길 묘책은 없다. 죄를 극복할 유일한 길은 바로 우리를 하나님께 맡기는 일이다. 그렇지 않고 내가 죄를 이기려고 했을 때 우리는 도무지 죄의 상대가 되지 못한다. 죄란 단순히 윤리적이고 도덕적인 것에 저촉되었을 때만이 아니다. 하나님의 절대적인 의의 속성 앞에 조금이라도 흠이 있다면 그것이 곧 '죄' 이다.

세상의 어떤 피조물이라도 하나님의 절대 공의와 선과 전능하심 앞에 완전할 수 없으므로 당연히 하나님 앞에서는 결핍을 가지고 있다. 이것이 하나님 앞에서 '죄'가 된다. 우리는 절대적으로 죄인이다. 아무리 애를 써도 여전히 죄인으로 남아 있을 수밖에 없다.

우리는 죄를 이길 수 없다. 그러므로 하나님께 맡겨야 한다. 그 다음에는 하나님께서 알아서 하신다. 알아서 하시되 규모 없이 하시는 것이 아니고 완전히 논리적이며 드높은 법칙에 따라 인도해 나가신다. 곧 헌신하게 되는 그때부터 성령께서 친히 내주內住하여 헌신된 그 사람을 인도하신다.

성령님의 인도는 먼저 우리를 하나님께 드림으로써 시작된다. 헌신한 사실이 분명해야 그때부터 성령께서 우리를 인도하신다. 하나님께 자신을 드리지도 않았는데 성령께서 인도하시는 일은 없다. 그래서 바울은 "너희 지체를 하나님께 의의 병기로 드리라"고 한다. 죄와 싸우기 위한 도구로 하나님께 드리라는 것이다.

우리가 싸우는 것이 아니라 하나님께서 싸우시는데 우리를 그 싸움에 쓰일 무기로 내어놓아야 한다. 우리는 하나님의 도구이다. 하나님께서 그걸 붙잡고 싸우신다. 내가 나가서 죄와 싸우겠다고 한다면 그건 말이 안 된다. 칼이 주인의 손에 들리지 않고서 제 스스로 나가 싸울 수 없음과 같다. 그러므로 우리 주제를 알아야 한다. 곧 우리는 하나님께서 쓰시기 위해 존재하는 병기이다. 그래서 하나님 손에 붙잡혀 쓰임을 받을 때에야 비로소 사단을 이기게 된다.

3) 죄를 이기는 데서 나타나는 하나님의 능력

물론 헌신하기까지 성령께서 우리를 전혀 인도하시지 않은 것은 결코 아니다. 단지 그러한 사역은 우리를 중생케 하시는 성령님의 독자적인 사역이고 일단 헌신하면 그때부터는 성령님께서 일방적으로 우리를 이끄시는 것이 아니라, 우리의 인격이 되어 충분히 우리가 세상을 판단하고 분별하고 깨달아 자연스럽게 나아가야 할 길이 무엇인가를 알게 해 주신다. 그럴 때 우리는 죄가 무엇인 줄을 알아 죄를 경계하게 되고 죄를 상대하여 담대하게 싸워 이기게 된다.

죄가 무엇인지도 몰랐을 때는 우리가 죄 안에 있었기 때문에 싸울 대상이 아니었다. 죄 안에 있으면서 자기 나름대로 정의를 구현한다고 혹은 선을 행한다고 바둥거릴 뿐이다. 하지만 결국 죄의 행적밖에는 남지 않는다. 그러나 이제 죄로부터 나와서 그 죄가 무엇이며 어떻게 이길 수 있는가를 성령님의 인도와 지혜로 알게 됨으로써 다시는 죄에게 속지 않고 싸워 이길 수 있게 된다. 바로 그러한 삶을 가리켜 '거룩한 삶' 또는 '성화sanctification' 라고 한다.

로마서 6장 19절에서 "너희 육신이 연약함으로 내가 사람의 예대로 말하노니 전에 너희가 너희 지체를 부정과 불법에 드려 불법에 이른 것 같이 너희 지체를 의에게 종으로 드려 거룩함에 이르라"고 말하고 있음을 볼 수 있다. 즉 우리 몸을 하나님께 드렸을 때 그런 후부터는 적극적으로 죄를 대적할 뿐만 아니라 극복하고 이기게 되는데 바로 이것이 거룩함에 이른다는 말이다. 그러므로 '거룩함에 이르라' 는 말은 상당히 적극적인 말로 '성화되라' 는 의미이다.

죄는 우리가 알다시피 항상 형벌을 동반한다. 여기에서도 말하기를 '죄의 삯은 사망' 이라고 한다. 결국은 죄 때문에 사망에 이르게 된다. 그러나 우리는 예수 그리스도를 믿음으로 말미암아 그 십자가의 공효로 죄의 대가인 형벌을 면제받았다. 이제는 하나님께서 다시는 '너는 죽었다' 고 하지 않으신다는 말이다. 사형이 면제되었다.

그러나 살아 있다는 것은 단순히 사망으로부터 면제되었다는 것을 의미하지 않고 적극적으로 살아 있는 형태를 요구한다. 곧 삶의 열매를 드러내야 한다. 그래서 이제는 우리가 죄에서 해방되고(칭의) 하나님께 종이 되어(헌신) 거룩함에 이르는 것인데(성화), 그 거룩함에 이르게 되면 그것이 항상 열매로 나타나게 된다는 것이 여기 22절에 있는 말씀이다. 거룩한 열매, 그것이 바로 영생이다. 그러므로 거룩함 곧 성화의 최종의 열매가 영생이다. 그것이 모든 거룩함에 이른 사람들의 최종의 목표이다.

5. 영생을 이루는 것이 교회의 본분

앞에서 하나님께서 우리 인간을 이 땅에 보내신 최종의 목적은 하나님이 경영하고 계획하시는 하나님 나라의 충일한 영광을 드러내는 것임을 살펴보았다. 마찬가지로 우리가 영생의 열매를 맺어 곧 영광의 몸을 입었을 때 우리가 할 일이란 바로 그와 같다. 곧 영광의 몸을 입고서야 비로소 하나님께서 인간을 이 땅에 보내신 목적을 완수할 수 있는 위치에 도달하게 된다.

이때는 하나님 나라의 그 충만한 영광을 우리 몸에서부터 온 땅에 드러내게 된다. 우리 몸뿐만 아니라 우리 온 생애의 모든 삶 가운데 하나님의 영광을 충일하게 드러내게 된다. 따라서 우리의 성화되는 그 최종의 모습이란 바로 우리를 통하여 하나님의 영광을 완전하게 나타내는 것이다. 이것이 곧 성화의 완성이요, 열매이다.

우리의 최종 목적지란 곧 영생을 이루는 것임을 분명히 알고 있어야 한다. 그래서 우리의 삶이 날마다 조악하고, 형편없고, 무질서하고, 규모가 없는 것 같지만 거기에 조금씩 발전해 나가고 변화되는 것을 보게 되고, 장차 우리가 이루게 될 그 영광된 모습을 향하여 끊임없이 전진하며 그 나라의 찬연한 모습을 바라보는 것이다. 이것이 바로 살아 있는 교회가 드러나는 것이다.

이와는 달리 보통의 교인들처럼 "아멘, 할렐루야, 감사" 만을 찾으며 자기 만족에 빠져 있을 것이 아니다. 그런 것은 매일 해 보았자 겉보기에 그럴 듯 하고 문제가 없는 것 같아도 그것이 하나님을 위해서라기보다는 자기들의 감정을 편하게 하기 위한 것일 뿐 언급할 가치도 없다. 비록 연약한 것이 드러난다 할지라도 그것 때문에 안타까워하고 아파할 줄 알 때 거기에 교회가 살아 있다는 희망이 있다.

결국 그러한 문제들을 통해서 우리는 어쩔 수 없이 하나님 앞에 죄인인 것을 깨달아야 한다. 그리고 우리의 연약함을 인식하고 하나님 앞에 우리 자신을 드리지 않으면 안 되는 줄 알게 되고, 드렸다면 그 다음부터 적극적으로 하나님의 의를 추구해 나가는 모습이 발견되어야 한다. 그것을 위해 교회가 존재한다.

서로 모여서 사랑한다는 명분 아래 죽어 가는 사람들을 모아놓고 은혜 타령이나 하고 구원을 조작해 보았자 그것은 가당치 않은 이야기이다. 차라리 우리의 형편과 처지를 빨리 파악하여 하나님께서 이러한 빈약한 교회라도 주시어 이처럼 구원에 대해 안타까워하게 하시는 것에서 오히려 소망을 가져야 한다.

이처럼 우리의 처지를 파악하기 위해 이런 자리에 있다는 것이 복임을 알고 우리의 신명을 다해 교회에 나와야 한다. 무엇보다도 우리가 가야 할 영광된 하나님 나라에 대하여 충분히 알고 그러한 자리에 이르기까지 우리의 형편이 얼마나 구차하고 미력한 것인가를 아는 것에서부터 우리 교회가 가야 할 길이 있기 때문이다.

기 도

하나님 아버지!

계속해서 '우리 교회가 나아가야 할 길' 에 대하여 생각하였사옵니다. 제일 먼저 생각하옵는 것은 우리가 하나님을 위해 존재하는 것이기 때문에 우리 교회는 먼저 하나님께 최고의 목표를 두어야 함을 생각했사옵고, 또한 한 발자국 더 나아가 하나님께 모든 영광과 경배를 드리기 위해서는 먼저 우리가 하나님께로부터 그렇게 큰 영광된 위치에 부르심을 받았다는 큰 사실이 있고 또 그처럼 하나님께 사랑을 받았다는 사실을 깨닫게 되고, 그러므로 말미암아 우리 자신을 사랑할 수 있음을 생각했사옵니다.

이제 그처럼 하나님께로부터 받은 사랑이 있기에 이제 우리 형제들을 사랑할 수 있고 서로를 아낄 수 있는 삶의 모습으로 우리가 드러나야 할 것을 생각했사옵니다. 그리고 이러한 것을 근거로 하여 우리가 좀더 하나님을 향해 나아가는 거룩된 모습, 성화된 모습을 추구하기 원해서 오늘의 말씀을 상고했사옵나이다.

교회가 비록 보기에는 연약하고 또 어려움이 많이 있는 것처럼 보인다 할지라도 이러한 인간의 열악한 모습과 조악한 것들을 통하여 오히려 우리의 형편을 잘 알게 됨으로써 하나님께 기도하지 않으면 안 된다는 것을 깨닫게 됩니다.

우리가 나아가야 할 길을 한 발자국 한 발자국 하나님께 인도함을 받는 교회가 될 수 있도록 주께서 크신 은혜로 함께 하시옵소서. 그럴 때 아버지께서 기뻐하시고 우리를 열납하실 줄 믿사옵나이다. 또 아버지께서 그것을 기뻐하시기 때문에 우리를 이와 같이 하나님의 말씀을 가지고 깨우쳐 주시는 것을 보옵나이다.

이러한 것을 놓고 볼 때 우리 교회가 하나님께로부터 사랑을 받고 있다는 사실을 깨닫고, 더욱 힘을 다하고 뜻을 다해서 아버지를 사랑하게 하옵소서. 이 모든 일이 아버지를 사랑하는 것을 근거로 진행될 수 있도록 주께서 도와주옵소서.

주 예수 그리스도의 이름으로 기도하옵니다. 아멘.

Ⅱ. 교회의 회원

로마서 6장 1-23절

1 그런즉 우리가 무슨 말 하리요 은혜를 더하게 하려고 죄에 거하겠느뇨
2 그럴 수 없느니라 죄에 대하여 죽은 우리가 어찌 그 가운데 더 살리요
3 무릇 그리스도 예수와 합하여 세례를 받은 우리는 그의 죽으심과 합하여 세례 받은 줄을 알지 못하느뇨
4 그러므로 우리가 그의 죽으심과 합하여 세례를 받음으로 그와 함께 장사되었나니 이는 아버지의 영광으로 말미암아 그리스도를 죽은 자 가운데서 살리심과 같이 우리로 또한 새 생명 가운데서 행하게 하려 함이니라
5 만일 우리가 그의 죽으심을 본받아 연합한 자가 되었으면 또한 그의 부활을 본받아 연합한 자가 되리라
6 우리가 알거니와 우리 옛 사람이 예수와 함께 십자가에 못박힌 것은 죄의 몸이 멸하여 다시는 우리가 죄에게 종 노릇하지 아니하려 함이니
7 이는 죽은 자가 죄에서 벗어나 의롭다 하심을 얻었음이니라
8 만일 우리가 그리스도와 함께 죽었으면 또한 그와 함께 살 줄을 믿노니
9 이는 그리스도께서 죽은 자 가운데서 사셨으매 다시 죽지 아니하시고 사망이 다시 그를 주장하지 못할 줄을 앎이로라
10 그의 죽으심은 죄에 대하여 단번에 죽으심이요 그의 살으심은 하나님께 대하여 살으심이니
11 이와 같이 너희도 너희 자신을 죄에 대하여는 죽은 자요 그리스도 예수 안에서 하나님을 대하여는 산 자로 여길지어다
12 그러므로 너희는 죄로 너희 죽을 몸에 왕 노릇 하지 못하게 하여 몸의 사욕을 순종치 말고
13 또한 너희 지체를 불의의 병기로 죄에게 드리지 말고 오직 너희 자신을 죽은 자 가운데서 다시 산 자같이 하나님께 드리며 너의 지체를 의의 병기로 하나님께 드리라
14 죄가 너희를 주관치 못하리니 이는 너희가 법 아래 있지 아니하고 은혜 아래 있음이니라
15 그런즉 어찌하리요 우리가 법 아래 있지 아니하고 은혜 아래 있으니 죄를 지으리요 그럴 수 없느니라
16 너희 자신을 종으로 드려 누구에게 순종하든지 그 순종함을 받는 자의 종이 되는 줄을 너희가 알지 못하느냐 혹은 죄의 종으로 사망에 이르고 순종의 종으로 의에 이르느니라
17 하나님께 감사하리로다 너희가 본래 죄의 종이더니 너희에게 전하여 준 바 교훈의 본을 마음으로 순종하여
18 죄에게서 해방되어 의에게 종이 되었느니라

19 너희 육신이 연약하므로 내가 사람의 예대로 말하노니 전에 너희가 너희 지체를 부정과 불
법에 드려 불법에 이른 것같이 이제는 너희 지체를 의에게 종으로 드려 거룩함에 이르라
20 너희가 죄의 종이 되었을 때에는 의에 대하여 자유하였느니라
21 너희가 그때에 무슨 열매를 얻었느뇨 이제는 너희가 그 일을 부끄러워하나니 이는 그 마지
막이 사망임이니라
22 그러나 이제는 너희가 죄에게서 해방되고 하나님께 종이 되어 거룩함에 이르는 열매를 얻었
으니 이 마지막은 영생이라
23 죄의 삯은 사망이요 하나님의 은사는 그리스도 예수 우리 주 안에 있는 영생이니라

II. 교회의 회원
롬 6:1-23

로마서 6장에서 가르치는 중요한 도리는 우리가 그리스도와 함께 십자가에 못박혀 죽음으로 말미암아 우리 안에 거룩한 삶이 발생하게 되었다는 것이다. '옛 사람이 죽었다'는 말은 우리가 더이상 죄의 지배권 아래 있지 않고 새 생명을 가진 사람임을 의미하며, 또 그렇게 해서 우리는 '칭의justification'라는 것을 얻게 된다. 그래서 우리가 하나님의 그 공의로우신 법 앞에 의롭다고 인정받게 되었고 우리의 신분이 변화되기에 이르렀다.

그런 위치에서 우리가 마땅히 취할 태도는 '헌신(παριστημι)'이다. 우리가 그리스도의 십자가에 의해서 칭의를 받았다면 그 다음에 적극적으로 하나님께 드리는 헌신이 있고, 그렇게 함으로써 하나님께서 우리를 인도하고 도우셔서 마침내 거룩한 '성화sanctification'에 이르게 하신다.

그러므로 '성화'란 그저 우리 자신이 사망에서 면제되었다는 사실만을 의미하는 것이 아니라 우리의 삶이 하나님께서 우리를 창조하신 궁극적인 목표, 즉 하나님께서 경영하고 계획하시는 하나님 나라의 충일한 영광의 현현을 드러내는 것을 이루기까지 계속 전진해 나가는 것을 말한다. 그리고 이 성화의 최종적 완성이 곧 '영화glorification', 즉 영원한 생명을 얻는 것이다.

그러므로 칭의에 의해 우리가 의롭다 함을 받아서 하나님께 헌신하게 되고 헌신함으로써 성화의 길을 출발하게 된다. 이처럼 우리를 하나님께 드리는 데서부터 신앙의 길을 출발하여 계속 하나님의 그 의로운 나라를 추구해 나가고 결국 영원한 생명으로 그 열매가 드러나는 것이어서 이처럼 헌신의 문제가 중요하게 부각되는 것임을 알 수 있다.

1. 구원을 이루는 출발점으로서 헌신

'칭의'란 죄 아래 있던 우리가 의롭다 함을 받아서 우리의 신분이 거룩한 자리에 서 있다는 것을 하나님께서 선포하신 것을 말한다. 로마서 6장 7절의 '죄에서 벗어나 의롭다 하심을 얻었다'는 말씀이 바로 그러한 의미이다. 18절에서도 "죄에게서 해방되어 의에게 종이 되었느니라"는 말씀도 같은 맥락에서 이야기하는 것이라고 볼 수 있다.

1) 구원을 완성하기 위해 존재하는 '우리'

우리가 그러한 거룩한 위치에 도달했다는 것은, 죄라는 영역이 있어서 그 영역 가운데 전혀 의식하지 못한 체 살고 있다가 하나님께서 그러한 자리에서 우리를 각성시켜 십자가의 공효를 통해 의의 자리로 옮겨 놓았다는 의미이다. 따라서 지금 우리가 이러한 거룩한 위치에 서 있게 되었다는 것은 이제부터 그 의의 자리 곧 하나님께서 기뻐하시는 자리에 우리가 서 있게 되었음을 의미한다. 바로 여기서부터 시작해서 점차적으로 우리가 이루어야 될 것이 바로 구원이다.

물론 우리는 예수 그리스도 안에서 구원을 받았지만 최종적으로 영광된 구원의 최종점에 이르게 될 때까지 계속 성장해 나가야 한다. 따라서 '내가 그러한 거룩한 위치 곧 의의 자리에 와 있는가?' 하는 실제적인 내용을 우리 안에서 발견해야 된다. 죄의 지배권에서 벗어나 예수 그리스도의 십자가 공효로 그러한 죄책이 다 벗겨져서 새 사람이 되었고 그래서 새 삶이 시작되었다면 실질적으로 그러한 삶의 증표가 계속 우리 안에 있어야 하기 때문이다.

그저 죄의 자리에서 벗어났다 하는 그런 정도의 의식에서 벗어나 더 적극적으로 죄를 극복하는 현저한 삶의 모습이 우리 안에 있어야 한다. 그래서 '나는 더이상 본질적으로 죄의 종이 아니다' 라는 성경의 가르침에 대한 인식이 있어야 한다. 죄의 종이 아니라면 더이상 죄에 얽매여 사는 것이 아니라 이제는 실제적으로 의의 자리에 와 있어야 하고 그것으로 구원이 완성된 것이 아니라 이제 죄에 대해서 무언가 대항할 줄 알아야 하는 것이다. 그렇지 못하고 여전히 죄에 대해서 마음이 쏠리며, 죄에 대해서 향수를 느끼고, 또다시 죄에 빠지게 된다면 무엇인가 잘못이 거기에 있다.

2) 적극적으로 죄를 극복해 나가는 헌신한 성도

전에는 죄라는 것 때문에 내가 자꾸 넘어지고 그 안에 얽매여 벗어나기가 힘들었으나 이제 거기에서 벗어 나왔다면 그 죄를 이길 수 있는 어떤 실제적인 삶과 능력이 내 안에서 확인되어야 한다. 그런 것을 우리가 확인하는 데 있어서 바울은 "너희 몸을 하나님께 의의 병기로 드리라"고 권면한다. "너희 몸을 죽은 자 가운데서 다시 산 자 같이 하나님께 드리라"(롬 6:13)는 것은 먼저 우리가 하나님께 철저하게 드려져 있어야 함을 강조하는 말씀이다.

로마서 6장 12절부터 읽어보면 "그러므로 너희는 죄로 너희 죽을 몸에 왕 노릇하지 못하게 하여 몸의 사욕을 순종치 말라"고 한다. 이 말씀은 우리가 참으로 의로운 자리에 와 있다면, 즉 우리가 산 자라 한다면 11절에서 "이와 같이 너희도 너희 자신을 죄에 대하여는 죽은 자요 그리스도 예수 안에서 하나님을 대하여는 산 자로 여길지어다"고 한 것같이 그리스도 안에서 산 자는 다시는 죄가 우리를 주장하지 못할 뿐 아니라 우리 역시 옛 사람의 사욕을 좇아 살지 않아야 한다는 말이다.

그러므로 다시는 죄가 나의 왕 노릇을 하지 못하게 하기 위해서는 적극적으로 의로운 삶을 추구해 나아가야 한다. 13절에 있는 "또한 너희 지체를 불의의 병기로 죄에게 드리지 말고 오직 너희 자신을 죽은 자 가운데서 다시 산 자같이 하나님께 드리며 너희 지체를 의의 병기로 하나님께 드리라 그리하면 죄가 너희를 주관치 못하리니"라는 말씀처럼 이제 우리를 적극적으로 하나님께 드려야 한다.

우리가 죄와 싸우기 위해서는 또다시 죄 아래 들어가지 않으리라는 강한 결심만으로는 부족하다. 물론 죄 아래 빠져 있으면서 그것이 죄인지 아닌지도 모르고 사는 것보다는 나을지 모르지만 그것만으로는 죄를 이길 수 없다. 우리가 죄를 이기는 유일한 방법은 죄를 상대하여 싸우는 것이 아니라 우리 자신을 하나님께 전적으로 드림으로써 가능하다.

3) 죄를 의식하지 못하는 죽어 있는 사람

내가 죄 가운데 있다는 것은 내가 죽어 있다는 사실을 증거한다. 즉 죄 가운데 있으면서도 죄를 의식하지 못하고 있는 상태를 가리킨다. 죽은 자의 특성은 전혀 의식이 없다는 데 있다. 죽은 사람은 어떤 의식이 있어서 이성적인 활동과 판단을 한다거나 어느 것이 옳고 그른지를 따질 수가 없다. 그러므로 우리가 죄에 대해서 죽었다는 말은 그게 죄인지 아닌지조차도 몰랐었다는 사실을 가리킨다. 그냥 막연히 자기 생각에 이 정도면 옳다고 여기며 살아갈 뿐이다.

예를 들면 내가 어떤 배를 타고 있으면서 그 배가 죽음을 향해 가고 있다는 사실을 모르고 있는 상태와 같다. 그 안에 사는 동안에는 하루 세 끼니를 먹는 데 문제가 없으므로 그저 살 만하다고 여길 뿐이다. 그러면서 그 안에서 문화 예술 활동을 한다든지 선과 의를 추구하는 일에 열심을 내고 있다. 그리고 얼마든지 그런 일들을 잘 해낼 수 있다.

오히려 세상은 누구나 그 안에서 살길을 찾고 열심히 노력하면 큰 탈 없이 잘 살게 되어 있다. 뿐만 아니라 나름대로 얼마든지 의미 있는 삶을 영위할 수도 있다. 그래서 세상 속에서 사는 것이 세상 사람들에게는 그다지 문제가 되지 않는다. 그러나 마침내 그 종국은 죽음이다. 왜냐하면 그 배가 죽음을 향해 가고 있기 때문이다.

그런 상태에 있음에도 불구하고 배 안에 있다는 것이 참 편하기 때문에 나중에 가서 죽음에 이를 것에 대한 아무런 걱정이 없다. 그러나 그 배 안에 있다는 것은 비록 산 것 같으나 그것은 죽은 사람과 같다. 단지 현재 그 안에 있다는 것만으로 만족하고 살기 때문에 이후의 죽음에 대한 두려움을 의식하지 못함으로 죽음과는 상관없는 듯이 보일 뿐이다.

그런데 그런 사람에게 어느 날 전혀 새로운 의식이 발생한다. 그동안 전혀 느끼지 못했던 것으로 '이렇게 죄 가운데 살다가는 죽겠구나. 이렇게 살다가는 멸망당하기에 딱 알맞겠구나!' 하는 두려움이 일기 시작한다. 이런 의식이 바로 살아 있는 사람의 삶의 증표이다. '이 자리에 있다가는 틀림없이 죽고 말 터인데 안되겠다. 벗어나야겠다' 하는 각성은 바로 살아 있는 사람만이 가지는 인생의 두려움angst이다.

바로 여기에서 산 자와 죽은 자의 차이점이 발견된다. 전혀 죽음에 대하여 의식을 하지 못하는 죽은 자와는 달리 산 자는 살아 있는 활동력이 있어 죽음에 대한 두려움을 느끼게 된다. 바로 그 죽음에 대한 두려움 자체가 곧 살아 있다는 증표이다. 그러면 산 자라고 했을 때 '누가 과연 살아 있는 사람인가?' 하는 것이 당면한 문제가 된다. 이 세상에는 많은 사람들이 살아가면서 각기 이런 저런 예술적 활동도 하고 문화적 활동도 하며 죽음과 삶에 대한 철학적 활동을 하고 사는데 그들이 모두 성경에서 말하는 살아 있는 사람인가를 살펴보아야 한다.

2. '새 사람'의 의미

성경에서 '산 자' 또는 '새 생명', '새 사람'이라고 할 때는 적어도 사람다운 '이성'理性을 정상적으로 발동할 수 있는 사람을 지칭한다. 그리고 이렇게 사람이 자기의 이성을 정상적으로 발동하기 위해서는 먼저 자각 능력이 있어야 한다. 교회 밖에 있는 사람들에게도 자각 능력이 있어서 어떤 의식에 도달하고, 이성의 판단도 하며, 감각 기관의 작용 등이 있어 인격체로서 활동은 다 하고 있다. 그런 의미에서는 그 사람들도 살아 있는 사람들이다. 그렇지만 성경에서 '생명이 있다'고 할 때는 그와 같이 그저 생리적인 의식 작용을 하고 있음을 말하는 것이 아니다. 무언가 정확하고 명확한 판단을 할 수 있는 영적인 기능을 가지고 있음을 의미한다.

앞에서 말했듯이 사망을 향해 줄곧 달려가는 배에 타고 있으면서도 그 사실은 깨닫지 못하고 그 안에서 사소한 것의 옳고 그름을 따져보았자 그 종국은 사망일 뿐이다. 비록 그 안에서 아무리 잘 살고 바르게 행한다 할지라도 결국은 사망에 이르고 만다. 그러므로 이성적 판단을 하되 내 삶의 종국이 어디인가를 알 수 있어야 한다. 이것은 오직 영혼의 정상적 기능을 통해서만 알 수 있다. 그래서 영혼의 기능이 있어야 생명이 있다고 성경은 말한다.

물론 사람들에게 영혼이 없는 것은 아니다. 그러나 그 영혼의 기능이 참으로 살아 있느냐 하는 데에 문제가 있다. 세상 사람들 역시 모두 인격을 발현하여 인격적인 활동도 하고, 무엇이 옳고 그른가를 판단하기도 하지만 여기 간과할 수 없는 하나님의 백성과의 차이가 바로 이 영혼의 기능에 있어서 차이가 난다는 것이다.

1) 영적 기능이 달라진 '새 사람'

고린도전서 2장에서 영혼의 기능에 대하여 말하고 있다. 여기에서는 '신령한 사람' (*πνευματικος*; 15절)과 '육에 속한 사람' (*ψυχικος*; 14절)으로 구분하고 있다. '신령한 사람' 이라는 말은 '성령에 속한 사람' 이라는 의미로서 "우리가 세상의 영을 받지 않고 오직 하나님께로 온 영을 받았으니 이는 우리로 하여금 하나님께서 우리에게 은혜로 주신 것들을 알게 하려 하심이라 우리가 이것을 말하거니와 사람의 지혜의 가르친 말로 하지 않고 오직 성령의 가르치신 것으로 하니 신령한 일은 신령한 것으로 분별하느니라 육에 속한 사람은 하나님의 성령의 일을 받지 아니하나니 저희에게는 미련하게 보임이요 또 깨닫지도 못하나니 이런 일은 영적으로라야 분변함이니라"(고전 2:12-14)는 말씀처럼 하나님의 영으로 난 사람을 가리키고 있다.

신령한 사람은 성령으로 말미암아 하나님의 깊은 지식까지도 알 수 있는 사람으로서(10절) 12절에 나타난 "하나님께서 우리에게 은혜로 주신 것"을 아는 지혜를 가진 사람이다. 이 지혜란 구원의 도리를 알게 하는 것으로서 그것은 곧 성경을 이해하는 능력을 가리킨다. 그래서 '신령한 사람' 은 사람의 지혜로서가 아니라 오직 성령으로 말미암아 신령한 일 곧 구원의 도리를 분별하여 알고 구원의 완성에 이르게 된다.

반면에 14절에 나오는 '육에 속한 사람' 은 이러한 구원의 일을 알지 못하고 하나님의 일 곧 성령의 일을 전혀 받지 아니하는 사람이다. 그들에게는 구원의 진리가 미련하게만 보이기 때문이다. 그런데 여기 '육에 속한 사람' 을 가리키는 푸쉬키코스(*ψυχικος*)라는 말은 일반적으로 정신적인 활동을 하는 것을 의미한다. 그러므로 이 단어는 세상에 사는 모든 사람들을 가리키는데 이들은 성령님의 일을 알지 못한다고 성경은 말한다. 비록 정신적인 활동을 하고 고상한 인격을 발휘한다 할지라도 성령님으로부터 나오는 일은 그러한 정신적인 활동을 통해서는 알 수 없기 때문이다. 성령님의 일은 오직 성령님께 속한 사람만 알 수 있다.

한편 고린도전서 3장 1절의 '육신에 속한 사람'(σαρκινοις)은 '육에 속한 사람'과 전혀 다른 사람이다. 이 사람은 성령님이 내주하시지만 그럼에도 불구하고 여전히 육신의 습관에서 벗어나지 못한 사람을 가리킨다. 그러므로 '신령한 사람'은 성령님께 속하여 영의 인도를 받아 하나님의 구원의 도리를 따라 사는 사람을 가리키고, '육신에 속한 사람'은 성령님께 완전히 속해 있지 못하고 아직도 세상적인 지혜와 방법을 모색하고 있는 사람을 가리킨다. 이 둘은 공통적으로 성령님이 내주하신다. 그러나 이들과는 달리 '육에 속한 사람'은 그 안에 성령님이 계시지 않는다. 이것이 근본적인 차이점이다.

2) 영적 기능 가지고 있는 '새 사람'

그러므로 성경이 말할 때 '생명이 있다'라든지 '산 자'라고 할 때는 그 안에 성령님이 계시는 것이고, 반면에 '죽은 자'라고 할 때는 그 안에 성령님이 계시지 않는 것을 말한다. 성령님이 계시되 충분히 그 안에서 장성한 사람을 '신령한 사람'이라 하고 그렇지 못한 사람을 '육신에 속한 사람'이라고 구분한다.

여기에서 '장성했다'는 말은 각각의 분량에 알맞게 자란 것을 의미한다. 다섯 살짜리는 다섯 살짜리답게, 열 살짜리 스무 살짜리는 각각 그에 걸맞게 자라 성숙한 것을 말한다. 즉 자기의 신앙이 충분히 그 정도에 알맞게 장성하여 그 안에서 신앙의 인격이 발휘되고 그에 합당한 범위 내에서 성령님의 인도를 받는 사람을 '신령한 사람'이라 하고, 그렇지 못하여 오랫동안 복음을 받았음에도 불구하고 아직도 어린 사람을

'육신에 속한 사람' 이라 한다.

중요한 것은 '육에 속한 사람' 은 도무지 신령한 일을 알지 못한다는 것이다. 그렇다고 해서 그들에게 인격이 없는 것은 아니다. 그들 역시 사람으로서 인격과 이성을 가지고 있어서 생각도 하고 판단도 한다. 그러나 그들이 가지는 삶의 바탕이 하나님의 나라와는 원수편에 있기 때문에 도무지 하나님의 일을 이해할 수 없다. 성경은 아예 하나님의 일을 이해할 수 있는 기능이 상실되어 있다는 점에서 그들을 가리켜 '죽은 자' 라고 말한다.

한편 하나님의 백성에게는 그들과 전혀 다른 기능이 있다. 곧 성령님이 그 안에 내주하심으로써 그때부터 영혼의 기능에 변개가 발생하게 된다. 전에는 하나님의 일을 들으면 도무지 믿어지지 않고 의심이 생기던 일들이 이제는 신비하게도 이해가 되기 시작한다. 예수께서 동정녀에게서 탄생하셨다는 것은 세상의 논리로는 도저히 이해가 되지 않는 사건이다. 그러나 성령님이 그 안에서 역사를 시작하면서부터는 예수 그리스도의 동정녀 탄생의 필연성을 이해하게 된다. 또한 예수께서 구원을 성취하기 위해 십자가에서 돌아가시고 부활하셔야 한다는 역사적인 하나님의 요구에 대한 깨달음이 발생한다.

이런 일이 바로 영혼의 변개이다. 이전에는 그런 영혼의 기능이 없었다. 그래서 하나님이 존재한다는 사실도 인정할 수 없었고, 하나님 나라에 대한 개념을 상상조차 할 수 없었다. 그런데 이제 점차 그러한 일들에 대해 알아져 가기 시작한다. 이제는 영혼의 기능이 정상적으로 발휘하게 되었다. 바로 이것을 가리켜 하나님의 백성다운 인격을 소유하였다고 하며 또 다른 말로 한다면 신격神格을 가진 사람이라고 한다. 더 나아가 이런 사람이 영혼의 기능을 발휘해서 하나님의 나라를 이해하게 되고 하나님의 일을 행사하게 된다. 바로 이 사람을 가리켜 '산 자' 라고 한다.

이렇게 해서 새 사람으로 태어났다고 한다면 이제부터는 그 새 사람은 영적인 기능이 발휘되기 시작한다. 그 영적인 기능으로 제일 먼저 세상을 바라보는 안목을 갖추게 된다. 지금까지는 우리가 가진 판단력 자체가 세상에 속해 있었던 까닭에 그 안에서 세상을 본다는 것이 마치 우물 속의 개구리 같았다. 그렇게 좁은 식견으로 세상이 좋다느니 틀렸다느니 하면서 자기 나름대로 판단을 해왔었다.

이제는 우리가 새 사람이 되어 새로운 판단력을 가지고 세상을 바로 보게 되었으므로 세상에 대한 새로운 가치 평가를 하게 된다. 그리고 나서 과연 내가 이 세상에서 살아갈 능력이 있는가를 면밀히 살피는 일이 정상한 신자에게는 자연히 나타나게 된다. 즉 새 사람으로서 이 땅에 살아가는데 장애 요소는 없는가 살펴야 한다. 무턱대고 '나는 성령에 속한 사람이고 구원을 받은 사람이니까 이제부터는 능력을 발휘하며 세상을 이기고 살 수 있으리라' 생각하고 섣불리 세상을 향하여 소리치고 산다 해도 나에게는 그럴 만한 능력이 나타날 리가 없다.

오히려 그동안 세상 안에 있을 때는 의식하지 못했던 많은 문제들이 신자를 위협하는 요소들로 부각된다. 신자는 이 세상이 깜깜하고 어두워서 보통 지혜를 가지고서는 살 수 없는 세상인 것을 알게 된다. 그 안에 있을 때는 그저 다 그렇게 살아가니까 사는 것이 다 그럴 것이라고 여겼던 것들이 이제 눈을 바로 뜨고 보니까 엄청난 위험이 도처에 깔려 있다는 사실을 느끼게 된다.

그중에서도 두렵고 위협적인 것이 바로 '죄' 이다. 이 세상이 왜 그처럼 어둡고 두려운 세상인가라는 의문에 대해 세상은 죄가 관영하는 곳이고 악이 가득한 곳이어서 도저히 이 세상에서 쉽게 살아 갈 수 없다는 것을 깨닫게 된다. 그래서 진실로 영혼의 눈을 뜬 사람은 세상에서 살아가는 것이 어려운 일임을 알게 된다. 단순히 생존의 위협을 느껴서가 아니다. 도처에 죄와 악이 도사리고 있기 때문에 그런 두려움을 느끼게 된다. 이것이 '새 사람' 이 먼저 느끼는 삶의 위협이다.

그것은 마치 신생아가 산모의 태에서 나와 세상에 직면할 때 먼저 생존의 위협을 느끼는 것과 같다. 신생아가 이 세상에 태어나면서부터 세상이 참으로 살기에 좋고 아름답다고 느끼는 일은 없다. 어머니 태중에 있을 때는 모든 조건이 알맞아 안온하고 포근하고 따스해 생존의 위협을 느끼지 못했는데 세상에 나오자마자 모든 조건이 달라지고 가만히 있으면 죽을지 모른다는 위협을 느끼게 된다. 즉 당장에 죽느냐 사느냐 하는 문제에 부딪히게 된다.

그래서 신생아는 태어나면서부터 본능적으로 울게 되어 있다. 울어야 부모가 그 아이를 보살피고 먹을 것을 준다든지 평온하게 감싸준다든지 한다. 그러므로 그 아이가 처음에 세상에 태어나면서 할 일은 이제 자기가 할 일 많은 세상에 태어났으니까 웅지의 뜻을 펴고 그 기상을 드러내는 것부터 시작하는 것이 아니다. 먼저 어머니의 보살핌을 받으며 젖을 먹는 일부터 해야 한다. 자기 혼자 세상을 이기고 자기의 이름을 드러내겠다고 하는 것이 아니다. 먼저는 누구에게든지 자신을 의탁하고 그 보호를 받아 자라나서 일정한 교육 과정을 마친 후에 자기의 적성에 맞는 일을 찾아 살아가도록 되어 있다.

3) 영적 기능 있어야 헌신할 수 있어

그와 마찬가지로 성령으로 말미암아 새롭게 태어난 사람은 내가 이 세상에서 무엇을 어떻게 잘 해보겠다는 것보다는 오히려 자기의 능력으로는 도무지 한 발자국도 나갈 수 없다는 것을 각성하게 된다. 이제 산 사람이 되었으니까 마땅히 산 사람으로서 전진을 해야 한다. 하지만 죄와 악으로 가득 찬 이 세상에서 도무지 전진할 길도 찾을 수 없고 설령 길이 보이는 것 같을지라도 도저히 자기의 능력으로는 한 걸음도 나갈 수 없다는 것부터 알아야 한다. 그래서 우리 영혼의 기능이 발휘되기 시작하면 자연히 우리 자신을 하나님께 맡기지 않으면 안되겠다 하는 것부터 알게 된다.

실제로 하나님께서는 인간을 창조하실 때 인간이 하나님을 떠나 살 수 없게 하셨다. 하나님을 떠나서 인간이 자기 마음대로 살도록 되어 있지 않다. 하나님은 시간과 공간의 제약을 받지 않으시지만 인간은 누구나 시간과 공간의 제약을 받도록 창조하셨다. 그래서 인간은 피조물로서 당연히 시간과 공간의 제약 안에서 삶의 위협을 받으며 살도록 되어 있고 그러한 삶의 위협을 느끼기 때문에 영혼의 기능을 발휘하여 하나님을 전적으로 의지해야만 살아갈 길이 보이게 되어 있다.

이렇게 하나님을 알고 그분에게 전적으로 의존할 수 있는 의지적인 능력은 인간에게만 주어졌다. 이 영혼의 기능이 정상적으로 발휘될 때 제일 먼저 하나님께 자신을 맡기게 된다. 이것은 중생한 자가 최초로 내리는 영적인 결단이다. 바로 이것을 가리켜 '헌신'(παριστημι)이라고 한다. 그러므로 헌신은 새 생명을 가진 자가 자신을 하나님께 드리는 최초의 모습이다. 이러한 의미에서 헌신은 일생에 자주 있는 것이 아니다. 중생할 때 한 번 하게 된다. 내 영혼이 중생했을 때 제일 먼저 '나를 하나님께 드리지 않으면 안 되겠다' 하는 결단으로 헌신을 하게 된다.

3. 적극적으로 하나님의 뜻을 추구하는 헌신한 성도

이처럼 하나님께 헌신을 하고 난 뒤에는 의당히 하나님께서 나를 이 땅에 보내신 목적이 무엇인가를 생각해야 한다. 그리고 이렇게 이 세상에서 도저히 스스로 살아갈 수 없다는 것을 깨달아 하나님께 온전히 의탁하고 드리는 일이 있은 후에는 더이상 생존에 대한, 즉 무엇을 먹고 살 것인가에 대한 염려를 버리고 이제는 적극적으로 하나님을 위하여 무엇을 할 것인가에 전심을 쏟아야 한다.

그럴 때 비로소 내 생명만을 위해 살지 않고 '하나님께서 나를 이 세상에 보내신 목적이 무엇인가?'를 생각하게 된다. 그래서 이제부터는 그냥 되는 대로 살아가는 것이 아니라 무언가 하나님의 계획 가운데서 주장되어지는 내 존재의 의미를 자꾸 발견해 나가는 것에서부터 삶의 의미를 두기 시작한다. 바로 이것이 신자의 거룩한 자태이다.

반면에 한 번 하나님께 나를 맡겼다고 해서 "하나님! 하나님께 전적으로 의뢰합니다. 그러니 이제부터는 하나님께서 알아서 제 삶을 경영해 주십시오!" 하고 가만히 있다면 그런 사람은 죽은 것과 별반 다를 것이 없다. 어린아이가 말은 못하지만 목청을 높여 울기 시작하면 어머니가 젖을 그 입에 물려준다. 그러나 이 아이가 어머니의 젖을 자꾸 먹어서 얼마만큼 자라게 되면 우는 것으로가 아니라 말로써 자신의 의사를 표시할 줄 알고 점점 그 의사의 내용도 달라진다.

그래서 철이 들면 이제는 부모를 위해 자기가 무엇인가를 해야겠다고 결심도 하게 된다. 이때 일방적으로 자기 마음대로 결정하는 것이 아니다. 부모님께서 무엇을 기뻐하시는가를 알아보고 그 기뻐하시는 일을 함으로써 부모의 은덕을 갚아 나가야 한다. 그리고 더 장성하면 이제는 사회를 위해 무언가 유익한 일을 하려 하고 좀더 넓게 생각하는 사람은 인류를 위해 어떤 공헌을 하고자 한다. 이처럼 생각이 자꾸 발전되어 나가게 된다.

우리가 하나님 앞에서 산다고 한다면 그 말은 우리가 이제는 새로운 영적인 기능을 갖게 되었다는 의미이다. 그리하여 그 다음부터는 '하나님을 위하여 무엇을 하고 살 것인가?' 를 생각하게 되고 그 문제를 해결하기 위하여 이제는 자연스럽게 '과연 내 존재의 의미는 무엇인가?' 를 바로 알아 가게 된다.

1) 자신의 가치 파악

그래서 이제부터는 "하나님! 하나님께 저 자신을 전적으로 다 맡겨드

렸으니 이제는 뭔가 하나님께서 저를 이 땅에 보내신 그 목표를 위해서 살아야 합니다. 그러므로 하나님께서 이제 제 앞길을 보여주시옵소서!" 하고 자기 자신을 하나님께서 인도해 주실 것을 의뢰해야 한다. 그러기 위해서 한 가지 점검해야 할 것이 있다. 곧 자기 자신의 가치를 확인하는 일이다. 과연 하나님께서 나를 받아 하나님의 나라를 건설하기 위하여 쓰실 것인가 하는 것과 이것을 바탕으로 내가 하나님의 인도를 받을 만한 위치에 있는가 하는 확인을 해야 한다. 그래서 나는 어느 정도의 역량을 가졌는지에 대한 의식이 있어야만 한다.

바꿔 말하면 아무짝에도 쓸모없는 사람을 하나님께서 아쉬워하며 "너는 나의 백성이니 나를 위해 이런 일을 해다오" 하시지는 않는다. 하나님께서 사람을 쓰실 때는 그만한 가치가 있는 사람을 쓰신다. 따라서 나는 어느 방면에서 하나님의 나라에 쓰임을 받을 수 있는가를 곰곰히 따져 보아야 한다. 그런 점검도 없이 무조건 하나님께서 나를 쓰시라고 내어맡긴다는 것은 무례한 일이기도 하다. 적어도 어느 분야에서라도 준비가 잘 되어 있고 최소한의 기량이 갖추어져야 쓰임을 받을 수 있다. 바로 이런 점을 우리가 주의해야 한다.

여기에서 우리가 하나님의 인도를 받을 때는 상당한 법칙이 있음을 알게 된다. 곧 상당한 분량의 기능이 잘 연마되어야 하나님의 나라를 위해 쓰임을 받는다는 원칙을 근거로 한다면 나에게 주어진 환경이 어떠하며 남달리 소유하고 있는 재능이 무엇인가를 안다는 것이 중요하다. 자기의 주변 여건이 단지 농사짓는 것임에도 불구하고 자기만은 위대한 과학자가 되어야겠다고 하는 생각은 상당히 이상적인 꿈은 될 수 있으나 실현 가능성은 희박하다.

왜냐하면 과학자가 되기 위해서는 적어도 어렸을 때부터 그 방면에 대하여 접촉이 잦아서 상당한 식견을 갖추고 있어야 하기 때문이다. 무엇보다도 먼저 과연 자기 자신이 학문을 할 만한 조건을 고루 만족시키고 있어야 한다. 학문에 대해서는 관심도 없고 책 읽는 것과 연구하는 것에 대하여 흥미도 없는 사람이 과학자가 되겠다고 나선다는 것은 무리한 일이 아닐 수 없다.

그러므로 나에게 주어진 환경과 조건 그리고 어느 방면에 소질이 있어 흥미를 가지고 있는가를 잘 아는 것은 내가 하나님을 위하여 어떻게 살아야 할 것인가를 판단하는 데 반드시 선행되어져야 한다. 또한 우리가 그렇게 살고자 할 때는 나의 생애 전체를 드려야 한다. 나의 어느 한 부분을 드리는 것이 아니라는 점을 먼저 생각해야 한다. "하나님, 저의 머리만 쓰시옵소서" 한다든지, 아니면 "제 발만, 손만 쓰시옵소서" 하지는 않는다. '드린다'(παριστημι)는 말은 전 인격을 하나님께서 쓰실 수 있도록 내어놓는다display는 의미로 헌신에 있어서 중요한 개념이다.

헌신이라는 말속에는 '하나님께서 언제든지 쓰실 수 있도록 나 자신을 잘 준비해 놓는다'는 의미가 강하게 내포되어 있다. 그러므로 우리를 하나님께 드릴 때는 잘 준비해서 드려야지, 헌신한다고 해서 무조건 '마음대로 쓰십시오' 하는 것은 오히려 실례가 된다. 자기 자신을 잘 분별하고 정제精製해 놓음으로써 쓰시고 싶을 때 쓰실 수 있도록 해야 한다. 이렇게 해야만 우리 전체를 온전히 하나님께 드리게 된다.

2) 헌신을 표시하는 '헌상'

헌신을 표상하는 것 중에 대표적인 것이 예배의 순서 중에 있는 헌상offertorium이다. '나를 하나님께 드린다'는 것이 우리 삶의 기본이 된다. 바로 헌상이 그것을 대표한다는 점에서 우리는 새로운 주의를 기울여야 한다. 나의 모든 생명을 하나님께 드린다는 마음으로 헌상을 해야 한다. 그런 까닭에 예배의 순서 중에서 헌상의 시간을 중심 부분에 두는 것이다. 요즘에는 예배 순서가 교회에 따라 달라졌기 때문에 헌상의 시간이 예배의 중심에 있지 않는 경우가 많아졌다. 헌상의 의미를 새겨 본다면 당연히 예배의 중심에 와 있어야 하는 것이 옳다.

특히 구약에서 제사를 드리는 정신을 보면 더욱 확실하게 나타난다. 제사의 정신에는 크게 세 가지로 나타난다. 그 첫째가 하나님 앞에서의 속죄 의식이다. 그래서 제일 먼저 하나님께 속죄제를 드리도록 하였다. 속죄제를 드린 후 두 번째로 속건제를 드린다. 속건제는 죄사함을 받은 성도가 자신을 하나님께 드린다는 의미를 가지고 있다. 그리고 난 후 세 번째로 화목제를 드린다. 하나님께 드려진 사람이 이제 하나님과 거룩한 교통을 나누는 것을 상징한다. 이처럼 제사에는 세 가지의 정신이 담겨 있다. 그 세 가지가 모두 독자적인 의미를 가지고 있지만 그중에서도 제사의 중심을 이루는 부분은 하나님께 헌신하는 것을 상징하는 속건제라고 할 수 있다.

그래서 개혁교회에서 예배를 진행할 때는 이미 그리스도의 십자가의 공효로 속죄함을 입은 성도들이 모여 하나님의 영광을 드러내는 기도와 찬양을 드리고 예배의 중심에 헌상을 하고 난 후 강설을 통하여 하나님의 말씀을 듣고 교통하는 시간을 가진다.

그러므로 그 각각이 광범위하고 독특한 의미를 가지고 있지만 그리스도의 십자가는 마치 속죄제와 같은 위치에 있고, 헌상은 속건제 그리고 강설은 화목제와 같은 위치에 있음을 예배의 순서에서 상징하고 있다. 따라서 필연적으로 예배에 있어서 헌상의 순서가 강설의 순서보다 앞에 있어야 한다. 이렇듯 헌상은 우리 모든 삶의 중앙에 위치하고 있어야 한다. 자신을 하나님께 드리지 않는다는 것은 곧 하나님을 반역하는 것과 같다.

3) 인생의 궁극적인 목표

이렇게 해서 우리가 하나님께 드려짐이 확인되면 그 다음에는 적극적으로 하나님 나라를 추구해 나가야 한다. 또한 여기에서만이 우리의 존재 의미를 발견하게 된다. 그러므로 의당히 우리가 새 사람으로 태어나서 하나님께 헌신을 하고 나면 이제는 하나님께서 나를 이 땅에 보내신 목적을 향해 전진해 나가야 한다. 그것이 바로 하나님 나라를 힘써 추구해 나가는 모습이다.

인생의 궁극적인 목적이란 하나님께서 계획하고 경영하시는 하나님 나라의 충일한 영광을 이 땅에 드러내는 것이라고 여러 번 말씀드린 바 있다. 그런 하나님 나라를 이 땅에 구현하기 위해 지상에 세워진 기관이 바로 교회라는 것도 누차 강조해 왔다. 즉 하나님께서 경영하고 계획하시는 충만한 영광은 장차 천국에 가서 완전하게 나타나게 된다. 하지만 그것이 이 땅에서 교회를 통해 증시되어야 한다.

따라서 교회가 지금 이 땅에서 하나님의 통치의 영광을 충분하게 드러내지 않는다면 하나님께서 교회를 세우신 본의를 상실한 것과 같다. 즉 우리가 하나님 나라를 적극적으로 추구해 나간다고 하는 일이 지상에서는 하나님의 영광을 구현해 나가는 교회를 세우는 일이다.

다시 말하면 우리가 하나님 나라의 사상을 가지게 되고 그 나라를 구현해 나가는 데 있어서 하나님께서는 교회를 통하여 확인하게 하신다. 그런 확인도 없이 무조건 하나님의 영광을 위해 살겠다고 하는 것은 잘못이다. 그러므로 교회 그 자체가 하나님 나라의 영광된 현현이며 하나님 나라의 표상이다. 따라서 우리가 하나님을 위해 살겠다고 할 때 그것은 제일 먼저 교회적인 삶으로부터 시작되어야 한다.

4) 교회의 회원으로서 헌신한 성도

교회는 헌신된 성도들이 그 궁극적인 삶의 목적을 위해 서로 합력하여 세워나가는 하나님 나라이다. 즉 자기 자신을 하나님께 드리려고 결정한 사람들이 궁극적인 인생의 목표를 잘 표현해 낼 수 있는 제도로서 교회가 이 땅에 존재하게 된다. 따라서 성도들로서 정당한 삶을 살기 위한 유일한 터전이 곧 교회이다. 이 교회라는 삶을 통해야만 비로소 성화가 가능하다. 성화가 가능하다는 것은 점차적으로 장성해서 마침내 완전한 구원 곧 영원한 생명에 이르게 된다는 것을 의미한다.

그러므로 교회가 없다는 것은 우리에게 구원이 없다는 것과 같다. 그런 의미에서 이 교회의 삶을 통하여 곧 교회의 제도를 통하여 우리가 하나님께 영광을 돌리는 최고의 모습이 바로 예배이다. 예배는 우리의 본질의 가치를 아름답게 하나님께 드리는 최상의 제도이다. 따라서 교회야말로 우리의 생명의 가치를 완전하게 발현할 수 있는 유일한 터전이라고 말할 수 있다.

이 땅에 많은 교회가 있는 것처럼 보일지라도 참된 교회가 드물다는 것은 그만큼 이 시대가 어둡고 암담하다는 표시이다. 참으로 하나님께서 인정하실 만한 교회가 없고, 하나님 나라를 드러낼 만한 그런 교회가 없다는 것은 이 시대가 그만큼 암울하다는 것이고 빛이 없다는 증거이다. 구원의 소망이 없다는 것을 말한다. 이것이 바로 하나님이 내리시는 심판의 한 양상이기도 하다. 내가 구원을 받았다는 것을 누가 증명해 주어야 하느냐 하면 바로 교회가 보증해 주어야 한다. 구원의 유일한 터전으로서 교회가 없다는 것은 참으로 암담한 일이 아닐 수 없다. 어디로부터 구원을 얻어야 할지 도무지 확인할 수 없다.

때문에 우리가 하나님께 드려진 사람, 즉 헌신된 사람이라면 그런 사람들끼리 제일 먼저 이루어야 할 것이 바로 교회이다. 이처럼 우리 일생에 있어서 의미를 두고 가치를 부여할 일은 하나님께서 인정하시는 교회, 적어도 하나님 나라를 우리 삶 가운데서 구체적으로 구현할 수 있는 교회를 먼저 세우는 일이다. 이것이 우리에게 요청되는 최우선의 과제이다. 우리가 그런 일을 등한시하고 모여서 무슨 일을 한다는 것은 사람들이 만든 친목회는 될지 모르지만 그런 것은 구원을 이루는 것과는 아무런 상관이 없다.

그러므로 먼저 교회다운 교회를 세워야 한다. 그것은 하나님 나라를 방불케 할 정도의 교회여야 한다. 요컨대 교회는 우리의 구원의 보증이 되기 때문이다.

4. 인생의 가치와 목표

지금까지의 이야기를 정리해 볼 때 참으로 하나님께 헌신한 정도라면 먼저 그 안에서 '내 인생의 가치와 목표가 무엇인가'를 아는 것이 중요하며 그 인생의 궁극적인 목적이란 곧 하나님 나라를 적극적으로 추진해 나가는 일임을 살펴보았다. 그리하여 이제는 내 삶을 통해 하나님의 나라를 적극적으로 세워 나가야 하기 때문에 하나님 나라의 터전이 되고 밑바탕이 되며 원동력이 되는 교회가 무엇보다도 먼저 있어야 한다.

그러므로 중생한 성도에게는 먼저 교회를 이루는 것이 최우선적인 과제가 된다. 교회가 있어야 하나님께 예배를 드리며 헌상도 하고 교통도 하는 것이다. 하나님께서 세우신 이러한 은혜의 제도를 무시하고 자기 혼자 마음대로 예배를 드릴 수는 없다. 때문에 적어도 우리에게 교회가 있다는 것부터가 구원의 소망이요 증표가 된다. 또한 이 교회를 통하여 점차 생명력을 공급받고 장성하여 마침내 구원의 완성에 도달하게 된다. 이 점을 생각할 때 우리는 모든 열심을 다하여 무엇보다도 교회를 세우는 일에 최선을 다해야 한다.

이 땅에 교회가 없어서가 아니다. 많은 교회가 있는 것처럼 보일지라도 과연 그 교회들이 이러한 각성을 하고 하나님의 나라를 구현하며 하나님의 영광을 드러내고 그 백성에게 참된 생명의 터전이 되느냐고 물었을 때 그리 쉽게 장담할 수 없다는 것이 우리의 현실이요 가슴 아픈 일이다. 때문에 우리에게는 이러한 교회가 필요하다. 이런 교회를 근거로 해서 참된 삶을 꾸려나가고 새 생명력을 발휘하는 정상적인 삶을 경영해 나갈 때 그 교회를 통하여 하나님께서 우리를 인도하시고 도우시고 보호하시는 크나큰 은혜를 체험해 나갈 수 있다. 바로 거기에서 구원의 확신을 얻는다. 이런 의미에서 우리 인생의 참된 터전이 될 교회를 우리 시대에 힘써 세워나가야 한다.

기도

하나님! 무엇보다도 인생의 참된 삶의 소망이 하나님께 있으며 그것을 잘 드러낼 수 있는 곳이 하나님 나라인 줄 압니다. 하나님께서는 그러한 하나님 나라의 한 모습으로서 이 땅에 교회를 세우셨고 이제 이 교회를 통해 하나님께서 우리에게 은혜를 주신 것을 알게 하시고, 하나님 나라의 그 일을 깨닫게 하셔서 장차 구원의 완성에 이를 것을 기뻐하옵나이다. 때문에 우리에게는 참된 생명력을 공급해 줄 수 있는 교회가 소중하옵니다. 또 이러한 일을 이루시는 것이 곧 성령께서 하시는 일인 줄을 우리가 아옵나이다.

하오니 주여! 주의 성령께서 우리를 주장하시고 교회를 주장하셔서 무엇보다도 하나님 나라를 나타내고 하나님의 그 역사를 증험할 수 있는 그런 교회로서 우리를 엮어주시옵소서. 그래서 서로를 사랑하되 하나님 나라의 참된 모습을 서로 맛볼 수 있고 즐길 수 있는 그러한 교회로 성장케 하옵소서.

주 예수 그리스도의 이름으로 기도하옵나이다. 아멘.

Ⅲ. 교회의 사명

에베소서 3장 1-21절

1 이러하므로 그리스도 예수의 일로 너희 이방을 위하여 갇힌 자 된 나 바울은
2 너희를 위하여 내게 주신 하나님의 그 은혜의 경륜을 너희가 들었을 터이라
3 곧 계시로 내게 비밀을 알게 하신 것은 내가 이미 대강 기록함과 같으니
4 이것을 읽으면 그리스도의 비밀을 내가 깨달은 것을 너희가 알 수 있으리라
5 이제 그의 거룩한 사도들과 선지자들에게 성령으로 나타내신 것같이 다른 세대에서는 사람의 아들들에게 알게 하지 아니하셨으니
6 이는 이방인들이 복음으로 말미암아 그리스도 예수 안에서 함께 후사가 되고 함께 지체가 되고 함께 약속에 참예하는 자가 됨이라
7 이 복음을 위하여 그의 능력이 역사하시는 대로 내게 주신 하나님의 은혜의 선물을 따라 내가 일꾼이 되었노라
8 모든 성도 중에 지극히 작은 자보다 더 작은 나에게 이 은혜를 주신 것은 측량할 수 없는 그리스도의 풍성을 이방인에게 전하게 하시고
9 영원부터 만물을 창조하신 하나님 속에 감취었던 비밀의 경륜이 어떠한 것을 드러내게 하려 하심이라
10 이는 이제 교회로 말미암아 하늘에서 정사와 권세들에게 하나님의 각종 지혜를 알게 하려 하심이니
11 곧 영원부터 우리 주 그리스도 예수 안에서 예정하신 뜻대로 하신 것이라
12 우리가 그 안에서 그를 믿음으로 말미암아 담대함과 하나님께 당당히 나아감을 얻느니라
13 그러므로 너희에게 구하노니 너희를 위한 나의 여러 환난에 대하여 낙심치 말라 이는 너희의 영광이니라
14 이러하므로 내가 하늘과 땅에 있는 각 족속에게
15 이름을 주신 아버지 앞에 무릎을 꿇고 비노니
16 그 영광의 풍성을 따라 그의 성령으로 말미암아 너희 속 사람을 능력으로 강건하게 하옵시며
17 믿음으로 말미암아 그리스도께서 너희 마음에 계시게 하옵시고 너희가 사랑 가운데서 뿌리가 박히고 터가 굳어져서
18 능히 모든 성도와 함께 지식에 넘치는 그리스도의 사랑을 알아
19 그 넓이와 길이와 높이와 깊이가 어떠함을 깨달아 하나님의 모든 충만하신 것으로 너희에게 충만하게 하시기를 구하노라

20 우리 가운데서 역사하시는 능력대로 우리의 온갖 구하는 것이나 생각하는 것에 더 넘치도록
능히 하실 이에게
21 교회 안에서와 그리스도 예수 안에서 영광이 대대로 영원 무궁하기를 원하노라 아멘

개혁교회론 - 교회와 사명
제2부 I 교회의 사명의식

Ⅲ. 교회의 사명

엡 3:1-21

1. 시대적 사명을 각성해야 하는 교회

우리는 로마서 6장을 상고하는 중에 이 땅에 존재하는 교회는 각 성도가 정당한 삶을 살도록 하기 위한 유일한 터전으로서 의미를 가지고 있음을 살펴보았다. 그러기 위해 각 성도는 하나님 나라의 궁극적인 현현을 위해 살아야 하고 하나님께서 경영하고 계획하시는 하나님 나라의 충분한 영광을 이 땅에 드러내야 한다. 바로 교회가 이러한 성도의 본연의 가치를 충분하게 발휘할 수 있도록 도와주는 터전이 된다.

때문에 이러한 교회를 이 땅에 세우는 일이야말로 지금 우리 시대에 있어서 중요한 시대적 요청이자 사명이라고 말할 수 있다. 그래서 여기에서는 시대적 사명에 대해서 같이 생각해 보고자 한다.

먼저 교회가 시대적인 사명을 판단하기 위한 근거를 찾아야 한다. 이것은 각 교회가 나름대로 정해 놓고 나가는 것보다는 좀더 명확한 근거를 제시하고 이 시대의 상황에 대처하는 것이 훨씬 객관적이기 때문이다. 한편 교회가 그러한 각성을 하기 위해서는 무엇보다도 각 시대마다 나타나는 하나님의 경영하심을 아는 것이 중요하다. 그래서 먼저 교회가 유형적으로 발생하게 된 초창기의 시대적 사명에 대한 하나님의 경륜이 어떠한 것인가를 아는 것은 교회가 마땅히 추구해야 할 원초적인 사명이 무엇인가를 아는 데에 도움이 된다.

1) 사명 각성 위해 알아야 할 하나님의 경륜

바로 이 은혜의 경륜에 따라 초대교회가 이 땅 위에 세워지게 되었음에 우리는 깊은 관심을 가져야 한다. 교회가 탄생하게 된 근본적인 목적에 대해 에베소서 1-2장에서 이미 바울이 밝힌 것처럼 '하나님께서 만세 전에 택하신 성도들을 예수 그리스도의 피 공로로 부르시어 그들로 하여금 구원에 이르게 하고 하나님의 영광을 찬미하게 하기 위해 세워진 것' 이라고 명확하게 말할 수 있다.

이 교회는 하나님의 은혜의 경륜 곧 예수 그리스도의 십자가 보혈을 근거로 해서 서게 된다. 거기에는 하나님의 깊으신 의도가 숨겨 있다. 곧 "이는 이방인들이 복음으로 말미암아 그리스도 예수 안에서 함께 후사가 되고 함께 지체가 되고 함께 약속에 참예하는 자가 됨이라"(엡 3:6)는 말씀처럼 예수 그리스도께서 십자가에 못박혀 죽으심으로 그 보혈로 구속하시어 마침내 교회를 세울 수 있도록 기초를 만들어 주셨다.

이렇게 함으로써 여기에서 '함께' 라고 표현되고 있는 당사자인 이방인과 유대인들이 마침내 한 몸을 이루어 교회를 세우게 되었는데 이것이 초대교회의 커다란 특징이다. 그동안에는 이방인들을 제외하고 유대인들만이 가지고 있는 율법에 근거하여 민족 중심적인 교회를 이루고 있었다.

이 공동체를 구약 교회라고는 하지만 아직은 공식적으로 교회라고는 불리지 않았다. 그때까지는 유대 사회로서 단일 국가 체제를 이루고 있었기에 굳이 교회라고 불리지는 않았다. 그러나 하나님의 경륜은 언제까지나 유대 공동체라는 단일 민족을 바탕으로 하나님 나라를 세워나가는 것이 아니었다. 오히려 예수 그리스도의 십자가 사건 이후부터는 전 세계 민족이 참여하는 우주적인 교회 공동체 건설을 바라셨다.

2. 교회의 특성

여기에서 우리는 교회의 특성을 몇 가지 찾아볼 수 있다.

첫째, 교회의 거룩성

교회는 세상 속에서 구별되어 그리스도의 속죄의 공로에 힘입어 선택되어진 성도들의 총 수數라는 점에서 거룩하다. 따라서 교회는 세상의 부패와 죄의 오염으로부터 구별되고 하나님께 대한 반역과 반신국적인 사상에서 탈피하여 순수한 신앙을 고백해야 한다. 이런 면에서 또한 교회는 순결해야 하기 때문에 교회의 거룩성은 교회의 순결성이라고도 한다.

둘째, 교회의 통일성

교회는 예수 그리스도의 복음에 근거하여 지상에 세워진 유일한 구원의 기관이다. 이 말은 교회가 세상을 구원하기 위해 존재한다는 의미는 아니다. 오히려 세상으로부터 구별된 성도들의 집합이 교회이기 때문에 교회는 구원받은 성도들이 각자의 본분을 확인하고 그 본연의 위치와 역할을 온전하게 발휘할 수 있도록 하는 점에서 유일한 구원의 기관이라고 한다.

이런 점에서 교회는 사상적으로 그리스도의 복음에 입각하여 통일을 이루고 있다. 그 결과 어느 시대든지 어느 곳에서든지 모든 교회는 하나의 복음을 그 생명력으로 가지고 있다. 이 생명력은 예수 그리스도 뿐만 아니라 아담 이후로부터 지속되어 온 것이기에 창세 이래 모든 교회는 하나로 통일되어 있음을 알 수 있다. 곧 하나님 나라의 건설과 그 능력의 발현이라는 점에서 역사적으로 전 세계의 교회는 하나이다.

셋째, 교회의 보편성

이 세상에 존재하는 어느 교회든지 그리고 어느 성도든지 그리스도의 몸을 이루고 있는 한 지체이다. (물론 이 말은 현존하는 모든 유형 교회와 그 교회의 회원을 말하는 것이 아니다. 하나님으로 말미암아 세워지고 부르심을 받은 진정한 교회와 성도를 지칭한다.) 이런 면에서 한 시대의 교회는 보편적인 모습을 갖게 된다.

곧 어느 교회든지 어느 한 시대에 있어서 교회가 추구하고 나타내는 하나님 나라적인 모습에 있어서는 다른 여타의 교회와 일치한다. 즉 교회는 공간적인 제약을 받기는 하지만 그 사상과 권능에 있어서는 모두가 공통적인 요소를 가지고 있다. 따라서 어느 지교회든지 국부적이거나 편협하지 않고 전 세계 교회와 일치하는 거시적이고 우주적인 사상을 지니며 원대한 이상을 구현해 나간다. 바로 이러한 점에서 초대교회는 하나님의 경륜을 분명하게 나타내고 있다.

1) 교회의 보편성을 세운 초대교회

예수 그리스도의 십자가 사건 이전에는 교회의 보편성이 명확하게 나타나지는 않았다. 한편 교회의 거룩성과 통일성에 있어서는 구약 교회로서도 완벽하게 구현된 것이 사실이다. 그러나 어디까지나 전 세계적이 아니고 이스라엘이라는 한 민족을 중심으로 하고 있었다. 때문에 다분히 민족적 성격이 강하게 나타나 있었다.

물론 구약 시대에서도 이방인에 대해서 결코 철저하게 문을 닫아버린 것은 아니다. 언제든지 하나님께서 교회로 부르신 이방인들은 하나님의 계시를 받아들이고 율법에 순응하여 그 법도에 따라 하나님을 섬기기로 작정함으로써 거룩한 교회 안으로 들어올 수가 있었다. 그러나 그러한 이방인의 부르심은 보편적인 현상은 아니었다.

오히려 하나님은 이스라엘이라는 단일 민족의 특수성을 사용하여 하나님의 계시를 순수하게 보존하셨고 마침내 그 계시의 결정체로 등장하실 예수 그리스도의 오실 길을 예비하기 위하여 구약 교회를 유효하게 사용하셨다. 그래서 구약 교회는 이러한 하나님의 구원 사역을 완수하기 위해 단일 민족과 단일 사상 곧 메시아 사상을 중심으로 하나의 순결한 교회를 이 땅 위에 유지해 왔다는 점에서 그 사명을 다했다고 말할 수 있다.

그러나 그리스도가 오시어 십자가의 복음을 세우신 후로는 이방인들도 복음으로 말미암아 함께 하나님 나라의 후사가 되고 거룩한 교회의 한 지체가 되어 유대인과 함께 하나님의 영광된 나라를 건설하는 구원 사역에 참여함으로써 단일 공동체, 즉 전 세계 민족적 차원으로 구성된 공동체로서 교회를 건설하도록 복음의 문을 활짝 열어놓으셨다. 바로 이러한 것이 하나님께서 초대교회에 향하신 구원의 경륜이다. 그리고 초대교회는 이러한 교회의 시대적 사명을 성취해 나가는 지대한 역할을 다했다.

2) 안디옥 교회의 시대적 각성

이런 의미에서 초대교회의 대표적인 교회는 예루살렘 교회가 아닌 안디옥 교회라고 한다. 왜냐하면 예루살렘 교회는 구약의 교회에서 벗어나 신약의 교회를 생산하게 되는 태반으로서 지대한 역할을 한 것이 사실이다. 하지만 보편의 교회로서 참된 하나님 나라의 모습을 구현하고 그 능력을 행사한 교회는 안디옥 교회이기 때문이다.

예루살렘 교회는 비록 최초로 세워진 교회였으나 유대인 중심의 교회였다. 곧 헤브라이즘이 강한 교회였기 때문에 보편의 교회로 성장하는 데 상당한 시간과 노력이 필요했다. 반면에 안디옥 교회는 유대인과 헬라인들이 함께 세웠기에 우주적이고 거시적인 보편의 교회로 서가는 데 있어서 훨씬 유리한 위치에 있었다.

물론 예루살렘 교회도 복음을 바로 이해하고 신약 시대의 교회적 특성이 우주적인 보편의 교회라는 점을 일찍부터 알고는 있었다. 그러나 그러한 시대적 사명을 각성하고 보편의 교회로 성장하는 데 있어서는 오히려 안디옥 교회가 먼저 시작할 수 있었다.

예루살렘 교회는 신약의 교회로서 구약의 교회와는 달리 새로운 제도 곧 복음으로 말미암아 율법과 구별되는 교회를 건설해야 한다는 당시의 역사적인 요청에 최선을 다한 것만으로도 그 교회의 사명을 다했다고 볼 수 있다. 그러나 하나님의 경륜은 (구약의 교회와는 달리) 신약 교회의 특성으로서 교회의 보편성을 명확하게 드러내는 데 있었다. 때문에 헤브라이즘이 강한 예루살렘 교회보다는 보편성을 지니고 있는 안디옥 교회를 초대교회의 대표로 이 세상에 세우셨다.

① 예루살렘 교회와 형제 의식 가진 안디옥 교회

첫째, 안디옥 교회는 보편의 교회로서 발돋움하는 데 총력을 기울이게 되었다. 그러한 모습으로 나타난 첫 번째 사역이 예루살렘 교회가 흉년으로 말미암아 고초를 당하게 되었을 때 힘써 부조를 하는 일이었다 (행 11:27-30). 이때 안디옥 교회 형제들은 누구의 권유나 강제에 따르지 않고 각자 자신의 자원에 따라 힘써 부조를 하여 최대의 힘을 모아 예루살렘 교회를 도왔다.

예루살렘 교회는 히브리 중심의 교회이므로 안디옥 교회와는 상관이 없다고 생각하였다면 그와 같은 부조를 하지 않았을 것이다. 만일 그랬다면 교회의 통일성에도 악영향을 끼쳤을 뿐만 아니라 교회의 보편성을 이루어야 하는 시대적 사명을 무시하게 됨으로써 초대교회에게 향하신 하나님의 경륜을 저버리는 잘못을 범하고 말았을 것이다.

그러나 안디옥 교회는 예루살렘 교회가 헤브라이즘이 강한 것을 알면서도 하나님께서 신약의 교회로서 한 시대의 획을 그을 만큼 큰 일을 감당한 교회로 세우심을 알고 한 지체요 형제로서 하나님의 구원의 약속에 참여하는 교회임을 인식하고 형제의 쓸 바를 위하여 힘써 공급하였다. 단순히 예루살렘 교회가 안디옥 교회의 모체라는 사실 때문이 아니다. 예루살렘 교회가 자신과 동질의 하나님 나라를 세워나가는 형제 교회임을 인식하고 그 동역자임을 알아서 자기들의 소유를 함께 나누었다.

② 최초 세계 선교 시작한 안디옥 교회

둘째, 안디옥 교회가 이룬 보편의 교회로서 업적은 바울과 바나바를 특별히 구분하여 선교사로 파송한 일이다(행 13:1-3). 물론 이 일은 "내가 지시한 사람들을 따로 세우고 세계의 선교를 위해 파송하라"는 성령님의 특별하신 명령이 안디옥 교회에게 임했기 때문인 것은 사실이다. 그렇지만 이러한 큰 사명을 예루살렘 교회가 아니라 안디옥 교회에게 주신 이유는 안디옥 교회가 예루살렘 교회보다 보편성에 있어서 훨씬 월등했기 때문이다.

여기에서 우리는 초대교회의 중심적인 역할이 예루살렘 교회에서 안디옥 교회로 어떻게 옮겨지고 있는지를 자세히 보도록 하겠다. 예루살렘 교회는 처음에 세계 방방곡곡에서 모인 유대인들이 오순절 성령 강림 사건을 계기로 하나로 모아져서 세워진 교회이다(행 2장).

세계 각처에 흩어진 사람들이 모여서 한 교회를 이룬다는 사실에서 이미 초대교회가 앞으로 세워져 나가야 할 성격이 무엇인지를 암시하고 있지만 예루살렘 교회는 히브리인들 중심으로 하나님께 경배하고 형제의 독특한 우애를 나누는 일에 힘을 기울이며 성장하는 데 주력을 하였다.

심지어 사도행전 3장을 보면 앉은뱅이를 고친 사건으로 인하여 베드로와 요한이 당시 최고의 권세를 행사하던 공회 앞에서 힐문을 당하였으나 오히려 담대하게 그들의 권위보다 하나님의 권위에 힘입어 교회를 세워나감으로써 그 시대에는 보기 드문 독특한 사회를 형성하기에 이르렀다(행 4:32-35). 그 돈독한 모습이 얼마나 강했던지 믿지 않는 사람들은 감히 교회에 함부로 들어올 생각을 못하고 두려워할 정도였다(행 5:13).

그러다가 스데반 집사와 헬라 출신 유대인들과의 변론에서 스데반의 논증을 이기지 못한 그들이 작당을 하여 스데반을 거짓 고소함으로써 교회에 심한 박해가 가해지게 되었다(행 8:1-4). 이 일로 인하여 예루살렘 교우들이 사방으로 흩어져 그 결과 사마리아에 교회가 세워지고 에디오피아 내시內侍에게 복음이 전해지게 되었다(행 8장). 그중에 어떤 사람들이 멀리 아프리카의 베니게와 지중해 중심부인 구브로 그리고 당시 팔레스틴의 중심부인 안디옥까지 피난하여 복음을 전하게 되었다(행 11:19).

그들 중에 몇 사람이 다시 안디옥에 모여서 헬라파 유대인들에게 복음을 전하다가 헬라인들도 복음을 받아들이게 되고 성령께서 헬라인들의 마음을 열어 많은 사람들이 믿게 되었다. 이들의 소문을 들은 예루살렘 교회가 바나바를 보내어 그들을 도와 세워진 교회가 바로 안디옥 교회이다(행 11:20-24). 그리고 바나바는 안디옥 교회를 위해 바울을 청빙하여 복음으로 든든히 세워나가게 하였다. 그 두 사람의 가르침으로 인하여 안디옥 교회는 명실공히 초대교회를 대표할 만한 교회로 성장하게 되었다(행 11:25-26).

예루살렘 교회는 히브리인 중심의 교회로서 그 시대에 돈독한 교회를 세우되 하나의 완전한 사회를 건설하여 일반 사회와는 확연히 구별될 만큼 독자적인 교회를 세우는 일에 공헌을 하였다. 그러나 보편의 교회로서 교회가 드러내야 할 특성은 드러내지 못하였다. 전 세계 모든 민족을 망라하여 마침내 하나의 교회로 통합되어 건설된다고 하는 우주적인 교회관을 인식하기에는 아직은 미흡하였다.

그래서 하나님은 예루살렘 교회를 흩어 만방에 보내심으로써 곳곳에서 복음을 받아들인 만민들을 하나의 복음으로 통일시키고 같은 형제 교회로서 한 지체임을 확인하기 위한 예비 작업을 진행하셨다. 그리고 그들을 한 교회로 부르시기 위해 안디옥 교회를 발판으로 삼아 바울과 바나바를 선교사로 파송하게 하셨다.

이 두 사람 역시 그 일을 완수하는 데 있어서 베드로를 위시한 열두 사도들보다 훨씬 유리한 조건을 갖추고 있었다. 바나바는 구브로 출신으로 초창기부터 예루살렘 교회의 주요 회원으로서 복음으로 잘 훈련이 된 일꾼이었고, 바울은 로마 시민권을 가진 '다소' 출신의 가말리엘 문하생으로 최고 헤브라이즘의 학문을 닦은 사람으로서 직접 그리스도를 통해 계시를 받아 이방인 선교를 위해 특별히 선택된 하나님의 일꾼이었다.

따라서 이 두 사람은 이방인들뿐만 아니라 유대인들까지도 하나로 엮음으로써 우주적인 교회를 건설하여 하나님의 통치 기구인 교회를 완벽하게 이룰 수 있는 자질을 갖춘 사람들이다. 이렇게 함으로써 마침내 "이는 이방인들이 복음으로 말미암아 그리스도 예수 안에서 (유대인들과) 함께 후사가 되고 함께 지체가 되고 함께 약속에 참예하는 자가 됨이라"(엡 3:6)는 시대적 사명의 기틀을 안디옥 교회가 이루게 되었다.

③ 교회의 보편성을 확인한 안디옥 교회

셋째, 안디옥 교회가 보편의 교회로서 거대한 역사적 업적을 세운 사건이 제1차 예루살렘 공의회를 소집하게 한 일이다(행 15장). 유대에서 온 어떤 사람들이 안디옥 교회에서 "모세의 법대로 할례를 받지 아니하면 능히 구원을 얻지 못하리라"(행 15:1)고 하자 이에 바울과 논쟁이 일어났다.

안디옥 교회는 바울과 바나바 및 몇몇 형제들을 예루살렘 교회에 보내어 이방인 교회에서의 할례 문제에 대한 교회적 해석을 물었다. 이러한 안디옥 교회의 질문에 예루살렘 교회는 깊이 논의한 결과 이방인들도 오직 복음으로 인하여 행해야 하며 유대인 성도와 구별되어서는 아니 될 것을 확인하고(행 15:6-11) 다만 우상의 더러운 것과 음행과 목매어 죽인 것과 피를 멀리할 것을 권하기로 하였다(행 15:20-25 참고).

이 공의회의 결과로 인하여 이방인들은 할례를 받지 않고 오직 그리스도의 복음으로 교회의 회원이 되며 구원의 은혜에 참여하게 되는 역사적 이정표를 세우게 되었다. 그리고 유대인이나 이방인이나 그리스도의 복음 안에서 한 형제가 됨을 공고히 하고 예루살렘 교회나 안디옥 교회가 한 형제임을 재차 확인하였다. 특히 사도행전 15장 23절을 보면 예루살렘 공의회의 결정을 이방인 교회에게 보내는 과정에서 안디옥 교회 이외에 이미 수리아와 길리기아 지방에도 이방인 교회가 서 있었으며 이들 교회를 예루살렘 교회가 모두 한 형제 교회로 인정하고 있음을 볼 수 있다.

이렇게 하여 명실공히 유대적 공동체로서 교회가 아니라 범민족적 교회 공동체로 확장되고 있음을 역력히 볼 수 있다. 이처럼 안디옥 교회는 초대교회의 커다란 특징으로 교회의 보편성을 드러내는 데 있어서 지대한 공헌을 하였다. 그리고 이러한 교회적 특성을 위해서 하나님께서 구원의 역사를 이끌어 오셨음을 볼 때 안디옥 교회는 하나님의 뜻을 이루는 곧 하나님 나라의 진전에 직접적인 역할을 하는 역사적인 교회로 발돋움하게 되었다.

3) 역사의 중심이 된 안디옥 교회

사도행전 11장 이후로 안디옥 교회가 세워지면서부터 그동안 예루살렘 교회를 중심으로 하던 교회의 역사가 안디옥 교회로 바뀌게 됨을 볼 수 있다. 한편 하나님께서 초대교회를 통하여 이루고자 하신 시대적인 경륜을 안디옥 교회가 바로 인식하고 비로소 역사의 이정표를 세우는 교회로서 그 사명을 다하고 있음도 알게 된다. 하나님의 비밀의 경륜 곧 이방인들도 복음으로 말미암아 그리스도 예수 안에서 함께 후사가 되고 지체가 되어서 함께 약속에 참여하게 된다는 비밀의 경륜을 인식한 안디옥 교회야말로 그 시대에서 역사적인 중심으로서 능력을 발휘할 수 있었다.

바로 이것이 교회가 가지는 능력이다. 사회 제도를 고치고 인간의 권리를 되찾고 복리를 증진하기 위해 이 능력을 행사하는 것이 아니라 하나님의 경륜을 따라 역사에 남을 이정표를 세우는 것이 교회의 사명이요 권능이다. 이러한 교회 하나가 세워지는 것이 곧 하나님 나라의 현시가 될 뿐만 아니라 하나님의 거룩하신 통치가 어떻게 임하는지를 보여주며 예수 그리스도의 십자가의 구속이 가지는 의미를 드러내는 것이다.

한편 이방인 교회가 가지는 십자가의 구속의 완성과 역사적인 의미를 바울은 이렇게 기록하고 있다.

"이제 그의 거룩한 사도들과 선지자들에게 성령으로 나타내신 것같이 다른 세대에서는 사람의 아들들에게 알게 하지 아니하셨으니 이는 이방인들이 복음으로 말미암아 그리스도 예수 안에서 함께 후사가 되고 함께 지체가 되고 함께 약속에 참여하는 자가 됨이라 이 복음을 위하여 그의 능력이 역사하시는 대로 내게 주신 하나님의 은혜의 선물을 따라 내가 일꾼이 되었노라 모든 성도 중에 지극히 작은 자보다 더 작은 나에게 이 은혜를 주신 것은 측량할 수 없는 그리스도의 품성을 이방인에게 전하게 하시고 영원부터 만물을 창조하신 하나님 속에 감취었던 비밀의 경륜이 어떠한 것을 드러내게 하려 하심이라 이는 이제 교회로 말미암아 하늘에서 정사와 권세들에게 하나님의 각종 지혜를 알게 하심이니 곧 영원부터 우리 주 그리스도 예수 안에서 예정하신 뜻대로 하신 것이라"(엡 3:5-11).

이처럼 보편의 교회가 복음으로 말미암아 세워진 것은 하나님의 비밀의 경륜이 드러남이며 하나님의 지혜를 온 우주에 나타내는 일이다.

그러므로 어느 한 교회가 역사 위에 등장하여 정상적인 능력을 발휘하고 그 사명을 완수하는 교회로 세워지기 위해서는 하나님의 경륜과 일치하는 교회여야 한다. 여타의 다른 모습으로 아무리 교회가 성장을 하고 잘 다듬어진다 할지라도 하나님의 경륜과 상관이 없는 교회라면 결코 하나님의 나라를 세워나가는 것도 아니고 역사상에 존재해야 할 의미도 없다. 우리는 그러한 예를 출애굽한 광야 교회를 통해서 분명히 볼 수 있다.

3. 교회를 세우신 목적

하나님께서는 이스라엘 백성을 애굽의 종 되었던 신분에서 구속하여 자유인으로 불러내셨다. 그리고 그들에게 중차대한 시대적 사명을 주셨다. 그 사명이란 약속의 땅 가나안에 들어가서 하나님의 나라, 즉 하나님의 말씀으로 통치되는 거룩한 나라와 그 나라의 신령한 문화를 역사 위에 세우라는 것이었다(출 19:4-5). 이러한 사명을 위해 하나님께서는 그들에게 유사 이래로 완벽한 계시를 보여주셨는데 곧 율법과 성막이 그것이다.

율법은 하나님의 통치 수단으로 그리고 성막은 하나님이 친히 그들과 함께 계신다는 표상으로 하나님께서 이스라엘의 왕이심을 보여주신 가시적可視的인 계시였다. 이 계시를 따라 이스라엘 백성은 광야를 지나 가나안에 들어가서 하나님의 경륜을 이 땅에 현시하는 시대적인 사명을 완수해야 했다. 그리고 그 나라는 지금까지 인간들이 경영해 왔던 나라들과는 달리 하나님께서 친히 통치하시는 신정 국가로서 전혀 다른 차원의 나라로 건설되어야 한다.

이러한 역사적 사명을 받은 이스라엘 백성은 오히려 광야에서 하나님을 반역하여 철저하게 심판을 받아 멸절을 당하고 말았다. 그들이야말로 세상과 완벽하게 구별되어 단일 민족을 이룬 당시의 유일한 교회였음에도 불구하고 자기들에게 주어진 하나님의 경륜에 대하여 무지하고 불순종함으로 말미암아 하나님의 심판을 받았다. 이 사건을 통해 우리는 교회로서 가지는 능력이 정상적으로 발휘되지 않는다면 그 교회가 역사 속에 존재하는 의미가 상실되며 나아가 그 교회에 소속된 사람들 역시 망할 수밖에 없다는 사실을 알 수 있다.

1) 사명에 대한 무관심과 심판

광야 교회의 멸망에 대하여 히브리서 기자는 "그들이 하나님을 순종치 않고 믿지 아니하였다"고 단언한다(히 3:15-19). 그러나 그들은 이미 홍해를 건너올 때 엄청난 구원의 사실을 경험한 사람들이다. 그처럼 완벽한 구원을 받아 교회로 부르심 받은 그들을 가리켜 '하나님을 순종치 않고 믿지 않았다' 고 평가하는 것은 오직 그들에게 주신 하나님의 경륜에 대하여 무관심한 것을 지적하여 말한 것이라고 볼 때 참으로 무서운 사실이 아닐 수 없다. 또한 그들에게 주어진 역사적 사명의 불철저한 행위로 인하여 하나님의 심판을 받았다는 것은 교회가 가지는 존재 의미가 어디에 있는가를 명확하게 보여준다.

사실 그들이 체험한 일들은 모두가 구원의 증표들이다. 유월절을 행했다든지, 홍해를 건넜다든지, 시내산에서 하나님의 강림하심을 보았다든지 그리고 율법을 받고 성막을 건설한 것과 그 성막 위에 하나님께서 임재하신다는 표징으로 쉐키나(구름 기둥과 불 기둥)가 있다는 것, 나아가 만나를 먹고 반석에서 나오는 생수를 마신 사건 등등 어느 것 하나

구원의 보증이 아닌 것이 없었다. 그 당시뿐만 아니라 지금까지라도 어느 나라 어느 누구에게라도 그만한 계시를 주신 적이 없다는 것은 우리가 잘 아는 사실이다.

그럼에도 불구하고 그들은 하나님께로부터 받은 계시를 근거로 점점 하나님의 의도를 깨닫고 시대적인 사명의 중요성을 각성하여 가나안 땅에 들어가 하나님 나라를 세우고 그 문화를 건설해야 하는 그러한 사명을 등한시하게 됨으로써 결국 멸절을 당하고 말았다. 그처럼 엄청난 구원의 표징을 간직하고 있는 그들일지라도 하나님의 경륜에 대하여 불철저하다면 결단코 구원에 이르지 못하고 멸망을 받을 수밖에 없다는 것을 우리는 분명하게 알 수 있다.

2) 진전되어야 할 계시에 대한 인식

이러한 그들의 불신앙에 대하여 바울은 이스라엘이 신령한 식물을 먹고 신령한 음료를 마시며 모세와 함께 세례를 받는 구원의 사실이 있었음에도 불구하고 그들은 스스로 악을 즐기고 하나님을 시험하다가 멸망을 당하였다(고전 10:1-13)고 말한다. 그처럼 엄청난 구원의 은혜를 받았다면 그 사실을 근거로 해서 점차 완성해 나가야 할 하나님 나라를 중심삼아 자신의 삶을 경영해 나갔어야 함에도 불구하고 그들은 전혀 하나님의 나라와는 상관없이 살아갔다.

하나님의 나라를 건설하고 그 나라의 영광을 드러내는 것이 인생의 목표이다. 그럼에도 이를 무시하고 자신의 안목에 이끌려 살아간다는 것은 하나님을 배신하는 일이며 악을 즐기는 일이다. 나아가 하나님을 시험하는 일이기도 하다. 곧 '너희는 가서 제사장 나라가 되라'(출 19:4-6)는 지대한 사명을 받은 그들이 수없이 많은 구원의 체험을 했음에도 불구하고 그처럼 멸망을 당한 것은 광야 교회가 교회로서 능력을 전혀 발휘하지 못하였기 때문이다.

역사상에서 유일한 교회로 부르심을 받았으나 교회로서 진정한 자태를 드러내지 못하였기에 그들은 모두 죽임을 당했다. 그러나 그 가운데서도 구원을 받은 사람이 없지는 않았다. 모세 같은 이는 구원을 받은 사람이다. 왜냐하면 그는 자기에게 주어진 역할을 충분히 해내었기 때문이다. 모세에게는 이스라엘 백성을 가나안까지 인도하는 사명이 있었다. 그리고 모세를 통하여 하나님은 하나님 나라의 법을 제정하여 반포하게 하셨다.

이런 점에서 모세의 구원은 참으로 특이한 구원 사역에 쓰임받은 인물이기에 여타의 사람들과 비교해서는 안 된다. 물론 구원받은 또 다른 사람들도 있었다. 그러나 그들의 구원이라는 것이 시대적 사명에 대하여는 불충하였다는 것을 간과해서는 안 된다. 비록 하나님의 깊으신 은총의 배려를 받아 구원을 받았다 하더라도 자신에게 주어진 사명에 대하여 완수하지 못하였다면 마땅히 한 성도로 이 세상에 태어나서 자기의 본분을 다하지 못했다는 결핍을 가지고 있다.

그렇다면 하나님께서 인간을 이 땅에 보내신 본의를 다하지 못하고도 구원을 받았다 하는 것이 하나님의 긍휼을 입었다는 점에서는 의미가 있을지 모르지만, 구원의 본의를 생각해 본다면 그다지 가치 있는 것이 아니라는 점에 대해 깊이 생각해야 한다. 그렇게라도 구원을 받았다는 사실이 자기의 인생을 온전하게 발휘하였다는 것을 의미하는 것은 아니기 때문이다.

그보다 더 충격적인 사실은 하나님의 구원을 체험하고 계시를 접촉하였을 뿐만 아니라 신령한 음식을 먹고 그리스도에 접촉이 되었었다 할지라도 멸망을 당하고 만 수많은 사람들의 죽음이다. 하나님의 능력으로 애굽 사람들을 희생하여 그 피값으로 구속을 받은 사람들임에도 불구하고 자기들에게 임한 하나님의 구원이 무효가 되어버렸다는 것은 참으로 충격적인 일이 아닐 수 없다. 고라 일당의 예를 들면 그들은 구원의 체험을 하였음에도 불구하고 하나님을 대적하는 일에 자신의 일생을 소비해 버린 사람들이었다.

4. 교회의 권능

교회가 시대적 사명에 대한 철저한 인식이 있을 때 비로소 하나님 나라적인 능력을 행사할 수 있게 된다. 그리고 그런 교회로부터 생명력을 공급받아 시대적 사명을 각성한 성도들이어야 각 인생의 의미를 가지게 된다. 따라서 각 성도의 인생은 이러한 교회를 근거로 해서 펼쳐져야 한다. 다시 말하면 교회와는 상관없이, 즉 하나님 나라의 경영과 상관없이 독단적으로 자기 인생을 경영해 나가는 것은 결코 하나님의 뜻과는 무관하다.

하나님 나라의 진행과 일치하는 교회 안에서 복음으로 양육되어진 성도만이 성령께서 각각의 속 사람을 강건케 하시고 그들의 믿음을 진보시키시어 그리스도에 대한 지식이 점점 많아짐으로 그리스도의 사랑을 알게 된다. 나아가 마침내 하나님의 충만한 영광을 드러내게 된다(엡 3:14-19). 이것이 교회가 이 땅에 존재하는 의미이고 각 성도가 살아가야 할 마땅한 본분이다.

개인적으로 아무리 구원의 체험과 신령한 은사를 받아서 죽을 병에서 살아나는 체험을 했다 하더라도 그가 속한 교회가 하나님 나라의 진행과 상관이 없고 그 인생이 하나님의 경영을 떠나 자기 마음대로 살아간다면 그런 체험이라는 것이 거짓되며 아무런 의미가 없다. 이는 출애굽한 이스라엘 백성처럼 완전한 구원의 체험을 받은 사람들이었지만 그들이 교회적 사명에 대하여 무관심하고 그것에 입각하여 자신의 인생을 도모하지 않을 때 무참히 죽고 만 것과 다를 바 없다.

또한 "능히 모든 성도와 함께 지식에 넘치는 그리스도의 사랑을 알아 그 넓이와 길이와 높이와 깊이가 어떠함을 깨달아 하나님의 모든 충만하신 것으로 너희에게 충만하게 하시기를 구하노라"(엡 3:18-19)는 바울 사도의 간구와 같이 정상적으로 교회가 하나님 나라의 진행에 동참하고 있다면 거기에는 항상 계시의 발전이 있어야 한다. 그래서 교회는 말씀에 대한 연구에 총력을 기울여야 하며 시간이 감에 따라 계시에 대한 이해가 깊어져야 한다. 그래야만 능력 있는 생명력을 성도들에게 공급할 수 있기 때문이다.

마찬가지로 각 성도들도 책임감을 가져야 한다. 나 한 사람이 계시에 대해 무관심하여 그것에 대한 이해가 부족하다면 그것은 곧바로 교회의 결핍을 가져오는 악을 초래하기 때문이다. 나 하나의 계시에 대한 불철저함이 교회에 끼치는 악영향이란 교회 전체를 사망으로 끌고 가는 독소가 될 수도 있다.

하나님 나라는 하나님의 권능에 의해 날마다 진전해 나가야 한다. 그런데 교회가 계시에 대하여 등한시하고 그 안에 있는 성도들 역시 무관심하다면 더이상 하나님 나라의 진행과는 상관없는 교회로 전락하고 만다. 반면에 교회가 계시에 대하여 깊은 깨달음이 있다면 의당히 오염된 사상이나 이미 왜곡된 사상과 결탁하지 말아야 한다. 그러기 위해서 변형된 복음을 주장하는 자들을 구분하고 그들로부터 순수한 복음을 파수把守하기 위한 모든 노력을 아끼지 말아야 한다.

이와 같은 일들이 교회가 시대적 사명을 깨닫고 나가는 데 있어서 기초적인 일이다. 교회는 먼저 계시에 대한 풍부한 가르침과 이해를 위해 역사적으로 전해지고 있는 개혁교회의 복음을 바로 이해하고 가르쳐야 한다. 그리고 그러한 지식을 바탕으로 현실을 파악하고 이 시대에 향하신 하나님의 경륜이 어떤 것인가를 인식해야 한다. 그럴 때 각 지교회가 지향해 나가야 할 교회의 사명이 각성될 것이고 그 사명에 따라 살아갈 때 각각의 성도들의 삶이 구원의 보장을 받게 된다.

기도

하나님 아버지!

진실된 삶의 목표를 먼저 하나님의 크신 경륜 가운데서 찾아야겠기에 이 시간에 말씀을 상고했사옵니다. 하나님께서는 교회를 세우실 때 먼저 보편의 교회로서 세상과 구별시키고 나아가 하나님의 복음 안에서 통일시켜 한 교회라는 거룩한 공동체를 만드셨사옵니다. 그리고 그 가운데서 이제 이 시대의 한 단위의 교회로서 우리 교회를 이곳에 세우셨사옵니다.

또한 하나님께서는 이 시대의 단위 교회로서 마땅히 추구해야 할 사명을 요구하시온즉 우리가 그 사명에 대하여 생각해 보았을 때 먼저 인생의 최고 목표로 하나님을 영광스럽게 하는 일에 최선을 다할 것과 그러기 위해 말씀을 깨닫는 일에 진보가 있어야 할 것과, 또 거룩한 계시를 생명을 다해 파수해야 할 것을 깨달았사옵니다.

또한 주님께 기도하옵는 것은 이러한 깨달음을 근거로 해서 우리 교회와 우리 성도들이 살아가야 할 참된 길을 찾고자 원하오니 주께서 성령으로 우리에게 계속적으로 계시를 깨닫게 하셔서 우리의 앞길을 열어주시기를 원하옵나이다. “무엇을 할까?” 하고 날마다 고민에 빠져 한평생 동안 아무 일도 하지 못하고 죽는다면 비록 그러한 각성이 있고 하나님의 구원의 체험이 있다 하더라도 그 구원이 하나님 나라를 위해서는 아무런 유익이 되지 못하는 부끄러운 구원밖에는 이룰 수 없는 것을 아옵나이다.

뿐만 아니라 설령 그러한 구원에 참여했다 하더라도 하나님의 경륜에 따른 시대적 사명에 대하여 둔감하고 그 사명을 이루고자 하는 의욕이 없다면 그 구원이 의미가 없고 오히려 멸망에 빠지게 되는 것임을 이스라엘 백성의 역사를 통하여 보았나이다. 우리가 이러한 것을 깨달았사오니 다시는 신령한 길에서 벗어나지 않게 도와주시고 멸망에 빠지지 않도록 우리를 늘 각성시켜 주옵소서. 또한 우리가 계시에 대하여 총력을 기울임으로써 하나님의 시대적 경륜을 깨닫고 그 나라를 건설하는 데 일익을 감당하게 하옵소서.

주 예수 그리스도의 이름으로 기도하옵나이다. 아멘.

Ⅳ. 교회의 정체政體

요한복음 15장 1-27절

1 내가 참 포도나무요 내 아버지는 그 농부라
2 무릇 내게 있어 과실을 맺지 아니하는 가지는 아버지께서 이를 제해 버리시고 무릇 과실을 맺
는 가지는 더 과실을 맺게 하려 하여 이를 깨끗케 하시느니라
3 너희는 내가 일러 준 말로 이미 깨끗하였으니
4 내 안에 거하라 나도 너희 안에 거하리라 가지가 포도나무에 붙어 있지 아니하면 절로 과실을
맺을 수 없음같이 너희도 내 안에 있지 아니하면 그러하리라
5 나는 포도나무요 너희는 가지니 저가 내 안에 내가 저 안에 있으면 이 사람은 과실을 많이 맺
나니 나를 떠나서는 너희가 아무 것도 할 수 없음이라
6 사람이 내 안에 거하지 아니하면 가지처럼 밖에 버리워 말라지나니 사람들이 이것을 모아다
가 불에 던져 사르느니라
7 너희가 내 안에 거하고 내 말이 너희 안에 거하면 무엇이든지 원하는 대로 구하라 그리하면
이루리라
8 너희가 과실을 많이 맺으면 내 아버지께서 영광을 받으실 것이요 너희가 내 제자가 되리라
9 아버지께서 나를 사랑하신 것같이 나도 너희를 사랑하였으니 나의 사랑 안에 거하라
10 내가 아버지의 계명을 지켜 그의 사랑 안에 거하는 것같이 너희도 내 계명을 지키면 내 사랑
안에 거하리라
11 내가 이것을 너희에게 이름은 내 기쁨이 너희 안에 있어 너희 기쁨을 충만하게 하려 함이니
라
12 내 계명은 곧 내가 너희를 사랑한 것같이 너희도 서로 사랑하라 하는 이것이니라
13 사람이 친구를 위하여 자기 목숨을 버리면 이에서 더 큰 사랑이 없나니
14 너희가 나의 명하는 대로 행하면 곧 나의 친구라
15 이제부터는 너희를 종이라 하지 아니하리니 종은 주인의 하는 것을 알지 못함이라 너희를
친구라 하였노니 내가 내 아버지께 들은 것을 다 너희에게 알게 하였음이니라
16 너희가 나를 택한 것이 아니요 내가 너희를 택하여 세웠나니 이는 너희로 가서 과실을 맺게
하고 또 너희 과실이 항상 있게 하여 내 이름으로 아버지께 무엇을 구하든지 다 받게 하려
함이니라
17 내가 이것을 너희에게 명함은 너희로 서로 사랑하게 하려 함이로라
18 세상이 너희를 미워하면 너희보다 먼저 나를 미워한 줄을 알라

19 너희가 세상에 속하였으면 세상이 자기의 것을 사랑할 터이나 너희는 세상에 속한 자가 아
니요 도리어 세상에서 나의 택함을 입은 자인고로 세상이 너희를 미워하느니라
20 내가 너희더러 종이 주인보다 더 크지 못하다 한 말을 기억하라 사람들이 나를 핍박하였은
즉 너희도 핍박할 터이요 내 말을 지켰은즉 너희 말도 지킬 터이라
21 그러나 사람들이 내 이름을 인하여 이 모든 일을 너희에게 하리니 이는 나 보내신 이를 알지
못함이니라
22 내가 와서 저희에게 말하지 아니하였더면 죄가 없었으려니와 지금은 그 죄를 핑계할 수 없
느니라
23 나를 미워하는 자는 또 내 아버지를 미워하느니라
24 내가 아무도 못한 일을 저희 중에서 하지 아니하였더면 저희가 죄 없었으려니와 지금은 저
희가 나와 및 내 아버지를 보았고 또 미워하였도다
25 그러나 이는 저희 율법에 기록된 바 저희가 연고없이 나를 미워하였다 한 말을 응하게 하려
함이니라
26 내가 아버지께로서 너희에게 보낼 보혜사 곧 아버지께로서 나오시는 진리의 성령이 오실 때
에 그가 나를 증거하실 것이요
27 너희도 처음부터 나와 함께 있었으므로 증거하느니라

개혁교회론 - 교회와 사명
제2부 | 교회의 사명의식

IV. 교회의 정체政體

요 15:1-27

그동안 우리는 교회가 지상에 존재해야 하는 궁극적인 이유에 대하여 살펴보았다. 즉 교회란 각 성도의 정당한 삶을 통하여 하나님 나라의 궁극적인 현현을 이루며 하나님께서 경영하고 계획하시는 하나님 나라의 충일한 영광을 이 땅에 드러내기 위한 삶의 유일한 터전으로서 이 지상에 존재하는 것이라고 말할 수 있다.

그런데 각 성도가 정당한 삶을 발휘한다는 것은 먼저 자신을 하나님께 드림으로써 그의 삶을 성령께서 주장하실 때 이루어진다. 그리고 하나님 나라의 궁극적인 현현과 하나님께서 경영하고 계획하시는 하나님 나라의 충일한 영광을 이 땅에 드러내는 것이 인생의 목표이고 구원의 완성이다. 이러한 삶이 유형적으로 나타난 최고의 모습이 바로 하나님께 드리는 예배이다. 따라서 성도 각인이 자기의 가치를 충분히 발휘하고 하나님의 영광과 지혜로우심을 이 땅에 드러내기 위한 유일한 삶의 터전으로서 교회가 존재해야 한다는 것이 그동안 우리가 공부해 온 요지이다.

1. 구원의 보증 기관으로서 교회

그렇다면 이제는 우리가 항상 하나님 나라를 최우선적으로 구현하고 있다는 삶의 보증이 우리에게 있어야 한다. 왜냐하면 우리가 유형 교회의 한 회원으로서 교회 중심의 삶을 통하여 하나님 나라를 구현하고 있다면 이에 대한 하나님의 확고한 보증이 있어야 하기 때문이다. 그리고 그 보증이란 어디까지나 객관적이어야 한다. 반면에 어느 한 성도가 하나님의 영광을 구현하여 살아가는 것은 무형 교회로서 이 세상에 존재하기 때문에 개인적으로 존재하는 모습을 통해서는 그러한 보증이 외형적으로는 드러나지 않는다.

예를 들면 어떤 성도가 하나님과 깊은 관계를 맺고 살아간다 할 때 그에게 임한 거룩하신 하나님의 영광을 사람들이 알아 볼 수 있는 길이 없다. 그러니까 하나님의 영광을 가시적으로 드러내는 것은 개인적으로 존재하는 것으로서가 아니라 어디까지나 유형의 형태로 드러난 상태 곧 교회로서의 삶을 통해서만 가능하다. 따라서 성도들이 교회로 모여서 하나님께 예배를 드린다든지 기도나 헌상이나 찬송하는 모습 속에서 하나님의 영광이 가시적으로 나타나게 된다.

그러므로 교회가 하나님께 드리는 기도나 찬양, 헌상 그리고 예배에 있어서 하나님께서 받으셨다는 응답이 있어야 참으로 우리가 하나님의 나라를 구현하고 있다는 보증이 된다. 이처럼 하나님의 응답이 실제적으로 교회 안에서 확인이 되어야만 그곳에 하나님 나라가 구체적인 모습으로 구현된다. 그리고 그 교회의 삶속에서 성도 각인이 하나님의 보증을 실감하게 된다.

1) 하나님의 구원 증표로서 '교회의 예배'

그렇다고 하나님의 응답이 추상적이지는 않다. 막연하게 '하나님께서 우리의 예배를 받으셨다' 든지 '우리의 기도를 들어주셨다' 는 상징적인 개념으로 하나님께서 응답하시지 않기 때문이다. 하나님의 응답은 항상 가시적인 통치권의 행사로 나타난다. 그러므로 우리가 하나님을 예배한다고 할 때 그 예배의 효과는 하나님을 영화롭게 하는 데서 나타나므로 이러한 하나님의 영광은 그의 백성을 친히 통치하시는 것에서 찾아볼 수 있다.

따라서 하나님께서는 교회의 예배를 받으시어 친히 그의 사랑하시는 백성을 인도하고, 보호하고, 장성케 하시며 거룩한 나라의 백성답게 살아가도록 다스리는 모습 속에서 그 예배의 효과를 드러내신다. 교회가 예배를 드릴 때 그 예배의 장엄함이라든지 웅장함에 압도되어 사람들의 마음이 신비스러운 감흥을 느끼는 것을 가리켜 하나님을 영화롭게 하였다고 한다면 그것은 망상이다. 사람들은 그런 데에 관심이 많아서 상당한 시설을 하고 장치를 하여 예배에 참여하는 사람들을 압도하게 함으로써 종교적인 만족감을 얻으려 하는 것을 볼 수 있다.

하나님의 영광은 그처럼 심리적인 자극을 통해 사람들을 만족케 하는 것으로 나타나지 않는다. 교회가 정당한 절차를 밟아 하나님께서 기뻐하실 예배를 드린다면 하나님께서는 친히 그 예배를 즐겨하시고 그의 사랑하는 백성에게 하나님의 권능을 행사하시어 각 사람들의 생활 감정을 하나님께 향하게 하고, 하나님을 통하여 위로를 얻으며, 하나님을 중심으로 살아가기 위한 모든 여건을 친히 조성하여 주신다. 그리하여 각 성도들이 자신의 능력을 최대한으로 발휘하고 자신의 가치를 온전하게 발현하도록 이끄시며, 바로 거기에서 하나님의 영광이 나타나게 된다.

다시 말해서 성도들이 정상한 신앙을 바탕으로 하나님께 예배드릴 때 하나님은 설교자를 통해 친히 말씀으로 감화하시며, 각 성도들의 생활 감정을 순화하고 인도하심으로써 하나님 나라의 진전과 건설을 위해 전폭적으로 헌신할 수 있도록 그들을 이끄시는 것에서 하나님의 통치가 행사되며 거기에 하나님의 영광이 드러나게 된다.

그래서 설교는 하나님께서 그의 백성을 통치하시는 유효한 은혜의 수단이다. 그러므로 예배 시간에 선포되는 말씀을 통하여 교회가 전진하는 능력을 얻으며, 하나님의 통치가 행사되는 능력이 체험되고, 그 가운데서 각 성도들이 살아가기 위한 양식이 공급됨으로써 이와 같이 하나님 나라의 백성으로 장성해 나가는 모습이 항상 교회 안에서 발견되어야 한다.

그 결과 세상의 악과 부패로부터 성도들을 보호하며 사탄의 세력을 타파하여 거룩한 하나님 나라의 문화를 창달하는 모습이 역력히 드러나게 된다. 이것이 바로 하나님의 영광이 나타나는 모습이고 하나님께서 그의 백성의 삶을 보증해 주시는 증표가 된다. 이러한 상태를 가리켜 하나님께서 예배를 받으시고 응답하셨다는 말을 한다.

2) 객관적인 증거 가지는 하나님의 구원

이처럼 하나님의 응답이나 영광은 가시적이며 객관적이다. 누구나 체득할 수 있고 심지어 믿지 않는 사람이나 사회까지도 인정하는 것이 하나님의 영광이며 응답이다. 따라서 한 시대에서 명백하게 하나님께서 그 교회를 세우고 다스리신다는 객관적인 증표가 세상 위에 드러나게 된다. 이것이 바로 교회의 문화이다.

그 교회만이 하나님의 절대적인 인도와 보호 가운데 세상과 역사에 대하여 찬연한 문화의 빛을 발휘하게 된다. 그리고 이 문화는 그 시대를 특징지으며 앞선 시대의 결실로서 긴밀한 연결이 되고 나아가 후세대의 길을 인도하는 역사적인 이정표가 된다. 이러한 문화의 연결이 하나님 나라를 구체적으로 이 세상에 현시하는 것이며 하나님의 구원의 능력을 온 세상에 선포하는 구원의 메시지가 된다.

이렇게 해서 믿지 않는 사람들은 하나님의 현존에 대하여 인식하게 되고 하나님의 공의로운 통치를 두려워하게 된다. 이것이 진정한 전도와 선교의 의미이고 사회 구원을 위한 메시지이며 하나님 나라의 확장이다. 따라서 진정한 교회가 이 시대에 서 있다면 그 교회는 역사적으로 개혁교회가 창달해 온 문화를 잘 전수 받아 발전시킴으로써 이 시대에 빛으로 존재하여 어두운 세상을 향하여 밝은 빛으로 드러나기 마련이다.

세상은 그 교회 하나만으로도 하나님을 알고 두려워 떨며 공의로운 심판 앞에 굴복하게 된다. 사회복음주의자들처럼 "공의는 물같이 정의는 하수같이"라는 구호를 외침으로 세상이 하나님을 두려워하고 떠는 것이 아니다. 하나님의 구체적인 간섭과 통치의 결과를 교회가 세상에 증거함으로써 진정한 정의가 실현된다. 이것이 바로 교회의 능력이며 하나님 나라의 권능이기도 하다.

2. 은혜의 왕국으로서 교회

이와 같이 하나님의 통치권이 행사되는 유형의 교회를 가리켜 은혜의 왕국regnum gratia이라고 한다. 따라서 유형의 교회는 하나의 국가 조직체로서 하나님께서 친히 다스리시는 독특한 하나님 나라이다. 그리고 이 유형의 교회를 통하여 살아계신 하나님의 가시적인 통치권이 행사된다. 그러므로 이 은혜의 왕국 안에 속해 있어야만 하나님의 통치가 정당하게 행사되고 하나님의 통치권이 확연히 드러나게 된다.

반면에 은혜의 왕국을 유지하기 위해 존속되는 세상의 나라 역시 하나님의 권능에 의해 통치되어 진행된다. 이것을 권능의 왕국regnum potentia이라고 한다. 이 권능의 왕국은 세상 모든 나라를 포함한다. 따라서 은혜의 왕국은 권능의 왕국 안에 있다. 그러나 은혜의 왕국과 권능의 왕국은 엄연히 경계가 있다. 또한 세상의 역사는 은혜의 왕국에 의해 유지된다. 이것은 어디까지나 권능의 왕국이 은혜의 왕국을 보호하고 진행시키기 위해 존재하기 때문이다.

1) 하나님의 능력으로 살아가는 교회

이러한 교회의 성격을 알고 있어야 비로소 교회의 능력이 무엇이며 어디로부터 나오는 것인가를 알게 된다. 그래서 교회의 능력은 유일하신 하나님에 대한 믿음을 그 양식으로 삼고 마침내 세상을 이기는 것에서 그 능력이 발휘되는 것임을 알 수 있다. 따라서 하나님께 대한 믿음이 교회의 원동력과 양식이 되고 생명력을 공급하는 활력으로서 구원의 보증이 된다. 이것이 교회의 능력이고, 하나님의 통치이며 하나님 나라의 모습이기도 하다.

교회는 세상과 다르게 운영된다. 세상은 돈이나 명예나 권세가 있어야 살아가는 곳이다. 힘이 지배하는 곳이다. 그러면서도 힘만으로는 살아가기 힘든 곳이다. 아무리 지혜가 있어도 그 지혜 때문에 망할 수 있는 곳이 세상이다. 아무리 큰 권력을 쥐고 있다 하여도 하루아침에 무너져 버릴 수 있다. 힘이 지배하는 세상에서 힘을 가지고도 무너지고 망하는 것을 보게 된다.

사람들은 그런 현상을 보고서 세상은 힘으로 살아가는 것이 아니라는 진실을 알아가기보다는 더 큰 힘을 가지면 평화와 행복을 성취할 것이라는 착각에 빠져 자꾸 더 큰 힘을 추앙하고 있다. 그 결과 세상은 힘을 신앙하는 종교에 빠져 있다. 그러나 교회는 힘으로 지배되지 않는다. 세상적인 물리력이나 권력으로 유지되는 곳이 아니다. 오직 하나님에 대한 신실한 믿음이 원동력이 되어서 교회가 유지되고 발전하며 세상을 이겨 나가게 된다.

2) 하나님을 신앙함으로써 능력을 발휘하는 교회

"대저 하나님께로서 난 자마다 세상을 이기느니라 세상을 이기는 것이 이것이니 우리의 믿음이니라"(요일 5:4)는 말씀과 같이 오직 믿음으로 세상을 이기는 것이 교회의 능력이다. 교회의 능력은 에베소서 3장 16-19절에서 찾을 수 있다.

첫째, 성령께서 속사람을 강건케 하시는 일 곧 어떤 사람을 새롭게 중생케 하시고 그 사람이 전혀 새로운 사람으로 살아갈 수 있도록 강건케 하시는 것에서부터 교회의 능력이 발현된다.

둘째, 예수 그리스도에 대한 구원의 믿음이 날마다 진보하고 장성해 나가도록 하는 것이 교회의 능력이다.

셋째, 그리스도의 사랑을 알아서 하나님의 모든 충만하신 지혜가 각 성도에게도 충만해진다. 바로 이러한 일에서 교회의 능력이 발휘된다.

그러므로 '어떤 교회가 능력을 갖고 있고 그 능력을 발휘하는 교회인가?' 라고 할 때는 이처럼 성령으로 말미암아 중생한 각 사람의 강건해짐이 눈에 보이는 교회가 참으로 권능이 있는 교회이다. 그러한 교회라면 당연히 구원의 복음에 대한 진보가 확연하게 나타나며 그 결과 하나님의 충만하신 지혜가 모든 사람들에게 있게 되어 누구에게나 하나님의 인격이 발견된다.

따라서 각 개인의 인격이 고양되고 하나님을 닮아가는 것이 얼마나 소중한 일인지 알 수 없다. 그런데 '인격' 이라고 할 때는 거기에 독특성, 즉 그 인격만이 가지는 고유한 특성이 있다. 요컨대 각 개개인이 가지는 특성은 결국 하나의 교회라는 형태로 응축되어 나타나는 그것이 그 교회만이 가지는 문화이다. 그러므로 교회가 그 능력을 정상적으로 발휘한다면 제일 먼저 시대적 사명에 대한 각성이 있어서 그 시대의 독특한 문화를 세상에 드러내게 된다.

3) 하나님의 통치를 구현하는 교회의 예배

앞에서 여러 번 말했듯이 기독교의 문화를 유형적으로 건설해 나가는 데 있어서 완벽한 형태가 바로 예배이다. 예배야말로 기독교만이 가지는 고유한 문화의 형태이다. 물론 여타의 다른 종교들도 예배의 형식을 나름대로 취하고 있다. 그리고 그들의 종교 의식에 따라 나름대로 문화를 형성하는 것도 사실이다. 하지만 대부분 의식을 행사하는 차원에서 종교를 유지하고 있는 것일 뿐이다. 그렇지만 기독교의 예배는 그 자체가 문화를 창조한다는 점에서 커다란 차이점이 있다. 즉 문화라고 할 때는 그 자체가 삶과 밀접한 관련이 있다는 점이 특성이다.

특히 기독교의 예배는 종교 의식으로 끝나는 것이 아니라 예배 자체가 생활과 밀접한 관계가 있으며 성도 개개인의 삶을 대변하는 모습으로 하나님께 드려지는 것이라는 점에서 독특한 의미를 가진다. 그래서 성도들은 예배를 삶의 최고 목표로 하게 된다. 모든 생활이 예배를 위해 경영되고 진행되어서 예배 중심의 삶이 곧 기독교 문화를 창출해 나가는 것이 된다. 그리고 교회는 이 예배를 순전하고 완숙하게 이루어 나가기 위하여 적극적으로 계시를 연구하고 가르치며 선포하게 된다.

나아가 이러한 정당한 말씀 선포를 기초로 하여 형성된 유형의 계시로 시행되는 것이 바로 성례이다. 뿐만 아니라 교회의 순결한 문화를 지키고 보존하기 위하여 교회는 권징을 실시하게 된다. 바른 말씀의 선포와 정당한 성례의 시행과 권징의 행사는 교회의 문화를 세워나가는 데 있어서 유효한 방편이 된다.

교회는 이와 같이 개혁신학을 바탕으로 계시로써 말씀을 보수하고 그 것들을 실제적으로 삶속에서 구현해 냄으로써 문화를 세워나가도록 최선을 다해야 한다. 그리고 나아가 이 문화와 신앙을 다음 세대에 넘겨줌으로써 하나님 나라가 확장되고 진전될 수 있도록 최선을 다해야 한다.

이런 것들이 교회가 가지는 기본적인 사명이라고 할 수 있다. 따라서 우리 교회도 이러한 가르침을 바탕으로 서 가야 한다.

4) 회원의 수준을 향상시켜야 하는 교회

이런 교회적인 사명을 확인하고 각성해 나가기 위해 먼저 해결해야 할 중요한 사항이 하나 있다. 그것은 이 교회를 구성하고 있는 각 사람들이 교회의 한 분자로서 정당한 인식을 가지고 있어야 한다는 점이다. 왜냐하면 아무리 교회의 시대적 사명이 무엇이고 시대를 앞서가는 교회로서 각성이 무엇인가를 확인해 나간다 할지라도 그 교회 구성원들이 하나님과의 관계에 있어서 정당한 인식이 없다면 학문적으로 고도화된 사상이라 해도 아무런 소용이 없기 때문이다.

예를 들면, 우리나라의 위정자들이 선진 조국을 창조한다는 국가적으로 커다란 이상을 세워놓았다 할지라도 그 국가를 구성하고 있는 백성의 생각이 허례허식에 물들어 있거나 과소비 풍조에 밀려 비싼 외제 물건이나 사들여 사치하는 일에 정신을 팔고 있다면 이 나라가 선진 국가로 발전해 나가기가 어려운 것과 같다. 더구나 노동자들을 착취하는 기업에 정부가 특혜를 주어가며 기업을 두둔한다면 '정의 사회 구현' 이란 입으로만 외치는 구호에 불과할 뿐이다.

그러므로 그 국가를 구성하는 국민의 정신이 바르고 건실하며 또 정부도 불의에 타협하지 않고 정의롭게 국가를 운영해 나가야 비로소 선진 국가를 건설할 수 있는 것이고 정의 사회를 구상할 수 있는 여지가 있다. 주님께서도 하나님 나라를 건설해 나가시기 위해 거창하게 구호를 내걸고 이상적인 정책을 추구하는 것으로 하지 않으시고 무엇보다 그 나라를 구성할 백성의 자질을 중시하셨음을 볼 수 있다.

3. 하나님의 성품을 발휘하는 기관으로서 교회

사도행전 1장 6-8절을 보면 예수께서 부활하신 후 승천하시고자 감람산에 가셨을 때 거기에 모든 제자들이 다 모이게 되었다. 그때 제자들은 드디어 그들이 바라던 메시아 왕국을 성취할 날이 다가왔다고 생각하고 "주께서 이스라엘을 회복하심이 이때니이까"(6절) 하고 물었다. 그런데 제자들의 마음속에 담고 있는 이스라엘 나라에 대한 개념에 상당한 문제점이 있었다. 적어도 하나님께서 오랫동안 선지자들을 통해서 계시해 주신 하나님 나라에 대한 정당한 인식보다는 그들이 자라온 이스라엘이라는 민족 공동체를 중심으로 한 정치적 이상향의 나라를 염두에 두고 있었다.

제자들의 의식 속에는 메시아 왕국이 세워지는 날에는 이 세상에서 고도하고 고상한 정치를 구현하는 나라를 건설하게 될 것이라고 여기고 있었다. 마치 다윗이 통일 왕국을 이루고 주변 국가들을 점령하여 영광스럽고 찬란한 나라를 건설하였던 것처럼 메시아가 오시면 이스라엘을 중심으로 세계의 역사가 진행되며 자기들이 세계의 주역으로 부상하는 날이 올 것이라고 기대하고 있었다.

그들은 부활하신 예수님이야말로 능력을 가진 분이시기에 이제는 로마를 물리치고 이스라엘을 회복할 뿐만 아니라 온 세상에 으뜸되는 국가를 건설하실 분이라고 여기고 이스라엘을 회복할 때가 지금이라고 기대하게 되었다. 이러한 생각이 있어서 "주께서 이스라엘을 회복할 때가 이때입니까?" 하고 물었다.

물론 이러한 기대감은 예수께서 사역하시던 기간에도 많은 사람들이 가지고 있었다. 심지어 예수께서 오병이어의 기적을 나타내시자(요 6:1-13) 그 표적을 본 사람들이 "이는 참으로 세상에 오실 그 선지자라"(요 6:14)고 하면서 예수님을 억지로 잡아다가 자기들의 임금으로 삼으려 하였던 적이 있었다. 이러한 기대감들은 결국 자기들의 욕구 충족을 예수님을 통해 이루어 보자는 심리적인 현상에서 나온다. 하나님의 계획이야 어떻든 간에 자기들의 생각을 앞세워 자기들의 기대감을 충족시키기 위해 예수님을 앞장 세우려는 발상에 지나지 않는다.

그러나 예수님은 인간적인 욕구 충족을 위해서가 아니라 하나님 나라를 건설하고 이루어 나가기 위해 절대적으로 필요한 새로운 요소가 있음을 제자들에게 가르쳐 주셨다. "때와 기한은 아버지께서 자기 권한에 두셨으니 너희의 알 바 아니요 오직 성령이 너희에게 임하시면 너희가 권능을 받고 예루살렘과 온 유대와 사마리아와 땅 끝까지 이르러 내 증인이 될 것이라"(행 1:7-8)고 말씀해 주셨다.

이 말씀을 오해하여 '전도의 지상 사명' 혹은 '선교의 지상 명령'으로 알고 전도를 해야 한다 또는 선교를 해야 한다는 명분을 찾기에 급급하고 있다. 그러나 이 말씀은 하나님의 나라를 세워나가는 데 있어서 중요한 새로운 지침이라는 점에서 우리가 주의를 기울이지 않으면 안 된다.

1) 교회 회원은 성령으로 변개된 사람

이 말씀 속에서 예수님은 크게 세 가지의 새로운 지침을 말씀하신다. 그 첫째는 누구든지 하나님 나라에 들어가기 위해서는 성령이 그에게 임하셔야 한다. 성령이 임하신다는 것은 어떤 물리적인 현상으로 확인되는 것은 아니다. 성령이 임하신다는 것은 하나님의 백성으로서 우리를 새 사람으로 변개시킨다는 의미이다.

곧 이스라엘이라는 육적인 혈통으로서가 아니라 성령으로 말미암아 중생한 사람만이 하나님 나라에 들어간다. 하나님 나라는 드높은 나라이며 복된 나라이고 하나님의 영광이 충만한 나라인 까닭에 지금까지 이스라엘 백성이 가지고 있는 이스라엘의 사상적 배경으로는 들어갈 수 없기 때문이다.

따라서 하나님 나라에 합당한 백성으로서 새로운 자질을 갖추어야 한다. 이런 면에서 하나님 나라는 육적인 나라가 아니라 영적인 나라이기에 육적인 혈통으로서가 아니라 영적인 본질을 소유한 중생한 사람만이 들어간다는 말이다. 그래서 마태는 자주 예수 그리스도께서 세우실 나라는 육적이고 정치적인 나라가 아닌 영적이고 영원한 나라임을 강조하였다.

2) 교회 회원은 성령님의 권능 받은 사람

둘째로, 누구든지 하나님 나라에 들어가기 위해서는 성령님의 권능을 새롭게 받아야 한다고 말씀하신다. 즉 새로운 힘의 원천을 소유해야 한다는 말이다. 왜냐하면 하나님 나라는 지존하신 하나님의 영광으로 가득한 나라이기 때문이다. 그 영광이 너무나 고결하고 순결하여 불순하거나 결핍이 있을 경우에는 하나님의 영광에 치이고 만다.

출애굽기 19장을 보면 하나님께서 시내산에 강림하시는 때 이스라엘 백성이 하나님의 영광 앞에 노출되어 죽임을 당하지 않도록 경계를 정하셨던 사실을 알 수 있다. 그리고 하나님 앞에 나오도록 택함을 받은 제사장들은 그 몸을 성결히 하도록 지시를 받았다. 하나님의 영광에 치어 죽임을 당하지 않도록 하려는 하나님의 배려였다(출 19:21-24). 이렇게 하나님의 영광에 노출이 되면 죽음을 당할 정도로 그 나라는 성결한 나라이다. 그러므로 결코 아무나 그 나라에 들어갈 수 없다.

때문에 예수님은 그 나라에 들어가기 위해서는 특별한 권능을 소유하지 않으면 안 될 것이라고 말씀을 하셨다. 바로 그 능력은 성령께서 주시는 능력이다. 이 말은 곧 새롭게 중생한 사람이라면 그 본질이 달라질 뿐만 아니라 그가 가지고 있는 삶의 원동력까지도 달라져야 함을 의미한다. 따라서 새로운 성령님의 권능으로 말미암아 영적인 삶을 가꾸어

가는 사람만이 하나님 나라의 백성이 될 수 있다. 즉 이 세상에서 요령껏 살아가는 능력이 아니라 하나님 나라를 세우고 그 나라 안에서 살아가는 새로운 지식과 생명의 원천으로서 새로운 권능이 필요했다.

3) 우주적인 하나님의 나라를 현시하는 기관으로서 교회

셋째로, 하나님 나라는 우주적이라는 점을 강조하셨다. 이처럼 성령님의 권능을 받으면 "예루살렘과 온 유대와 사마리아와 땅 끝까지 이르러 내 증인이 되리라"고 하신 말씀은 단순히 전도하라는 차원의 이야기가 아니다. 하나님 나라를 현시함으로써 범세계적인 하나님 나라를 건설하라는 의미이다. 지금까지 유대인들은 이스라엘 중심의 정치적이고 현세적인 복지국가를 꿈꾸며 메시아를 기다려 왔다. 그러나 주님께서 건설하실 나라는 오직 중생한 사람들로 구성되고 건설되는 우주적이며 영원한 나라이다.

그래서 주님은 이스라엘이라는 소수 민족이 주축이 되는 엘리트 국가를 소망할 것이 아니라, 신령한 사람들이 범세계적으로 모여 건설될 신령한 나라에 제자들이 들어가야 할 것을 말씀하셨다. 새 이스라엘을 건설하기 위해서 제자들이 다른 사람들보다 먼저 성령으로 말미암아 새사람이 되는 영광된 자리에 서야 할 것을 지시하셨다. 그러므로 제자들은 언제까지나 육적 이스라엘이라는 혈통을 따라 살지 말고 이제는 범세계적인 안목을 갖고 우주적인 나라를 건설해 나가야 했다.

4) 교회 안에 현존하는 하나님 나라

또한 이 말씀 속에는 하나님 나라에 대하여 오해하고 있는 사람들을 새롭게 각성시키는 중요한 의미가 담겨 있음을 알 수 있다. 당시 이스라엘 사람들이 자기들을 중심으로 한 정치적인 메시아 왕국의 건설에 모든 관심을 집중하고 있을 때 주님께서는 그들의 잘못된 메시아 왕국 사상을 수정해 주셨다.

그런데 오늘날 우리 주변을 보면 현실과는 전혀 동떨어져 죽음 이후에나 들어갈 곳이 천국이라고 생각하는 사람들이 참으로 많다. 심지어 "하나님 나라가 임한다"는 말부터가 세상의 종말을 상징하는 것으로 받아들여질 정도이다. 그래서 우리 주변의 교회들은 대부분 현실 속에서 세워나가야 할 하나님 나라에 대해서는 관심이 없고 장차 임할 하나님의 나라에 들어가기만을 위한 신앙을 강조하고 있음을 보게 된다.

그러나 주님께서는 하나님 나라가 우주 저편에서 존재하다가 이 세상에 내려오는 것이 아니라고 말씀하신다. 이 땅에서 하나님 나라가 세워져 나가야 함을 강조하신다. "땅 끝까지 이르러 내 증인이 되리라"는 말씀은 어느 시대나 진정한 그리스도인으로서 시대적 각성을 통하여 건설해야 할 하나님 나라의 구체적 구현을 의미하고 있음에 주의해야 한다. 천국 가기 위해 예수를 믿고 교회에 다니는 것이 아니다. 지금 내 삶의 현실이 하나님 나라의 건설과 진전 속에 참여되어 있지 않다면 결코 구원을 받은 것이 아니라는 사실을 알아야 한다.

예수께서 승천하시고 성령께서 강림하신 때부터 이 지상에 하나님 나라가 구체적으로 현현되기 시작하였다. 바로 그 하나님 나라로서 지상에 세워진 것이 교회이다. 그래서 교회를 하나님 나라라고 한다. 그리고 이 지상에 세워진 하나님 나라로서 교회는 초대교회 시대나 지금이나 존재하는 데 있어서 아무런 제약을 받지 않는다. 곧 시간과 공간의 제약을 받지 않는다는 말이다.

반면에 이 지상의 국가들은 모두 시간과 공간의 제약을 받게 되어 있다. 어느 나라이든 제한된 영토가 있고 한정된 국민이 있으며 시간의 흐름 속에 흥망성쇠가 있기 마련이다. 그래서 어떤 나라가 있다면 그 나라가 영원히 존재하고 발전해 나가는 것이 아니다. 언젠가는 역사 속에서 자취를 감추게 될 때가 오게 된다.

그러나 이 지상에 세워진 하나님 나라로서 교회만은 공간의 제약도 받지 않고 어느 민족이든지 상관없이 그 나라의 백성이 되며 시간적인 제한도 받지 않는다. 바로 그러한 나라가 현실적으로 우리 이 세상에 존재하는데 바로 교회가 그 나라이다. 이것이 주님께서 "땅 끝까지 이르러 내 증인이 되리라"고 하신 말씀 속에 담긴 중요한 의미이다.

5) 드높은 하나님의 성품을 드러내는 교회

이상을 종합해 보면 교회에서 중요한 요소란 성령으로 말미암아 새 사람된 성도들이 교회의 구성원이 되어야 한다는 점이다. 왜냐하면 그러한 성도들이어야 새로운 권능을 행사할 수 있고 그들을 구성원으로 한 신령한 나라가 건설되어 새로운 나라적인 사상과 품성을 가지게 되기 때문이다. 즉 이론적으로 하나님 나라에 대한 지식이나 교회에 대한 연구를 통하여서 신령한 교회가 건설되는 것이 아니다. 실제로 성령님으로 말미암아 새롭게 태어난 사람들이 있어야 신령한 교회를 세울 수 있음을 알 수 있다. 이처럼 본질적으로 새 사람이 된 성도 곧 본질적으로 변화를 받은 사람이어야 하나님 나라에 들어갈 수 있다.

4. 하나님의 영으로 통치되는 기관으로서 교회

교회는 세상 사람들의 지식이나 인격으로 세워지는 것이 아니라 성령께서 주신 새로운 인격 곧 하나님 나라 백성으로서의 인격으로 세워진다. 이 인격을 가리켜 하나님을 닮은 인격이라고 해서 신격神格이라고 한다. 따라서 신격을 가지지 않은 사람들은 교회에 와 있어야 할 이유가 없다.

하나님의 통치를 받고 그 즐거움에 참여할 수 있는 사람만이 교회의 회원이 되기 때문이다. 본질적으로 신격을 가진 사람들이 이 땅의 삶속에서 하나님 나라를 구체적으로 현시하고 살아가는 터전이 곧 교회이고, 이런 교회일 때 비로소 교회의 능력이 정상적으로 발휘될 수 있음을 명심하지 않으면 안 된다.

그러므로 외형적으로 살펴보아 어느 교회가 참 교회인지 아닌지를 따질 것이 아니라 그 교회를 구성하고 있는 구성원들의 자질이 어떠한가를 보아서 참 교회인가 아닌가를 분별해야 한다. 과연 교회를 구성하고 있는 성도들의 성품이 신격을 따라 발휘되는지가 참 교회의 척도이다. 그리고 사람들의 품성이 과연 하나님 나라적인가 아닌가는 그리스도께서 선포하신 가르침을 통해 알 수 있다. 곧 산상수훈에서 주님께서는 교회의 성품 곧 신격으로 나타나는 하나님 나라적인 품성이 어떠한가를 자세하게 보여주셨다.

이 신격은 바로 그리스도 자신의 인격을 나타낸다. 그래서 우리가 하나님 나라의 백성이 되기 위해서는 그리스도와 철저하게 하나가 되지 않으면 불가능하다. 결국 우리가 성령님의 내주하심을 입었고 하나님의 품성을 나타내는 신격을 가졌다고 하는 것은 우리의 인격이 그리스도화 되었음을 의미한다.

따라서 우리 교회가 참으로 하나님 나라를 드러낼 수 있으려면 교회의 구성원인 우리가 철저하게 예수 그리스도와의 일체unio mystica를 이루고 있어야 한다. 그래서 교회는 무엇보다도 먼저 이러한 사실을 확인하고 난 후에야 교회의 회원으로 받아들이고 세례를 주도록 되어 있다. 그러니까 이미 교회에서 세례를 베풀었다면 서로 그리스도와 한 몸이 되었다는 사실을 명확하게 하고 이제 한 지체가 되었음을 상징한다. 이러한 구성원들로 한 몸을 이룬 교회여야 비로소 참 교회이고 교회로서 능력을 행사할 수 있다. 바로 여기에 하나님 나라가 존재한다.

그 다음 한 걸음 더 나아가 생각할 것은 교회마다 가지는 독특한 열매로서 문화에 대한 것이다. 각각의 교회마다 발생하는 문화라고 하는 것은 한 나무에서 여러 종류의 열매가 맺히는 것이 아닌 것처럼 하나의 교회는 하나의 문화를 형성하게 된다. 다시 말하면 교회를 구성하는 사람이 여럿일지라도 그 교회는 하나의 특성을 가지게 된다. 바로 이것이 교회가 가지는 동질성이며 이것은 교회의 커다란 특성 중의 하나이다.

교회를 구성하고 있는 사람들은 어떤 면에서 철저하게 동질을 이루지 않으면 안 된다. 왜냐하면 동질성이 확인되어 있지 않으면 동료 의식도 없게 되고 결국 교회로서 역사를 책임질 만한 독특한 사명 의식이 발생하지 않기 때문이다. 이런 점에서 교회도 인격이 있다고 한다. 그 인격성이 교회를 존재하게 하는 원동력 또는 생명력이 된다.

한 분 그리스도 안에서 신격을 닮은 성도들에 의해 하나의 교회를 형성하게 될 때는 이처럼 교회마다 독특하고 고유한 존재의 의미를 가진다. 그리고 교회가 각각 고유한 문화를 형성하여 그리스도 안에서 모든 교회들이 각기 다양한 특성을 발휘할 때 하나님 나라는 풍성하고 다양하게 이 세상에 세워져 나가게 된다.

기도

하나님 아버지.

그동안 우리는 교회의 본분이란 하나님께 예배하고 영광을 드리는 것인데, 그러기 위해 교회는 당연히 하나의 공동체로서 조직되고 정당하게 하나님의 말씀을 가르쳐서 성령으로 말미암아 중생한 자들에게 교회적인 사명을 인식하게 하며, 각 성도는 하나님과 연합되어 있음과 그리스도로부터 참 생명을 공급받고 있음을 확인하게 함으로써 교회적인 특성을 발휘해야 함을 배웠사옵나이다.

지금까지는 그러한 의식이 빈약했고 교회로서 능력을 발휘하는 데 있어서 연약했을지라도 기본적인 위치에서 우리를 돌아보아 각 사람을 점검하게 하시고, 그동안 훈련받은 각 개인에게 어떤 특성이 있고 달란트가 있는가를 확인하여 우리 교회 안에서 충분히 발휘될 수 있도록 서로 도와줌으로써 동료 의식이 깊어지게 하시고, 그것들을 바탕으로 하나님의 나라를 세워나가게 하시옵소서.

그렇게 함으로써 우리 교회가 하나님께서 쓰시고자 하는 역사적인 교회가 되게 하시어 하나님의 아름다운 사역의 열매를 맺을 수 있도록 인도하여 주옵소서. 하나님께서는 이런 교회 하나가 세워지는 것을 얼마나 크게 기뻐하시는지 우리가 아오니 차분히 우리가 이런 일을 면밀하게 확인하고 점검하여서 우리가 동질임을 확인하고 동료 의식을 갖고 하나님 나라의 사상을 향하여 전진해 나가는 교회가 될 수 있도록 주께서 날마다 은혜를 베풀어주시옵소서.

주 예수 그리스도의 이름으로 기도하옵나이다. 아멘.

제3부
교회가 가야할 길

I. 교회의 문화

로마서 1장 1-32절

1 예수 그리스도의 종 바울은 사도로 부르심을 받아 하나님의 복음을 위하여 택정함을 입었으니
2 이 복음은 하나님이 선지자들로 말미암아 그의 아들에 관하여 성경에 미리 약속하신 것이라
3 이 아들로 말하면 육신으로는 다윗의 혈통에서 나셨고
4 성결의 영으로는 죽은 가운데서 부활하여 능력으로 하나님의 아들로 인정되셨으니 곧 우리 주 예수 그리스도시니라
5 그로 말미암아 우리가 은혜와 사도의 직분을 받아 그 이름을 위하여 모든 이방인 중에서 믿어 순종케 하나니
6 너희도 그들 중에 있어 예수 그리스도의 것으로 부르심을 입은 자니라
7 로마에 있어 하나님의 사랑하심을 입고 성도로 부르심을 입은 모든 자에게 하나님 우리 아버지와 주 예수 그리스도로 좇아 은혜와 평강이 있기를 원하노라
8 첫째는 내가 예수 그리스도로 말미암아 너희 모든 사람을 인하여 내 하나님께 감사함은 너희 믿음이 온 세상에 전파됨이로다
9 내가 그의 아들의 복음 안에서 내 심령으로 섬기는 하나님이 나의 증인이 되시거니와 항상 내 기도에 쉬지 않고 너희를 말하며
10 어떠하든지 이제 하나님의 뜻 안에서 너희에게로 나아갈 좋은 길 얻기를 구하노라
11 내가 너희 보기를 심히 원하는 것은 무슨 신령한 은사를 너희에게 나눠 주어 너희를 견고케 하려 함이니
12 이는 곧 내가 너희 가운데서 너희와 나의 믿음을 인하여 피차 안위함을 얻으려 함이라
13 형제들아 내가 여러 번 너희에게 가고자 한 것을 너희가 모르기를 원치 아니하노니 이는 너희 중에서도 다른 이방인 중에서와 같이 열매를 맺게 하려 함이로되 지금까지 길이 막혔도다
14 헬라인이나 야만이나 지혜 있는 자나 어리석은 자에게 다 내가 빚진 자라
15 그러므로 나는 할 수 있는 대로 로마에 있는 너희에게도 복음 전하기를 원하노라
16 내가 복음을 부끄러워하지 아니하노니 이 복음은 모든 믿는 자에게 구원을 주시는 하나님의 능력이 됨이라 첫째는 유대인에게요 또한 헬라인에게로다
17 복음에는 하나님의 의가 나타나서 믿음으로 믿음에 이르게 하나니 기록된 바 오직 의인은 믿음으로 말미암아 살리라 함과 같으니라

18 하나님의 진노가 불의로 진리를 막는 사람들의 모든 경건치 않음과 불의에 대하여 하늘로
좇아 나타나나니
19 이는 하나님을 알 만한 것이 저희 속에 보임이라 하나님께서 이를 저희에게 보이셨느니라
20 창세로부터 그의 보이지 아니하는 것들 곧 그의 영원하신 능력과 신성이 그 만드신 만물에
분명히 보여 알게 되나니 그러므로 저희가 핑계치 못할지니라
21 하나님을 알되 하나님으로 영화롭게도 아니하며 감사치도 않고 오히려 그 생각이 허망하여
지며 미련한 마음이 어두워졌나니
22 스스로 지혜 있다 하나 우둔하게 되어
23 썩어지지 아니하는 하나님의 영광을 썩어질 사람과 금수와 버러지 형상의 우상으로 바꾸었
느니라
24 그러므로 하나님께서 저희를 마음의 정욕대로 더러움에 내어버려 두사 저희 몸을 서로 욕되
게 하셨으니
25 이는 저희가 하나님의 진리를 거짓 것으로 바꾸어 피조물을 조물주보다 더 경배하고 섬김이
라 주는 곧 영원히 찬송할 이시로다 아멘
26 이를 인하여 하나님께서 저희를 부끄러운 욕심에 내어버려 두셨으니 곧 저희 여인들도 순리
대로 쓸 것을 바꾸어 역리로 쓰며
27 이와 같이 남자들도 순리대로 여인 쓰기를 버리고 서로 향하여 음욕이 불일듯 하매 남자가
남자로 더불어 부끄러운 일을 행하여 저희의 그릇됨에 상당한 보응을 그 자신에 받았느니라
28 또한 저희가 마음에 하나님 두기를 싫어하매 하나님께서 저희를 그 상실한 마음대로 내어
버려 두사 합당치 못한 일을 하게 하셨으니
29 곧 모든 불의, 추악, 탐욕, 악의가 가득한 자요 시기, 살인, 분쟁, 사기, 악독이 가득한 자요 수
군수군 하는 자요
30 비방하는 자요 하나님의 미워하시는 자요 능욕하는 자요 교만한 자요 자랑하는 자요 악을
도모하는 자요 부모를 거역하는 자요
31 우매한 자요 배약(背約)하는 자요 무정한 자요 무자비한 자라
32 저희가 이같은 일을 행하는 자는 사형에 해당하다고 하나님의 정하심을 알고도 자기들만 행
할 뿐 아니라 또한 그 일을 행하는 자를 옳다 하느니라

개혁교회론 - 교회와 사명
제3부 | 교회가 가야할 길

I. 교회의 문화

롬 1:1-32

우리가 이 세상에 존재하는 이유는 하나님 나라를 이 땅 위에서 다양하고 풍성하게 세워나가기 위함이다. 하나님을 섬김으로써 죽은 후에 복락원에 들어가기 위해서거나 혹은 종교적 행사를 통하여 미래를 대비하기 위함이 아니다. 하나님은 이미 하나님의 아들로 부르심 받은 그의 자녀들을 통하여 이 땅 위에서 하나님의 권능의 통치가 발현되기를 원하신다.

그러기 위해 하나님은 그의 자녀들의 행로를 보호하시며 인도하심으로써 자녀들의 삶을 책임지신다. 이 사실을 체험하고 자기 인생을 하나님께 의뢰하는 그의 자녀들만이 이 땅에 하나님 나라를 세워나감으로써 자기 인생을 의미있게 경영해 나간다. 그리고 이렇게 함으로써 하나님 나라가 구체적으로 이 세상에 현시된다.

1. 교회의 특성

하나님의 나라는 무엇보다도 그 나라를 구성하는 백성, 즉 성도들에 의해 그 특성과 품성이 나타나게 된다. 그래서 온전히 성령님으로 말미암아 새 사람으로 변개된 사람만이 그 나라를 구성하고 세워나가게 하신다. 그러기 위해 하나님은 세상에서 그의 백성을 따로 불러모으시는데 그것이 바로 교회이다.

그러므로 하나님의 아들로 부르심 받은 사람들만이 교회의 회원이 될 수 있다. 교회 그 자체가 세상 나라와는 성질을 달리하는 독특하고 고유한 하나의 나라를 구성하게 된다. 이것을 가리켜 '은혜의 왕국' 또는 '무형 교회' 라고 한다. 이 교회는 전 역사 안에서 전 세계적으로 존재하며 범민족적으로 구성되어 유일한 하나의 나라로 통일을 이루게 된다(이것을 교회의 통일성이라고 한다). 이 나라는 그리스도를 왕으로 섬기며 하나님의 창조의 뜻을 완수하기 위한 사명을 가지고 역사를 경영해 나간다.

따라서 창조 이래로 세상이 끝나는 날까지 하나님의 백성을 모두 포함하는 이 나라는 오직 유일한 하나님 나라이며 구원받은 자의 총수로 이루어져 있다. 이러한 나라를 세워나갈 것을 원하시어 승천하시기 전에 왕께서 그의 백성인 제자들에게 지시하신 말씀으로 "하늘과 땅의 모든 권세를 내게 주셨으니 그러므로 너희는 가서 모든 족속으로 제자를 삼아 아버지와 아들과 성령의 이름으로 세례를 주고 내가 너희에게 분부한 모든 것을 가르쳐 지키게 하라 볼찌어다 내가 세상 끝날까지 너희와 항상 함께 있으리라"(마 28:18-20)고 하셨다.

1) 하나님의 성품 나타내는 기관으로서 교회

교회의 왕께서는 무엇보다도 그 나라를 구성할 백성의 인격과 품성을 중시하시고 그 나라의 백성이 되기 위해서는 새롭게 거듭나야만 할 것(중생)을 지시하셨다. "오직 성령이 너희에게 임하시면 너희가 권능을 받고 예루살렘과 온 유대와 사마리아와 땅 끝까지 이르러 내 증인이 되리라"(행 1:8)는 말씀이 그것이다.

하나님 나라를 이 땅에서 구현하고 현시하는 데 있어서 그리고 장차 완성될 하나님 나라를 구성하는 데 있어서 중요한 것은 그 나라 백성의 인격이다. 그들의 인격이 충분히 하나님의 인격을 대변할 만한 수준에 있어야 하기 때문이다. 그러기 위해 무엇보다도 하나님 나라의 성품을 갖춘 고상한 인격의 소유자이신 그리스도의 인격을 닮아야 한다. 그리스도의 인격을 닮는다는 것은 그리스도의 품성을 드러낸다는 말이다. 그러므로 성도는 당연히 그리스도를 자신의 삶을 통해서 투영시키게 된다. 이렇게 함으로써 하나님 나라적인 모습이 우리 안에서 구체화된다.

각 성도가 그 자질을 풍성히 드러내기 위해서는 그 자신의 본질이 그리스도와 연합unio mystica된 삶을 이루어야 하며 이로써 그 풍성한 삶의 열매를 통해 그리스도를 증거하게 된다. 증거한다는 말이 우리 주변에서 너무나 많이 왜곡되어 있어서 전도라든지 선교라는 말로 오해되기 쉬운 말이 되고 말았다. 여기에서 증인이 된다는 말은 그리스도를 바로 자기 자신의 삶을 통해서 곧 자신의 인격을 통해서 드러낸다는 의미이다.

그리스도와 연합되어 있지 않다면 결코 그리스도적인 삶의 열매가 나타날 수 없다. 반면에 그리스도와 연합되어 있는 사람에게는 당연히 그리스도의 인격이 열매로 나타나게 된다. 그럴 때 그 열매의 특성이 같은 사람들은 자연스럽게 하나로 모이게 되는데 그 유형의 단체를 '유형 교회' 라고 부른다.

2) 그리스도와 일치해야 하는 교회

유형 교회는 '무형 교회' 에 소속된 성도들이 그리스도의 성품을 자기들의 삶의 열매로서 나타낼 때 그 동류들이 모여 이룬 조직체이다. 그래서 그들은 철저하게 생명의 공동체 의식을 가질 뿐만 아니라 더 나아가 역사 안에서 그들의 시대에 이루어야 할 시대적 사명 의식을 확연히 알게 된다. 이런 교회를 이루게 하기 위하여 성령께서는 친히 유기적이고 역동적으로 역사하여 하나님 나라를 세워나가게 하시며, 그 결과로써 하나님 나라의 문화가 이 땅 위에 세워지게 하신다.

이와 같이 하나의 교회가 세워짐에 있어서 중요한 요소가 바로 그 교회를 구성하는 성도들의 본질과 동질성이다. ① 하나님의 아들로 품성이 잘 갖추어진 사람들로서 ② 한 시대의 한 지역에서 역사에 대한 공통적인 견해를 갖고 ③ 서로의 위치를 파악하고 함께 하나님 나라를 건설해 나가는 시대적 사명에 대한 동질성이야말로 교회의 핵심이자 원동력이다.

바로 이러한 바탕을 근거로 교회가 세워지면 거기에는 그 교회만의 독자적이고 고유한 문화가 형성된다. 이것이 바로 그 '교회의 열매' 이다. 곧 각 성도들이 교회의 문화를 형성하고 이루어 나가는 삶 자체가 하나님 앞에 드려야 할 숭고하고 아름다운 열매가 된다. 그리고 하나님께서는 그 열매를 기뻐하시고 선하게 여기시어 즐겁게 받아들이신다.

3) 교회가 나타내어야 할 열매

교회의 예배나 그밖에 교회가 추진해 나가는 모든 행사는 성도들이 자기들의 삶의 열매를 하나님께 드리는 신앙 고백이어야 한다. 그래서 교회의 행사는 어느 것 하나라도 하나님 나라를 표상하지 않는 것이 없다. 누구나 그 행사에 참여함으로써 하나님께서 통치하시는 그 나라의 맛을 느끼게 하기 때문이다. 그리고 그 자체가 하나님 나라의 문화이다. 이 문화를 통해 구체적으로 하나님 나라가 건설되고 이 세상에 가시적으로 나타나게 된다.

각 지교회가 이처럼 풍성하게 하나님 나라의 문화를 세워나가게 되면 전 세계적으로 존재하고 있는 많은 교회들의 다양함과 풍요로움 속에서 하나님의 나라는 얼마든지 폭넓게 그리고 다양하게 나타나게 된다. 결국 그 나라의 백성에게는 구체적으로 하나님의 통치가 체험되어진다.

반면에 교회가 열매가 없다는 것은 심각한 일이 아닐 수 없다. 세상에 대하여 그리고 교회 존재 그 자체의 독특한 문화도 없이 여느 사회 단체와 다를 바 없다면 결코 교회라고 할 수 없다. 일반적인 사회 단체는 그래도 그 존재 의미를 두고 있다. 그러나 교회가 교회로서 의미를 상실하고 하나의 종교 단체가 되어 버리면 사람들에게 종교적 위안을 줄지는 몰라도 하나님께서 바라시는 진정한 존재의 가치는 상실하고 만다.

교회는 교회로서 독특한 존재 의미가 있어야 한다. 그것도 일반적으로 교회들이 가지고 있는 공통적인 특성뿐만 아니라 하나님께서 그 교회를 친히 통치하고 인도하시는 증거로서 그 교회만이 가지고 있는 문화가 명확하게 서 있어야 한다. 그래서 유형의 교회는 다른 교회와 동질성을 가지면서도(이것을 교회의 보편성이라고 한다) 그 교회만의 특성이 별도로 있어야 한다.

2. 회원의 본질

교회는 그 교회를 구성하고 있는 구성원들의 본질에 대하여 깊이 관심을 갖지 않으면 안 된다. 왜냐하면 교회의 문화는 무엇보다도 그 교회를 구성하고 있는 성도들의 품성이 모아져서 형성되기 때문이다.

하나님 나라적인 교회의 문화가 형성되려면 그 교회의 구성원들이 철저하게 하나님과 동질을 이루어야 한다. 하나님과 단절된 상태에서는 결코 열매를 맺을 수 없기 때문이다. 포도나무 가지에 열매가 없다는 것은 이미 그 가지가 본체인 나무와 단절되어 있음을 의미한다. 마찬가지로 교회가 열매를 맺기 위해서는 그 구성원들이 본체이신 하나님과 하나가 되어 있어야 한다. 곧 참 생명이 그 안에 있어야 한다는 말이다.

1) 하나님의 인격을 드러내는 교회

하나님과 단절되었다는 것은 하나님에 대한 정당한 인식이 없음을 의미하며 그 상태를 가리켜 '사망' 이라고 한다. 대부분 사람들은 하나님에 대한 정당한 인식이 없음에도 불구하고 교회에 열심히 다닌다는 한 가지 이유만으로도 구원을 받은 줄 알고 있다. 그러나 그러한 상태는 '사망' 의 상태이지 결코 참 생명이 있는 상태는 아니다. 그리고 하나님에 대하여 각성이 없고 바른 인식이 없는 사람들에게는 그 상태가 처참한 심판이기도 하다.

하나님의 심판은 죽은 후 지옥에 떨어지도록 버림받는 것으로 나타나기 이전에 이미 우리가 살아 있는 현재의 삶속에서도 분명히 나타나 있다. 하나님에 대하여 바른 지식을 갖지 못하고 정당하게 하나님을 모시지 못하며 하나님과 하나가 되는 긴밀한 관계를 이루지 못하는 것, 바로 그 상태가 심판이요 형벌이다.

반면에 참 생명이 있는 성도들이라면 그들의 삶을 통하여 열매로 나타나기 마련이다. 열매란 앞에서도 이야기했듯이 유형의 교회 형태로써 교회적 삶의 문화를 의미한다. 소위 전도의 열매, 봉사의 열매, 헌금의 열매 등으로 왜곡되어 있는 우리의 현실 속에서 자기 자신의 삶이 교회라는 유형의 울타리를 통해 하나님 나라를 구현해 나가는 것이 진정한 열매라고 한다면 대부분의 교인들은 얼른 이해를 하지 못한다. 바로 그러한 현상이 우리가 당하는 하나님의 심판의 한 모습이라는 것을 알아야 한다.

엄밀히 말해서 교회의 궁극적인 완성은 하나님 나라의 완성이다. 그러므로 교회 회원의 궁극적인 삶의 완성은 그 하나님 나라의 백성으로서 인정을 받는 일이다. 그것을 가리켜 '구원' 이라고 한다. 구원을 받았다는 것은 '영생' 을 얻어 영원한 하나님 나라에 참여되었음을 의미한다.

이 영생은 우리의 삶의 극치이다. 그리스도와 같이 영화의 몸을 입어 영원한 생명을 누리는 것을 말한다. 따라서 이러한 영화의 몸을 입는다는 증표가 지금 내 삶속에서 명확하게 나타나야 한다. 그것이 바로 교회 안에서의 하나님 백성다운 삶으로 나타나는 것이며, 바로 이 삶의 열매가 교회의 문화로서 역사 속에서 분명하게 나타나야 하는 것이다.

그리하여 어느 지교회가 진정한 의미에서 하나님 나라를 표상하고 있다 한다면 교회 회원들의 삶의 형태가 하나님 나라를 예시할 정도로 그 품성이 하나님 나라적으로 발현되어야 한다. 나아가 그것을 바탕으로 하여 그곳에는 하나님 나라적인 기독교 문화가 건설되어지기 마련이다.

2) 역사적 문화로 결실해야 하는 성도의 신앙

그리스도의 인격을 닮아 모든 회원들의 삶이 그리스도적이라고 한다면 거기에는 이처럼 하나님 나라적인 품성이 나타나지 않을 수 없다. 이러한 품성은 세상의 삶의 형태와는 엄밀하게 구분되고 각 지교회마다 독특하게 성숙하여 나타나기 때문에 역사상 유일한 문화적 유산으로 길이 남아 있기 마련이다. 마치 한 인간이 이 땅에 태어나 그 사람만이 가지는 독자적이고 고유한 삶의 형태를 이루어 나가는 것과 같다. 그 사람만의 독자적인 삶의 의미와 가치를 가지는 것은 바로 그가 인격을 가지고 있기 때문이다.

마찬가지로 교회라 할 때도 교회만이 가지는 품성 곧 인격이 있기 마련이다. 그래서 함부로 어느 지교회를 업신여긴다든지 함부로 판단해서는 안 된다. 교회 그 자체가 하나의 인격체이기 때문이다. 이런 점에서 소위 문화적 유산이라고 하는 일반 문화와 기독교만이 가지는 문화와는 현격한 차이가 있다.

일반 문화를 가리켜 누구도 인격적인 대우를 하지는 않는다. 더군다나 그 문화를 인격이라고도 하지 않는다. 그저 자기들 소욕대로 살다 보니 어찌하여 형성된 것이어서 거기에 어떤 거룩한 목표가 있다거나 인격체의 유기적인 생명이 있다고 말할 수 없다. 그러나 기독교의 문화는 그 자체가 성도들의 인격에서부터 출발한 것으로 기독교 문화가 바로 인격체라는 점에서 숭고한 가치를 지닌다. 때문에 그 핵심인 교회 그 자체가 인격체이다. 이것이 하나님 나라의 커다란 특성이다.

하나님 나라는 하나님 자신이시며 하나님의 인격으로 표현되는 나라이다. 어떤 유형의 문화재로서 존재하는 것이 아니다. 인격으로서 하나님 나라가 이 땅에 엄연히 존재한다. 그럼에도 불구하고 현실 속에서 인격적인 대우를 받을 만한 교회가 많지 않다는 점이 우리의 아픔이다. 그만큼 교회가 하나님의 인격을 대변하지 못하고 그 품성을 발휘하지 못함으로써 그 교회만의 고유하고 독자적인 문화를 세우고 있지 못하기 때문이다. 다시 말하면 하나님 나라의 고상하고 순결하며 엄위한 모습을 세우고 있지 못하다는 것이다.

3) 교회 문화를 상실한 결과

아무리 어린아이일지라도 우리는 그 아이가 인격체라는 점에서 그 생명을 소중하게 여긴다. 그 아이의 힘이 무섭고 그 아이가 천재적인 기질이 있어서 감싸주는 것이 아니다. 그 아이에게 생명이 있고 무엇보다도 그 자체가 독립된 한 인격체라는 점에서 귀하게 여겨야 한다. 마찬가지로 교회가 세상을 정복할 만한 힘을 소유하거나 값비싼 역사적 유물을 많이 소장하고 있어서 세상에 대하여 가치를 인정받는 것은 절대 아니다. 그런 것을 보고 세상이 교회를 존경하거나 두려워하는 일은 없다.

오히려 교회가 힘을 가지고 있다면 세상은 힘으로 교회를 정복해 버린다. 우리는 그러한 교훈을 역사 속에서 얼마든지 살펴 볼 수 있다. 중세 시대에 로마 교황권이 세속 국가의 통치권을 장악하려고 할 때 교회 안에는 엄청난 부패가 있었고 인류에게는 참혹한 전쟁을 가져다 준 역사를 우리는 잊을 수 없다.

반면에 교회가 교회당을 치장하고 화려하게 장식하기 위하여 이름 있는 미술가, 음악가, 조각가, 건축가들을 탄생시킨 것은 사실이다. 그러나 어느 만큼 시간이 흐른 지금에 와서는 하나의 유물로 혹은 문화재로서 가치는 있을지 모르지만 그것들이 하나님 나라를 표상하거나 그 엄위로움과 풍요로움을 드러내지는 못한다. 그런 것들을 가리켜 교회의 문화라든지 하나님 나라를 대변한다고 말할 수 없다. 그런 역사적인 교훈이 있음에도 불구하고 오늘날의 교회들이 여전히 예배당을 치장하는 전철을 밟고 있다는 것은 하나님의 진노의 대상이 아닐 수 없다.

예수 그리스도께서 이 세상에 오신 것은 숭고하고 아름다운 하나님 나라를 건설하시기 위함이었다. 그렇다고 예수께서 힘으로 세상을 정복하였다든지 아니면 역사적 유물로서 하나님 나라를 드러내신 적이 없으시다. 오직 그 자신이 가지신 인격 하나로 하나님 나라를 풍요로움과 엄위하심으로 명백히 나타내셨다. 그럼에도 불구하고, 교회들이 그리스도의 인격으로서 하나님 나라를 현시하기보다 물질적으로 세상에 대하여 하나님 나라의 모습을 나타내려 한다는 것은 참으로 이해할 수 없는 일이다.

오히려 그런 것들을 교회의 열매라고 조장하며 성도들을 미혹하는 물량주의적인 사고방식에 빠져 있는 종교적 집단들 때문에 참으로 하나님을 섬기고 하나님 나라를 신령하게 건설하고자 하는 진정한 그리스도인들이 얼마나 타격을 입고 있는지 모른다. 더군다나 교인의 숫자와 헌금의 액수와 건물의 크기로 교회의 성공 여부를 대변하고 있는 현실에 대하여 참으로 가슴이 아프지 않을 수 없다.

하나님 나라의 모양을 갖추기 위해 그리고 그 품성을 다듬고 아름답게 세워나가기 위해 애쓰는 일에는 도무지 관심이 없다. 수단과 방법을 가리지 않고 교인들을 쟁탈하기 위해 경품을 내걸고 버스를 동원하는 일에만 관심을 가진다. 뿐만 아니라 무모한 건축과 화려한 치장을 위하여 하나님께 영광을 돌린다는 명분 아래 헌금을 수탈하는 악행이 끊이지 않는다.

3. 교회의 문화

교회는 하나님께서 세우신 위대한 제도이며 유기적 조직체이다. 또한 그리스도 안에서 선택받은 성도들이 서로 동류임을 확인하고 함께 연결되어 성도의 거룩한 교통을 나누는 곳이다. 그뿐 아니라 그 인격을 완성하고 마침내 하나님과 버금가는 인격으로 장성할 수 있는 유일한 구원의 기관이다. 하나님께서 교회를 이 세상에 세우신 것은 바로 이러한 목적을 완수하기 위한 유효한 은혜의 방편으로 삼기 위함이다. 하나님의 이름을 도용하여 서로 힘이나 자랑하고 치장하면서 만족감을 누리라고 주신 것은 절대 아니다.

하나님께서는 성도 각자가 교회의 한 일원임을 자각하고 그 안에서 각각의 지체로서 자기의 고유한 은사(달란트)를 찾아 자기의 분수에 알맞게 삶으로써 공동의 한 몸(그리스도의 몸)인 교회를 세워서 마침내 구체적으로 하나님 나라를 발휘해 나갈 것을 원하셔서 교회라는 제도를 세우셨다.

1) 교회가 존재하는 의미

무엇보다도 하나님 나라를 증시하는 것이 교회의 존재 의미이다. 그리고 그 존재 의미를 따라 각 지교회마다 자기 교회에 알맞는 존재의 형태를 이루어 나가는 그것이 바로 교회의 열매이며 그 교회만이 가지는 인격적인 문화가 되어서 마침내 그 문화를 통해 하나님의 나라가 발출

된다.

따라서 교회는 이것을 위해 싸워야 한다. 무엇보다도 먼저 하나님의 인격을 닮아 교회의 품성이 하나님다워지고 나아가 그러한 인격체로서 삶의 모양을 통해 거룩하고 온전한 나라를 건설하며 그 나라의 문화를 세워나가는 일에 총력을 기울여야 한다. 따라서 교회는 이 싸움에 동참할 순결한 그리스도의 군병들을 양성하고 훈련시키기 위해 최선을 다하며 그렇게 준비된 성도들을 통하여 하나님 나라 건설이라는 사명을 이루기 위해 철저하게 세상의 문화와 싸워야 한다.

우리의 싸움은 누가 큰 교회당을 짓고 교인 수를 빨리 늘리느냐에 있지 않고 이처럼 당당하고 순결한 교회의 문화를 확고하게 세우는 데 있다. 사단은 어떻게든지 이 땅에 하나님 나라적인 문화가 세워지지 못하도록 하기 위하여 온갖 술수를 다 부리며 교회들을 미혹하고 있다.

사단의 공격 대상은 그러한 의식을 가지고 있는 교회이다. 이와 달리 종교적인 열심이나 내고 물질적인 일에 빠져 있는 종교적 집단들은 사단을 기쁘게 하는 동조자들이기 때문에 사단은 힘을 다하여 오히려 그들을 돕고 있다. 결국 사탄은 교회가 그러한 종교적 집단의 나쁜 영향을 받아 서서히 타락하도록 자꾸 그런 여건을 조장하고 사회적으로도 그런 종교적 집단이 우위에 있는 것처럼 위장을 함으로써 신실한 교회들이 미혹을 당해 쓰러지기를 바라고 있다.

2) 현 시대에 하나님 나라를 드러내는 교회

진정한 교회는 하나님의 크신 경륜을 위해 불의한 사회의 악한 무리들과 싸워 하나님 나라를 드러내야 한다. 그래서 지상에 있는 교회를 가리켜 전투적인 교회라고 한다. 여기에서 전투하는 교회가 추구할 것은 교회의 순결성이다. 곧 철저하게 하나님과 하나가 되고 그 인격을 닮아 하나님 나라적인 품성을 발휘하는 것이야말로 초보적인 교회 존재의 의미이다.

이처럼 제1차적인 존재의 목표가 있음에도 불구하고 교회가 여전히 안일한 상태에 빠져 있다면 더이상 교회로서 존재해야 할 이유가 없다. 그런데도 대부분의 교회가 이러한 초보적인 일을 오히려 최고의 목표로 알고 자기들의 형편과 생애 속에서는 엄두도 내지 못할 일이라고 처음부터 자포자기를 하고 있다.

그러나 진정한 교회라면 그렇지 않다. 교회는 처음부터 그러한 위치에서 시작한다. 교회가 이 땅에 필연적으로 존재하기 위해서는 그만한 자리에 세워져 있어서 그것을 출발점으로 삼고 진전하여 마침내 그 교회만이 드러낼 수 있는 문화를 세워야 한다.

교회는 처음부터 하나님 나라적인 속성을 가지고 출발한다. 어떤 종교적인 집단을 만들어 놓고서 성경 공부라든지 아니면 종교 행사를 통해 점차 하나님 나라로 바뀌어 가는 것이 아니다. 때문에 교회는 처음 세워질 때부터 특별하게 존재하지 않으면 안 될 명확한 이유와 근거가 있어야 한다. 비록 화려하고 자랑할 만한 꾸밈새는 없다 하더라도 존재해야 할 명확한 이유만은 있어야 한다.

그러므로 성도들은 영생을 소유한 사람으로서 자신을 각성하고 하나님 나라적인 실체를 자기의 삶을 통해 발현할 수 있도록 최선을 다하고 그러한 성도들로 구성된 교회는 구체적인 하나님 나라의 모형으로서 이 세상에 대하여 의연하게 서 있어야 한다. 반면에 하나님 나라적인 삶의 실체(교회의 문화)가 없다면 엄밀히 말해서 구원에 대한 증표를 그 안에서 찾기가 쉽지 않다. 그렇다면 그 안에서 중생했다는 사실을 발견할 수도 없으며 영생을 보장받을 아무런 근거도 찾지 못한다.

교회는 하나님 나라적인 본질을 소유한 백성들로 구성되어 하나님 나라를 구체적으로 현시하기 위해 존재한다는 평범한 진리에서부터 교회가 나아가야 함을 알아서 우리 교회는 하나님 나라를 구체적으로 드러내는 일을 시작해야 한다. 그런데 그 일은 하나님의 말씀에 대하여 철저하게 깨닫는 데서부터 시작될 수 있음을 다시 한번 각성해야 한다.

우리가 자주 쓰는 말 중에 "서로 사랑하라"는 말이 있다. 그리고 기독교를 가리켜 일반적으로 평가할 때 "예수의 가르침은 사랑이다"라고 말을 한다. 그러나 진정한 사랑은 하나님의 경륜을 드러내는 일에서부터 시작되어야 한다. 다시 말하면 우리가 한 교회의 회원으로서 하나님 나라를 건설하고 그 문화를 세워나가는 일 안에 거해야 비로소 사랑을 할 자격이 있다는 말이다.

이런 차원에서 사랑을 베풀지 않으면 그것은 살인이다. 하나님의 경륜을 저버린 상태에서 아무리 사랑을 외치고 서로를 위해 몸이라도 내어준다 할지라도 그것이 하나님 나라와는 아무런 상관이 없다면 서로를 멸망의 수렁으로 내던지는 일이 되고 말기 때문이다. 우리의 삶이 진정한 교회의 문화로 나타나지 않는다면 거기에는 사망의 쓰디쓴 아픔만이 있을 뿐이다.

기도

하나님 아버지!

무엇보다도 우리가 하나님 나라를 알게 하시고 그 나라를 소망하게 하시되 지금 우리의 삶 가운데서 그 나라에 합당한 열매를 맺지 못하면 우리의 구원이 아무 것도 아님을 알게 하시오니 감사합니다.

지금 우리의 삶 가운데서 날마다 하나님을 아는 지식이 자라고 또 그 자녀다운 열매가 맺어져야만 장차 하나님 나라에 들어갈 영원한 구원을 이룰 수 있사옵나이다. 하오니 하나님께서 우리 각 사람을 사랑하셔서 말씀에 대한 깨우침이 날마다 새로워지게 하시고, 그것을 통해 우리 성도들이 자랄 뿐만 아니라 우리 교회가 더욱 장성하여 하나님께서 우리 교회에 주신 사명을 완성할 수 있고 나아가 이 땅에 그리고 역사 위에 우뚝 설 수 있는 교회로 설 수 있도록 인도하여 주옵소서.

주께서는 이런 각성을 통하여 하나님 앞에 나오기를 힘쓰는 주의 백성을 기뻐하시고 즐거워하실 터인데 우리가 하나님의 말씀을 듣고 공부하는 일에 최선을 다할 수 있도록 도와주옵소서.

주 예수 그리스도의 이름으로 기도하옵나이다. 아멘.

Ⅱ. 교회의 본분

신명기 29장 1-29절

1 호렙에서 이스라엘 자손과 세우신 언약 외에 여호와께서 모세에게 명하사 모압 땅에서 또 그
들과 세우신 언약의 말씀이 이러하니라
2 모세가 온 이스라엘을 소집하고 그들에게 이르되 여호와께서 애굽 땅에서 너희 목전에 바로
와 그 모든 신하와 그 온 땅에 행하신 모든 일을 너희가 보았나니
3 곧 그 큰 시험과 이적과 큰 기사를 네가 목도하였느니라
4 그러나 깨닫는 마음과 보는 눈과 듣는 귀는 오늘날까지 여호와께서 너희에게 주지 아니하셨
느니라
5 주께서 사십 년 동안 너희를 인도하여 광야를 통행케 하셨거니와 너희 몸의 옷이 낡지 아니하
였고 너희 발의 신이 해어지지 아니하였으며
6 너희로 떡도 먹지 못하며 포도주나 독주를 마시지 못하게 하셨음은 주는 너희 하나님 여호와
이신 줄을 알게 하려 하심이니라
7 너희가 이곳에 올 때에 헤스본 왕 시혼과 바산 왕 옥이 우리와 싸우러 나왔으므로 우리가 그
들을 치고
8 그 땅을 취하여 르우벤과 갓과 므낫세 반 지파에게 기업으로 주었나니
9 그런즉 너희는 이 언약의 말씀을 지켜 행하라 그리하면 너희의 하는 모든 일이 형통하리라
10 오늘날 너희 곧 너희 두령과 너희 지파와 너희 장로들과 너희 유사와 이스라엘 모든 남자와
11 너희 유아들과 너희 아내와 및 네 진중에 있는 객과 무릇 너를 위하여 나무를 패는 자로부터
물 긷는 자까지 다 너희 하나님 여호와 앞에 선 것은
12 너의 하나님 여호와의 언약에 참예하며 또 너의 하나님 여호와께서 오늘날 네게 향하여 하
시는 맹세에 참예하여
13 여호와께서 이왕에 네게 말씀하신 대로 또 네 열조 아브라함과 이삭과 야곱에게 맹세하신
대로 오늘날 너를 세워 자기 백성을 삼으시고 자기는 친히 네 하나님이 되시려 함이니라
14 내가 이 언약과 맹세를 너희에게만 세우는 것이 아니라
15 오늘날 우리 하나님 여호와 앞에서 우리와 함께 여기 선 자와 오늘날 우리와 함께 여기 있지
아니한 자에게까지니
16 (우리가 애굽 땅에 어떻게 거하였었는지, 너희가 여러 나라를 어떻게 통과하여 왔었는지 너
희가 알며
17 너희가 또 그들 중에 있는 가증한 것과 목석과 은금의 우상을 보았느니라)

18 너희 중에 남자나 여자나 가족이나 지파나 오늘날 그 마음이 우리 하나님 여호와를 떠나서
그 모든 민족의 신들에게 가서 섬길까 염려하며 독초와 쑥의 뿌리가 너희 중에 생겨서
19 이 저주의 말을 듣고도 심중에 스스로 위로하여 이르기를 내가 내 마음을 강퍅케 하여 젖은
것과 마른 것을 멸할지라도 평안하리라 할까 염려함이라
20 여호와는 이런 자를 사하지 않으실 뿐 아니라 여호와의 분노와 질투의 불로 그의 위에 붓게
하시며 또 이 책에 기록된 모든 저주로 그에게 더하실 것이라 여호와께서 필경은 그의 이름
을 천하에서 도말하시되
21 여호와께서 곧 이스라엘 모든 지파 중에서 그를 구별하시고 이 율법책에 기록된 언약의 모
든 저주대로 그에게 화를 더하시리라
22 너희 뒤에 일어나는 너희 자손과 원방에서 오는 객이 그 땅의 재앙과 여호와께서 그 땅에 유
행시키시는 질병을 보며
23 그 온 땅이 유황이 되며 소금이 되며 또 불에 타서 심지도 못하며 결실함도 없으며 거기 아
무 풀도 나지 아니함이 옛적에 여호와께서 진노와 분한으로 훼멸하신 소돔과 고모라와 아드
마와 스보임의 무너짐과 같음을 보고 말할 것이요
24 열방 사람들도 말하기를 여호와께서 어찌하여 이 땅에 이같이 행하셨느뇨 이같이 크고 열렬
하게 노하심은 무슨 뜻이뇨 하면
25 그때에 사람이 대답하기를 그 무리가 자기의 조상의 하나님 여호와께서 그 조상을 애굽에서
인도하여 내실 때에 더불어 세우신 언약을 버리고
26 가서 자기들이 알지도 못하고 여호와께서 그들에게 주시지도 아니한 다른 신들을 섬겨 그에
게 절한 까닭이라
27 이러므로 여호와께서 이 땅을 향하여 진노하사 이 책에 기록된 모든 저주대로 재앙을 내리
시고
28 여호와께서 또 진노와 분한과 크게 통한하심으로 그들을 이 땅에서 뽑아 내사 다른 나라에
던져 보내심이 오늘날과 같다 하리라
29 오묘한 일은 우리 하나님 여호와께 속하였거니와 나타난 일은 영구히 우리와 우리 자손에게
속하였나니 이는 우리로 이 율법의 모든 말씀을 행하게 하심이니라

개혁교회론 - 교회와 사명
제3부 | 교회가 가야할 길

II. 교회의 본분

신 29:1-29

1. 이스라엘 교회

애굽의 노예 생활에서 해방된 제1세대 이스라엘이 광야 40년 동안에 멸절된 후 그 후손들인 제2세대 이스라엘이 약속의 땅 가나안을 앞에 두고 그동안 하나님께서 어떻게 이스라엘을 인도하셨고 그들에게 위탁하신 사명이 무엇인가를 일깨우기 위해 모세가 강론한 것을 기록한 책이 신명기이다. 신명기는 두 부분으로 나누어진다. 신명기 28장까지는 제1세대 이스라엘의 행적에 대하여 그 역사를 되새기고 있으며, 29장부터는 이제 하나님께서 가나안 땅에 들어가기 위해 서 있는 제2세대 이스라엘에게 무엇을 바라시는가를 이야기하고 있다.

특히 "네 열조 아브라함과 이삭과 야곱에게 맹세하신 대로 오늘날 너를 세워 자기 백성을 삼으시고 자기는 친히 네 하나님이 되시려 함이니라"(신 29:13)는 말씀 속에서 ① 하나님께서는 친히 이스라엘의 하나님이 되실 것과 ② 이스라엘이 하나님의 백성임을 선포하심으로써 ③ 이스라엘이 하나님의 특별한 소유임을 명시하고 있음을 눈여겨 볼 필요가 있다.

하나님은 이러한 관계를 근거하여 이스라엘을 향해 하나님을 신앙하고 의지할 것을 요구하고 있다. 또한 그렇게 신앙을 지킴으로써 우상을 가까이 하지 말고 철저하게 배격할 것을 지시하고 있다(18절). 이 말을 무시하고 우상을 섬기게 되면 이스라엘은 약속의 땅에서 쫓겨나게 될 것이라고 경고하고 있다.

그때는 "그 무리가 자기의 조상의 하나님 여호와께서 그 조상을 애굽에서 인도하여 내실 때 더불어 세우신 언약을 버리고 가서 자기들이 알지도 못하고 여호와께서 그들에게 주시지도 아니한 다른 신들을 섬겨 그에게 절한"(25절) 까닭에 온 땅에 하나님의 진노와 저주가 임하게 되었다고 세상 사람들이 말한다.

한편 그처럼 이스라엘이 하나님을 정당하게 섬기지 못하면 약속의 땅 가나안에서 쫓겨나야 할 특별한 이유가 있었다. 하나님께서 이스라엘을 노예로 있던 애굽에서 구속하여 내신 후 자유인으로서 가나안에 불러들이신 것은 이스라엘이 독특하고 고상한 하나님 나라를 건설하도록 하기 위함이었다. 그런데 이스라엘이 그 목적을 상실하고 하나님을 거역한다면 구태여 이스라엘이 가나안에 있을 이유가 없기 때문이다. 여기에서 우리는 '하나님께서 이스라엘 교회를 세우신 목적이 무엇인가?' 에 대하여 생각하게 된다.

1) 교회를 세우신 목적

성경은 출애굽기 19장 4-6절에서 이스라엘 교회가 가나안에 들어가 수행해야 할 사명에 대하여 말한다. 그 사명이란 ① 이스라엘은 하나님의 특별한 소유이며 ② 이스라엘은 세상에 대하여 제사장 나라가 될 것과 ③ 이스라엘은 거룩한(세상과 구별된) 백성이 될 것이라고 요약된다. 즉 '이스라엘은 하나님의 소유로서 세상에 복을 선포하는 제사장이 되며, 거룩한 백성이 되어 가나안에서 하나님 나라를 건설하고 그 나라의 문화를 건설하라' 는 것이 이스라엘에게 주신 시대적 사명이다.

이러한 사명을 수행함에 있어서 그 내면에 깊이 깔려 있는 사상은 '이스라엘의 존재' 에 대한 언급에서 찾을 수 있다. 곧 이스라엘은 이 사명을 수행하기 위해 특별히 부르심을 받은 사람들이라는 점이다. 그래서 하나님은 이스라엘에게 사명을 주시기 전에 '이스라엘이 누구인가?' 에 대하여 엄격하게 세상 민족들과 구별지어 말씀하신다.

"나의 애굽 사람에게 어떻게 행하였음과 내가 어떻게 독수리 날개로 너희를 업어 내게로 인도하였음을 너희가 보았느니라"(출 19:4)고 하신 말씀 속에서 우리는 애굽에서 펴신 하나님의 크신 권능의 손을 되새기게 된다.

그리고 온 세계가 다 하나님의 소유이다. 하지만 특별히 구별하여 이스라엘만을 하나님의 유일한 소유로 삼으시겠다고 선언하셨음을 명심해야 한다. 따라서 하나님의 소유라 한다면 하나님께서 보물처럼 귀하게 여기신다는 의미로서 이처럼 하나님께서 이스라엘을 소중히 여기시기 때문에 이스라엘과는 각별한 관계를 맺어야 했다. 그 관계가 곧 언약관계이다(출 19:5).

2) 하나님과의 관계

이스라엘이 하나님과 언약을 맺었다는 것은 중요한 의미를 내포하고 있다. '언약' 이란 서로의 인격을 인정하고 그 인격을 바탕으로 신뢰하는 것에서 시작된다.

그렇다면 이스라엘이 하나님을 인격적으로 신뢰하는 것은 당연한 일이다. 하지만 창조주이신 하나님께서 피조물인 이스라엘을 자신과 동등하게 인격적인 대우를 하시고 그것을 바탕으로 언약을 맺는다는 것은 파격적破格的인 대우가 아닐 수 없다. 창조주께서 피조물과 동등한 위치에서 인격적인 대우를 하여 언약을 맺는 영광스러운 자리에 이스라엘이 서 있다는 사실은 이스라엘에게는 너무나 과분한 자리이기 때문이다.

하나님께서 이스라엘을 이처럼 환대하시는 그 자체가 은혜의 자리임에 틀림 없지만 또 하나 생각해야 할 것은 '과연 이스라엘이 그만한 자격을 갖추고 있는가?' 이다. 다시 말하면 이스라엘은 당시 세상 문화를 대표하는 가나안 문화를 괴멸시키고 여호와 하나님에 의해 통치되는 '하나님 나라' 를 건설하는 것을 목적으로 부르심을 받았는데 과연 이스라엘의 본질이 그만한 일을 수행할 수 있는 자격을 갖추고 있는가에 대하여 면밀하게 점검해 보아야 한다.

그래서 우리는 이스라엘이 사명 수행 능력을 가지고 있는가 없는가를 판가름하기 전에 이스라엘의 본체론Ontology적 존재의 의미 곧 자질에 대하여 먼저 생각해 보자.

2. 교회 존재의 의미

여기에서 우리가 잠시 되돌아 보아야 할 것은 제1세대 이스라엘 백성이 40년 동안의 광야 생활에서 왜 그렇게 몰살을 당하게 되었는지를 점검해 볼 필요가 있다. 그것은 애굽에서 각별한 권능을 체험하고 해방된 그들이 하나님 나라를 건설하라는 사명을 부여받고 위용을 갖추어 가나안으로 진군하기도 전에 하나님의 저주를 받아 광야에서 멸절당했던 역사적 사실 속에 문제의 해답이 있기 때문이다. 즉 우리가 생각해 볼 것은 '왜 이스라엘 백성이 광야에서 40년 동안 지내다가 가나안 땅에 들어가지도 못하고 죽게 되었는가?' 하는 문제이다.

1) 교회는 하나님의 통치 기관

이스라엘이 애굽을 떠나 처음에 도착한 곳은 시내산이었다. 그곳에서 하나님은 모세에게 새로운 나라를 건설하기 위해 필요한 율법을 제정해 주신다(출 20-23장). 그 목적은 장차 이스라엘이 가나안에 들어가 세울 나라의 성격을 보여주기 위함이다. 그리고 하나님께서 친히 왕으로서 이스라엘을 다스리실 것이기 때문에 이것은 이스라엘을 통치하실 이념을 먼저 선포하신 것이기도 하다.

또한 하나님께서 구체적으로 이스라엘 가운데 임재하신다는 증표로서 성막을 짓게 하셨고, 그 성막에서 하나님은 이스라엘을 친히 다스리실 것과 인도하실 것을 자세하게 언급해 주셨다(레위기).

따라서 이스라엘은 하나님을 왕으로 모시고 모든 삶의 중심에 하나님을 섬기며 그의 백성으로 살아가야 했다. 그러한 제도가 바로 성막을 중심으로 하는 제사 제도이다. 이러한 제반 준비를 모두 마친 후에 하나님의 인도로 이스라엘은 시내산을 떠나 가나안으로 진군하게 되었다.

그러나 이스라엘은 막상 가나안 입구에서 정탐꾼들의 보고를 들은 후 가나안에 입성할 것을 포기하고 말았다(민 13장). 오히려 하나님에 대하여 원망하며 애굽으로 돌아가겠다고 불평한다. 하나님의 소유인 이스라엘이 하나님 나라를 건설하기 위하여 가나안에 진군해야 할 중대한 위치에 있음에도 불구하고 스스로 그 사명을 포기하고 말았다. 이러한 불신앙에 따라 하나님은 이스라엘을 광야에서 40년간 방황하게 하셨다.

그들이 그처럼 중요한 위치에서 하나님을 배신한 근본적인 이유는 그들에게 하나님 나라를 건설하겠다는 문화적 사명에 대한 각성이 박약했기 때문이었다. 그래서 하나님은 그 상태로는 그들을 가나안에 인도하실 수가 없었다. 그러나 다음 세대를 위하여 하나님은 이스라엘을 새롭게 가르치시기로 하였다. 그러기 위해 하나님께서는 이스라엘 백성이 광야에서 40년을 지내는 동안 항상 새로운 길로 그들을 인도하셨다. 한 지역에서 장시간 머물렀을지라도 항상 새로운 지역으로 그들을 인도하고 있음을 성경을 통해 살펴볼 수 있다.

우리가 알고 있듯이 이스라엘 백성이 길을 떠날 때는 먼저 하나님의 쉐키나(그 영광스런 구름)가 성막을 떠나 앞서가면 그들이 다 짐을 거두어서 그 뒤를 좇아갔다. 그때마다 하나님은 전에 갔던 곳으로 가지 않고 언제나 새로운 길로 이스라엘을 인도하셨다.

하나님께서 그러한 방법으로 이스라엘을 인도하신 것은 '교회란 항상 하나님에 대하여 새로운 지식을 가지고 새롭게 하나님이 누구이신가를 알아야 할 것' 에 대하여 계시하신 것이다. 그렇게 함으로써 '하나님, 그분이 누구이신가?' 를 날마다 새롭게 알아 갈 것을 바라셨다. 왜냐하면 하나님이 누구이신가를 알지 못하면 가나안 땅에 들어가서 하나님 나라를 건설한다 해도 그것이 하나님께서 바라시는 일이 아니기 때문이다.

2) 교회는 왕이신 하나님을 바로 알아야

40년 동안 하나님께서는 이스라엘 제2세대들에게 하나님에 대한 새로운 지식과 항상 새 일을 행하시는 하나님을 보여주셨다. 하나님에 대한 지식이 날마다 새로워진다는 것은 하나님의 백성으로서 이스라엘과 그들의 왕이신 하나님과의 관계에 있어서 중요한 문제이다.

이스라엘 백성이라 한다면, 즉 그들이 진정 하나님의 유일한 교회라면 날마다 자기들의 삶 가운데서 새롭게 등장하시고, 새롭게 나타나시며, 새롭게 역사하시는 하나님을 발견해 나가야 한다. 다시 말해서 하나님에 대한 이스라엘 백성의 신지식이 정체되지 않고 점점 새로워지고 풍성해져야 한다. 이것이 제2세대 이스라엘 백성을 40년 동안 광야에서 훈련시킨 이유이다. 그러한 백성이어야 마침내 하나님 나라를 건설하기 위한 사명을 완수할 수 있기 때문이다.

하나님께서는 이스라엘 백성을 애굽에서 불러내어 하나님의 통치가 구현되는 나라를 건설할 사명을 주셨는데 이는 그들이 항상 새롭게 인도해 내시는 하나님에 대한 지식과 인식이 없다면 결국 하나님께서 이스라엘을 통하여 건설하고자 하시는 나라를 그들이 건설할 수 없기 때문이다. 그런 일이 아니라면 이스라엘을 구태여 애굽에서 불러내실 필요가 없었다.

결국 이스라엘이 가나안에서 하나님의 의를 세우는 나라를 건설하지 못한다면 이스라엘 백성은 존재할 의미가 없다. 그리고 하나님에 대한 지식이 바르지 못하다면 그들이 가나안에 들어가서 세우게 될 나라 역시 의미가 없다. 뿐만 아니라 그들의 삶은 오히려 하나님의 저주로 멸망하고 만다.

신명기 29장에서도 똑같은 문제를 언급하고 있다. 신명기 29장 18-21절에 "너희 중에 남자나 여자나 가족이나 지파나 오늘날 그 마음이 우리 하나님 여호와를 떠나서 그 모든 민족의 신들에게 가서 섬길까 염려하며 독초와 쑥의 뿌리가 너희 중에 생겨서 이 저주의 말을 듣고도 심중에 스스로 위로하여 이르기를 내가 내 마음을 강퍅케 하여 젖은 것과 마른 것을 멸할지라도 평안하리라 할까 염려함이라 여호와는 이런 자를 사하지 않으실 뿐 아니라 여호와의 분노와 질투의 불로 그의 위에 붓게 하시며 또 이 책에 기록된 모든 저주로 그에게 더하실 것이라 여호와께서 필경은 그의 이름을 천하에서 도말하시되 여호와께서 곧 이스라엘 모든 지파 중에서 그를 구별하시고 이 율법 책에 기록된 언약의 모든 저주대로 그에게 화를 더하시리라"고 모세는 경고하고 있다.

이처럼 이스라엘이 저주를 받는 것은 그들이 하나님의 특별한 소유로 부르심을 받았기 때문이다. 신명기 29장 13절에 모세가 이스라엘에게 말하기를 "하나님께서 너희 이스라엘을 하나님의 백성으로 삼으시고 하나님은 친히 너희의 하나님이 되실 것이다"고 한 것같이 애굽에서 나온 제1세대 이스라엘처럼 제2세대 이스라엘도 하나님의 소유이기 때문에 하나님의 나라를 건설할 사명을 소홀히 한다면 의당히 하나님의 저주가 그들에게 임할 것이라는 의미이다. 따라서 이 말은 출애굽기 19장에서 제1세대 이스라엘 백성에게 하신 말씀과 같은 맥락을 가지고 있다.

이스라엘은 하나님의 소유로서 하나님의 사랑을 받는 대상이기에 하나님을 기쁘시게 할 위치에 서 있음을 항상 염두에 두고 있어야 한다. 이스라엘은 세상에서 하나님으로부터 특별한 대우를 받고 있었다. "네 대적들이 일어나 너를 치려하면 여호와께서 그들을 네 앞에서 패하게 하시리니 그들이 한 길로 너를 치러 들어왔으나 네 앞에서 일곱 길로 도망하리라 여호와께서 명하사 네 창고와 네 손으로 하는 모든 일에 복을 내리시고 네 하나님 여호와께서 네게 주시는 땅에서 네게 복을 주실 것이며 네가 네 하나님 여호와의 명령을 지켜 그 길로 행하면 여호와께서 네게 맹세하신 대로 너를 세워 자기의 성민이 되게 하시리니 너를 여호와의 이름으로 일컬음을 세계 만민이 보고 너를 두려워하리라"(신 28:7-10)는 말씀과 같이 이스라엘은 세상에서 특별한 지위에 서 있었다.

3) 교회는 하나님의 말씀에 순종해야

이스라엘은 이처럼 독특한 가치를 지니고 있는 하나님의 백성이기 때문에 여호와의 말씀에 따라 살아야 한다. 그래서 신명기 29장은 그들에게 '여호와 하나님을 떠나서 다른 민족의 신을 섬기지 말라' 고 한다. 여호와의 말씀을 따라서 산다는 것은 우상을 섬기지 않는 것과 같다. 즉 하나님께 순종하는 모습을 단적으로 표시하는 말이 곧 '우상을 숭배하지 말라' 는 것이다.

그들이 하나님의 말씀에 대해서 철저하게 순종했을 때 일어난 대표적인 사건이 여리고 성 전투였다. 제2세대 이스라엘 백성이 신명기의 말씀을 듣고 여호수아의 지도를 받아 가나안 땅을 점령할 때 그들이 제일 처음 직면했던 문제는 하나님의 말씀을 순종하는 문제였다. 그리고 이스라엘이 그 말씀에 따라 승리한 곳이 여리고 성이었다.

그 성을 점령할 수 있었던 것은 어떤 지략이나 전투적인 계략이 아니었다. 오직 하나님께서 명령하신 그 명령에 단지 순종한 결과로 승리했을 뿐이다. "엿새 동안에는 한 바퀴씩 여리고 성을 돌고 이렛날에는 일곱 바퀴를 돈 후 크게 소리를 질러라"는 명령에 따라 행함으로써 승리하게 되었다.

이 사건을 통해 하나님의 기본적인 통치 방법은 하나님의 백성의 순종에 토대를 두고 있음을 알게 된다. 이러한 하나님의 통치 형태는 사도행전 1장 8절에서 더욱 분명하게 나타난다. 이스라엘 백성이 "하나님의 나라를 회복할 때가 이때입니까?" 하고 물었을 때 예수께서는 "오직 성령이 너희에게 임하시면 너희가 〈권능〉을 얻고 나의 증인이 되리라"고 하셨다. 이 권능이란 성령님의 능력으로서 성령께서 우리 안에서 행하시는 일을 의미한다.

그렇다고 성령께서 우리를 억압하거나 강압하시는 분은 아니다. 오히려 자율적인 천국 백성으로서 자신의 자유의지를 정상적으로 발휘할 수 있도록 능력을 주시는 분이다. 이렇게 함으로써 태어날 때부터 우리를 지배해 오던 죄로부터 자유롭게 되어 비로소 인간의 정상한 의지를 발휘할 수 있는 자유인이 된다.

반면에 성령께서 임하시기 전의 상태는 여전히 죄의 지배 아래 있기 때문에 이 사람을 가리켜 죄의 종된 사람이라고 한다. 에베소서 2장에서 말하는 것처럼 세상의 제도라든지 사탄의 계략에 빠져 죄에게 종 노릇하는 사람이다. 이처럼 우리의 신분은 죄의 종이었는데 성령이 오심으로 말미암아 죄의 권세로부터 자유롭게 하여 참 인격을 발휘하는 자유인이 되도록 하셨다.

4) 교회는 자유의지를 행사하는 인격체

그러므로 성령의 충만이란 인간이 가지고 있는 인격을 완전하게 발휘함을 말한다. 어떤 이상한 기운이라든지 어떤 특이한 능력을 행사하는 것이 아니라 성령이 우리 안에서 그 생명의 가치를 온전하게 발휘하게 하신다. 이것을 가리켜 성령의 충만이라고 한다.

하나님의 백성이 되었다는 것은 자기의 가치를 최대한으로 발휘할 수 있게 됨을 의미한다. 따라서 이스라엘 백성이 "이스라엘을 회복할 때가 이때입니까?" 하고 물었을 때 '그 나라가 언제 세워질 것인가는 하나님께 속한 문제이고, 그 나라에 들어갈 백성의 자질이 문제가 된다' 고 예수께서 대답하셨다.

어떤 사람이 그 나라에 들어갈 수 있느냐 하면 자기의 가치를 온전하게 드러낼 수 있는 사람으로서 자유의지를 정상적으로 행사할 수 있는 사람이어야 한다. 따라서 (장차 우리가 들어갈 하나님 나라도 마찬가지이지만) 지금의 하나님 나라, 즉 하나님께서 운영하시는 우주적인 나라에 있어서도 우리에게 중요한 것은 내가 가지고 있는 자유이다. '이 자유를 백분 발휘할 수 있느냐 없느냐' 가 문제이다. 그러한 능력이 없다면 그 나라의 백성으로서 자질이 없기 때문이다.

자유의지를 자유롭게 발휘할 수 있다는 것이 교회의 능력이다. 이 세상은 어떤 법이 있어서 강제로 운영하고 집행해 나가기 마련이다. 그러나 교회는 그러한 법으로 강제 운영되지 않는다. 자기 의지를 발휘하여 하나님께 나오고, 하나님을 경배하고, 하나님께 기도하고, 하나님을 찬양하고, 하나님께 헌상하게 된다.

이것은 누가 시켜서 하는 것이 아니고 순전히 자기의 의지로 한다. 그렇게 하면서 모든 사람들이 하나의 통일체unity를 이루게 된다. 정신적으로 통일성을 이루고 하나의 몸을 이루게 된다. 이것이 교회의 능력이다. 각각의 사람들이 자기의 자유의지를 행사하여 하나의 생명체로 유기적 통일을 이루는 것이란 큰 능력이 아닐 수 없다.

이 능력을 성령께서 우리 안에 오셔서 행사하신다. 얼굴도 다르고, 생활 습관도 다르고, 환경도 다른 사람들이 한 곳에 모여서 자기의 인격을 각각 최고로 발휘하게 하신다. 뿐만 아니라 그들이 한 지체요 한 몸이 되고 한 단위unity를 이룬다는 것은 놀라운 신비이다. 그래서 교회를 가리켜 신비한 연합체unio mistyca라고 한다. 이처럼 하나의 통일체를 이루는 것이야말로 신비이다.

그러한 신비한 연합은 이미 하나님을 통해서 이루어졌다. '삼위일체 하나님' 곧 성부 하나님과 성자 하나님과 성령 하나님께서는 각각 독립된 주체시며 각각의 고유한 인격을 백분 발휘하시는 분들이다. 그럼에도 서로에 대해서 전혀 침해하지도 않고, 충돌하지도 않고, 온전히 하나가 되신다.

이것이 신비한 삼위일체이며 이러한 하나님 나라적인 원리가 교회에서도 똑같이 나타나게 된다. 그러한 신비는 먼저 예수 그리스도와 교회와의 관계에서 나타난다. 인격적인 충돌이나 침해가 없으면서도 온전하게 교통함으로써 서로 하나를 이루게 된다.

우리 안에 계시는 성령도 마찬가지이다. 성령께서는 우리의 인격과 하나가 되어주시기는 하지만 그렇다고 우리의 인격을 침해하시지는 않는다. 우리의 의지를 억압하여 어떤 일을 하게 하시거나 못하게 하시는 일은 없다. 그런데 우리는 성령께서 우리의 손을 잡고 끌고 간다든지 아니면 어떤 나쁜 길을 가려고 할 때 발을 묶어서 못 가게 하는 것 등을 성령님의 인도나 역사로 생각하는데 그렇지 않다.

성령께서는 철저하게 우리의 자유의지를 행사하도록 하신다. 그러면서도 우리 의지를 백분 발휘할 뿐만 아니라 나아가서 성령님과 온전한 교통을 이루게 하심으로써 우리와 하나가 되어주신다. 그러므로 성경은 항상 하나님과의 자발적인 관계, 성령님과의 자발적인 관계 확인을 하나님께서 요구하신다고 말한다. 내가 순전하고 온전하게 하나님을 의지하고 성령님을 의지할 때 비로소 거기에 하나님의 뜻과 합치된 하나님 나라적인 현상이 나타나게 된다.

3. 이스라엘 교회의 실패

이스라엘 백성과 하나님과의 관계도 마찬가지이다. 하나님께서 주시는 자유 가운데서 삶을 경영해 나가는 것, 이것이 그 백성이 가져야 할 최고의 아름다운 삶의 모습이다. 제1세대 이스라엘 백성이 실패한 원인은 하나님께서 주신 사명을 그들이 인식했음에도 불구하고 그것을 이룰 만한 마음의 자세를 갖지 못했기 때문이다. 그들은 열두 정탐꾼이 가나안에 다녀와서 보고하는 것을 듣고 "하나님께서 왜 우리를 이 광야에서 잡아죽이려 하시는가" 하고 원망하며 다시 애굽으로 돌아가고자 했다.

이스라엘 백성은 하나님께서 그들을 인도하시고 그들의 능력이 되신다는 사실을 믿고 가나안에 들어가야 했다. 그리고 실제적으로 이미 그러한 능력을 하나님께서 다 보여주셨다. 때문에 이스라엘은 그 약속을 믿고 가나안에 진군하여 이방인들을 물리치는 일만 남게 되었다. 그들이 할 일은 바로 이것뿐이다. 그러나 그들에게는 하나님과 자기들과의 관계를 제대로 인식하지 못했다는 심각한 결핍이 있었다.

1) 신지식神知識의 결여

이스라엘은 그렇게 할 마음의 의사가 없었다. 즉 제1세대 이스라엘은 그들의 사명을 상실하고 말았다. 이러한 불순종은 제2세대의 이스라엘 백성에게도 나타나 가나안 땅에 하나님 나라를 세우고 그 나라의 문화를 창달해야 할 그 일에 실패하고 말았다. 그 원인은 제1세대 이스라엘과 마찬가지로 그들은 하나님이 누구이신가를 몰랐다는 점이다.

하나님이 누구신지를 몰랐기 때문에 하나님에 대하여 온전한 사랑을 행사할 수가 없었다. 히브리적 개념에서는 적극적인 사랑에서 결핍되고 흠이 있는 것을 상대적으로 미움이라고 한다. 즉 미움이 따로 존재하는 것이 아니라 온전한 사랑에서 부족하면 그것이 미움이다. 그리고 하나님에 대한 그 미움이 실제의 생활로 나타날 때 우상을 숭배하게 된다. 우상숭배가 가지고 있는 기본적인 요소는 바로 하나님에 대한 절대적인 사랑의 변질이다.

우상숭배란 하나님에 대한 지식이 온전하지 못한 것 때문에 발생한다. 곧 99%의 하나님에 대한 지식을 가지고 1%의 불순이 있을 때 그 1% 때문에 하나님이 아닌 것을 하나님으로 알게 됨으로써 형성된 신앙이 바로 우상숭배이다. 그러한 불순이 점차 많아지게 될 때 심각한 우상 숭배자가 되고 만다.

때문에 하나님에 대해서 100%를 알고 있어야 하나님을 신앙하고 순종할 수 있으며, 하나님에 대한 지식이 조금씩 모자라게 될 때는 하나님에 대하여 오해하기 시작한다. 하나님을 정당하게 인식하지 못하고 다른 하나님으로 오해하게 되며 점차 오해가 심해짐으로써 나중에는 우상을 숭배하면서도 하나님을 신앙한다고 착각하게 된다.

그러한 예를 우리는 하와를 통해서 볼 수 있다. 하와는 죄를 모르는 사람이다. 그러므로 죄라는 영역하고는 전혀 별개의 위치에 서 있었다. 그런데 하와가 사탄의 유혹에 빠져 죄를 향해 얼굴을 돌리고 말았다. 항상 하나님을 향하여 얼굴을 돌리고 있어야 할 하와가 그 얼굴을 죄를 향해서 돌린 것이다. 아직은 하와가 죄에 빠지지 않았다 할지라도 그것은 죄를 진 것과 같다. 그 이후부터는 적극적으로 자기의 의지가 죄를 향하여 발휘하게 되었기 때문이다. 이것이 하와가 가진 죄의 성향이었다.

처음부터 그런 죄의 성향이 하와에게 있었던 것은 아닐지라도 하와가 그렇게 죄를 지을 수밖에 없었던 것은 하나님께 드릴 만한 온전한 사랑에 대한 지식에서 아주 미세한 공백이 발생했기 때문이었다.

하나님께서 선악을 알게 하는 나무의 열매를 왜 먹지 말라고 하셨는가에 대하여 하와가 명확하게 알고 있었어야 함에도 불구하고 그렇지 못했다. 아주 작은 무지가 영원히 하와뿐만 아니라 인류를 죄의 종으로 전락시키는 결과를 초래하고 말았다. 하나님께서 선악을 알게 하는 나무의 열매를 먹지 말라고 하신 이유가 있었다. 그것을 통하여서 점차 아담과 하와의 하나님과의 관계를 자꾸 확인해 나가기 위함이었다.

예를 들면 '내가 선악과를 취할 것인가 하나님의 말씀을 따를 것인가' 를 먼저 판단해야 한다. 하나님께서 이 길로 가라 하면 무조건 갈 것이 아니다. 내가 가지고 있는 이성理性으로 이 길이 하나님께서 기뻐하실 길인가 아닌가를 먼저 판단해야 한다. 그 이유는 인격자의 말씀은 반드시 해석이 필요하기 때문이다. 마찬가지로 '선악과를 택할 것인가 하나님의 말씀에 순종할 것인가?' 를 판단함에 있어 인간의 이지적인 작용이 필요했다. 결국 인간에게 이성을 주신 것은 이성적인 작용을 통하여 마땅히 판단할 바를 판단케 하기 위함이다.

2) 이성理性적 판단 결여

아무런 생각 없이 단순히 어떤 길을 가는 것은 하나님이 인간을 만드신 창조의 원리에 위배된다. '내가 왜 이 길을 가야 하는가?' 에 대한 이유가 분명해야 된다. 바꿔 말하면 내 앞에 선악과가 있고 하나님 말씀이 있다. 내가 선악과를 따먹어야 하는가 아니면 하나님의 말씀을 따라야 하는가에 대하여 판단해야 한다. 그리고 그 문제를 판단할 때 이성, 즉 자유의지를 발휘해야 한다. 왜냐하면 하나님께서 인간에게 이성理性을 통하여 판단할 수 있는 능력을 주셨기 때문이다.

따라서 우리는 이성을 발휘하여 하나님을 적극적으로 따라 순종할 것인가 아니면 거역할 것인가 하는 것을 선택해야 한다. 그 중간은 없다. 그런 판단에 따라 하나님을 향해 적극적으로 나아가는 것이 하나님 나라를 이루는 길이고, 그 반대로 하나님을 거역하는 것을 죄라고 한다. 결국 이것은 '누가 자기 삶의 주인이 될 것인가?' 하는 문제이다.

그런데 하와는 "하나님과 같이 되어 가는 것이 인생의 목적이며 그 방법은 하나님 말씀을 따라 적극적으로 순종함으로써 이룰 수 있지만 그렇게 하기 위해서는 많은 시간과 여러 가지 노력이 필요하다. 그러나 사탄의 말대로 선악과를 따먹으면 그런 노력이나 시간을 들이지 않고도 즉시 하나님과 같이 된다. 이처럼 쉽고 편하고 합리적인 일이 어디 있겠는가?" 하고 자기 편리한 대로 판단하고 말았다. 그리고 자기 판단에 따라 선악과를 따먹었다.

사탄이 말한 것처럼 "네가 선악과를 따먹으면 하나님과 같이 된다" 하는 그 말에 속았든 속지 않았든 따먹기로 자기 스스로 결정했다. 이것이 하와의 문제이다. '왜 하나님께서 선악과를 주셨는가?' 하는 하나님의 근본 의도를 깊이 생각하거나 제대로 알려고 하지 않았다.

하나님의 의도를 알려했다면 자꾸 이성을 발휘하여 '내가 선악과를 따먹으면 따먹는 것 때문에 죽는 것이 아니다. 거기에는 하나님 말씀을 순종하는 것과 불순종하는 문제가 있다. 내가 하나님을 향한 사랑을 적극적으로 표출하고 하나님의 말씀을 따라서 살아야 한다. 따먹지 말라고 했으니까 이유 여하를 막론하고 무조건 따먹지 않아야 한다는 말이 아니다. 내가 선악과를 따먹는다는 것은 내 삶을 내가 경영하려는 의지를 보인 것이다. 이것은 하나님을 불순종하는 결과를 가져다 준다. 그래서 선악과를 따먹을 것이 아니라 하나님께 전적으로 의지하고 나가야겠다'는 이성적인 판단이 있어야 했다. 그러한 이성적 사고思考 활동에 있어서 하와는 소홀히 하고 말았다.

곧 선악과를 주신 하나님의 목적에 대하여 바른 지식을 가지고 있지 않았다. 그 결과 하나님에 대한 인식이 결여된 부분이 발생하고, 그 결핍이 결국 자기 삶의 인간적인 요구 사항을 만들어 내는 불신앙에 빠지고 말았다.

3) 자기 삶을 임의 경영하는 불신앙

인간이 우상을 섬기려는 이유는 자신의 생사화복에 대한 불안 때문이다. '내가 어떻게 살 것인가?' 하는 문제를 해결하기 위한 방법으로써 적극적으로 자기 삶을 경영하는 행위가 바로 우상숭배이다. '이 세상을 살아간다는 것은 힘들고 어렵다. 그러면 이 어려운 일을 내가 어떻게 해결할 것인가?' 하는 문제 앞에 적극적으로 자기 자신이 해결할 수 있는 길을 추구하는 방법이 우상을 숭배하는 것으로 나타나게 된다. 그래서 사람들은 점占에 의지하여 자신의 운명을 알려고 한다.

'내가 앞으로 어떻게 될 것인가?'를 알고자 하는 것은 자기 삶을 자기가 극복하고 경영하려는 적극적인 모습이다. 사람들이 무당을 불러 굿을 하는 것도 이러한 욕구에서 나온 행위이다. 결국 자기가 자신의 주재主帝가 되고자 한다. 자기가 자기 스스로를 다스리는 사람이 된다. 하나님에 대한 지식이 결핍되었을 때 이런 일이 강하게 나타난다. 그러나 '하나님은 누구신가?' 그리고 '나는 누구인가?'에 대해서 분명하게 알고 있다면 자기의 운명 때문에 걱정할 필요가 없다.

4. 하나님과 교회와의 관계

하나님께서는 출애굽기 19장 4절, 신명기 7장 6-11절, 29장에서 이스라엘을 피값을 주고 구속하신 주인이라고 선포하신다. '너희의 소유권은 내가 가지고 있다'는 것을 명확하게 선포하신다. 때문에 이스라엘이 할 일은 인간의 생사화복을 떠나서 하나님의 영광된 나라를 위해 살아야 한다. 이것이 그들의 본분이다. 히브리어에서 '본분'이라는 단어는 존재being를 의미한다. 이스라엘의 본분, 즉 존재 의미는 인간의 생사화복을 떠나서 하나님의 영광된 나라를 위해 사는 것으로 확인된다. 그것이 더 구체화된 모습이 거룩한 백성이라는 말이다.

세상과 완전히 구별된 것이 제사장 나라요, 거룩한 백성이요, 하나님의 소유이다. 그러한 사상도 없이 인간의 생사화복을 여전히 근심하고 있다면 그들은 하나님의 소유가 아니며 거룩한 백성이 될 수 없다.

진정으로 하나님이 누구이시며 그 앞에 있는 자신이 누구이고 하나님과 자신과의 관계에 대하여 바르게 설정되어 있다면 최소한 인간의 생사화복에 대해서는 염려하지 않아야 한다. 그래서 출애굽기 19장에서 그 말씀을 하신 뒤에 20장에서는 하나님이 누구이시고 이스라엘은 누구인가에 대하여 말씀하신다. 특히 십계명 중에서 1-4계명은 하나님에 대하여, 5계명부터는 인간의 관계에 대하여 말씀해 주셨다. 우리가 이 1-4계명을 안다면 '하나님이 누구이신가?'를 아는 데 도움이 된다.

1) 결핍이 없어야 하는 신지식

제1계명, "너는 나 외에는 다른 신들을 네게 있게 말지니라"는 말씀은 '너와 나 사이에는 아무 것도 있어서는 안 된다. 오직 네 앞에는 하나님만 있어야 한다'는 의미이다. 여기에서는 하나님과 이스라엘과의 관계를 이야기하고 있다.

제2계명, "너를 위하여 새긴 우상을 만들지 말라"는 말씀은 '왜 자기를 위해서 새긴 우상을 두느냐? 그것은 하나님에 대한 인식이 부족하기 때문이다'는 의미이다. 우상을 두는 그 궁극적인 이유는 자기를 위함이다.

하나님이 이스라엘을 부르신 이유는 하나님이 이스라엘을 위해서 존재하는 것이 아니다. 이스라엘이 하나님을 위해서 존재하게 하기 위함이다. 하나님이 본체이시다. 그리고 이스라엘은 객체이다. 우상은 자기 자신을 위해서 만든다. 자기의 생사화복을 위해서 모든 근심 걱정이라든지 장래의 어떤 불안을 해결하기 위해서 만든 것이 우상이다. 하나님과의 관계를 부인하기 시작하고 하나님에 대한 지식이 불합리했을 때 우상을 만들어 섬기게 된다.

제3계명, "너는 너의 하나님 여호와의 이름을 망령되이 일컫지 말라"에서 '망령되다'는 말은 의식 작용이 없는 상태를 의미한다. 즉 정상적인 지적 작용이 없어서 바른 판단을 하지 못하는 상태를 말한다. 인간이 가지고 있어야 할 인품, 인격, 이성을 발휘해서 사람다워야 한다. 그러지 못할 때 망령들었다고 한다. 또한 하나님의 이름을 부를 때는 정상한 인격을 가지고 명확하게 판별하여 하나님을 정당하게 인식하고 있어야 한다. 그러한 인식이 없이 하나님의 이름을 부르는 것 역시 망령된 일이다. 자기 필요에 따라 하나님의 이름을 불러서는 안 된다. 하나님은 절대적인 주권자이시다.

우리는 하나님의 통치를 받는 백성이다. 때문에 왕이신 하나님의 의중을 따라 살아가야 함에도 불구하고 자기의 이권을 위해 하나님을 대하는 것은 참으로 어처구니없는 일이다. 그래서 하나님에 대한 지식이 바르고 철저해야 한다. 그리고 그러한 지식을 바탕으로 하여 하나님에 대한 신앙이 변질되거나 공백이 있어서는 안 된다. 그렇지 않은 상태에서 하나님의 이름을 부른다는 것은 망령된 일이다.

제4계명, "안식일을 기억하여 거룩히 지키라"는 말속에는 모든 삶의 근거가 하나님에게 있음을 지시하고 있다. 하나님께 자신을 철저하게 맡기지 않고서는 안식일을 지킬 수 없기 때문이다. 예를 들면 안식일 하루 동안 일을 안 한다는 정도가 아니다. 안식년 동안에는 한해 동안 농사도 짓지 않고 오직 하나님만을 위해 살아야 한다. 그것은 하나님에 대한 확고한 믿음 없이는 불가능한 일이다.

농사도 짓지 않고 일년을 산다는 것은 하나님께서 그 한해 동안에 먹을 양식을 주셔야만 가능하다. 그래서 하나님은 6년째에는 그 해 소산분과 7년째의 안식년 소산분과 8년째의 수확을 얻을 때까지의 양식까지 합하여 3년치의 양식을 수확할 수 있도록 하시겠다고 약속하셨다. 따라서 제6년의 수확은 3년 동안 충분히 먹을 수 있을 정도의 양식을 수확하게 된다. 그런데 만일 하나님의 약속을 믿지 못한다면 그만한 수확을 하고서도 마음이 놓이지 않아 다음 해에 농사를 짓게 된다.

그러므로 안식일과 안식년을 지키기 위해서는 하나님에 대하여 철저한 신앙이 있어야 한다. 뿐만 아니라 하나님의 인도와 보호하심에 대하여 구체적으로 날마다 체험하고 있지 않으면 안 된다.

반면에 하나님에 대한 지식이 결여되어 있고 자신의 삶에 대하여 불안하여 하나님을 신뢰하지 못한다면 하나님께서 그 사람의 삶을 경영하신다는 사실을 경험할 수 없다. 그렇게 자신의 삶에 대하여 걱정하고 있을 때는 당연히 자기의 삶을 자기가 경영하겠다는 생각을 하기 마련이다. 곧 자기 운명을 자기가 개척해 나가겠다는 결심을 하고 나아가 우상을 만들게 되며 그것에 자기의 운명을 맡기고 만다. 이것이 곧 하나님께 대한 거역 행위이다.

하나님은 우리의 생사화복을 절대적으로 하나님께 의지하기를 바라신다. 우리가 하나님 안에 있다면 그러한 일 때문에 염려할 필요가 없기 때문이다. 그러한 가르침을 요한복음 15장의 포도나무 가지 비유에서 읽을 수 있다. 포도나무 가지는 자기가 열매를 맺지 못할 것에 대하여 걱정할 필요가 없다. 왜냐하면 포도를 맺기 위한 환경은 가지의 소관이 아니기 때문이다. 즉 습도나 토양 그리고 포도나무 종자가 진품인가 아닌가, 농부가 실력이 있는가 없는가에 대해서 가지가 걱정할 이유는 없다.

한편 포도나무가 열매를 맺지 못하게 되는 경우는 포도나무 가지가 본체인 나무에서 단절되어 있을 경우이다. 반면에 가지가 본체인 나무에 연결되어 있다면 의당히 열매를 맺게 된다. 이처럼 우리가 하나님과의 관계가 확실하다면 열매를 맺는 환경 때문에 염려할 이유가 없다.

예수님은 마태복음 6장 33절에서 "그러므로 너희는 먼저 그의 나라와 그 의를 구하라"고 말씀하셨다. 들에 핀 백합화나 하늘을 나는 새들처럼 우리는 일용할 양식 곧 먹고 마시고 입을 것에 대하여 염려하지 말라고 하신다. 그러한 염려는 하나님을 모르는 이방인들이 하는 일이다. 하나님의 자녀라면 그가 가야 할 적극적인 삶의 방향을 좇아가야 한다. 바로 그 삶이 '하나님의 의를 구하는 삶' 이다.

2) 하나님 위해 존재하는 교회

그것이 우리의 본분이다. 우리가 존재하는 목적은 바로 하나님 나라를 세우고 그의 의를 드러내는 일이다. 우리는 먹고 마시고 입을 것을 위해 존재하지 않는다. 하나님의 나라와 의를 구한다는 것은 적극적으로 하나님 나라의 백성으로서 삶을 구현한다는 말이다. 따라서 그 길에서 벗어나 있다면 그 사람은 하나님의 의에서 벗어나 있는 것이다. 그것이 죄에 빠져 있는 사람의 모습이다.

이와 같이 우리가 하나님 나라를 우리 생활 가운데서 현시하고 확인하면서 그 사명을 이룰 수 있는 것은 항상 하나님과 나 사이의 기본적인 관계에서부터 시작된다. 따라서 우리의 존재론적 의미부터 확인되어 있어야 하며 날마다 우리의 신지식이 새로워져야 한다. 내 삶을 날마다 주장해 나가는 하나님의 모습이 항상 내 삶 가운데서 확인되어야 한다. 또한 그 확인은 우리가 속해 있는 삶속에서 언제나 확실하게 찾아볼 수 있다.

그러한 예를 아브라함을 통해서 볼 수 있다. "여호와께서 아브라함에게 이르시되 너는 너의 본토 친척 아비 집을 떠나 내가 네게 지시할 땅으로 가라 내가 너로 큰 민족을 이루고 네게 복을 주어 네 이름을 창대케 하리니 너는 복의 근원이 될지라 너를 축복하는 자에게는 내가 복을 내리고 너를 저주하는 자에게는 내가 저주하리니 땅의 모든 족속이 너를 인하여 복을 얻을 것이니라 하신지라"(창 12:1-3).

이 말씀은 아브라함으로 하여금 자신의 시대적 사명을 각성하게 하였다. 그리고 그 사명에 대한 확인은 창세기 12장 7절에서 "여호와께서 아브라함에게 나타나 가라사대 내가 이 땅을 네 자손에게 주리라"하신 말씀 속에서 나타난다. 이 말씀에 따라 아브라함은 여호와께 단을 쌓았다.

이때는 아브라함이 가나안 땅에 들어온 이후이다. 창세기 12장 1-3절은 가나안 땅에 들어오기 전에 하신 말씀이다. 가나안 땅에 들어온 후에는 '하나님께서 그 땅을 주겠다' 고 말씀하신다. 그후 아브라함이 점차 남방으로 내려가 애굽 땅에 들어갈 때는 애굽 왕에게 자기 아내를 빼앗길 뻔하였다. 그런 위기 가운데 하나님께서는 권능으로 사라를 구원해 내신다.

그리고 창세기 13장에서는 "롯이 아브라함을 떠난 후에 여호와께서 아브라함에게 이르시되 너는 눈을 들어 너 있는 곳에서 동서남북을 바라보라 보이는 땅을 너와 네 자손에게 주리니 영원히 이르리라"(창 13:14-15)고 하시면서 '네 자손을 땅에 티끌같이 많게 할 것이라' 고 계시해 주신다. 이러한 과정을 통하여 아브라함은 더욱 자세하게 하나님을 알아가고 하나님께서 자기의 삶을 경영하신다는 사실을 체험해 나간다. 그리고 마침내 아브라함은 '하나님이 누구이신가?' 에 대해서 더 상세하게 알게 되었다.

특히 결정적인 사건이 창세기 14장 19절에 나온다. 하나님은 아브라함이 바라보는 온 땅을 아브라함에게 주시겠다고 약속하셨다. 그런데 그 땅을 침범하는 사람들이 있었다. 시날 왕 아므라벨과, 엘라살 왕 아리옥과, 엘람 왕 그돌라오멜과, 고임 왕 디달이 동맹해서 소돔을 공략했다. 그래서 소돔에 있는 롯이 잡혀가고 장차 아브라함이 유업으로 받을 땅을 탈취해 갔다.

아직은 아브라함의 소유가 아니지만 그 땅은 하나님께서 주신 땅이기 때문에 아브라함은 자기의 군사를 동원하여 침략군들을 물리친다. 그리하여 그는 이 전투를 통하여 생사화복은 하나님께서 보장해 주신다는 것과 하나님께서 자신을 통해 그 땅의 백성까지도 보장해 주시는 사실을 깨닫게 된다.

아브라함이 포로로 잡혀간 소돔 사람들을 데리고 돌아올 때 살렘 왕 멜기세덱이 나와서 아브라함에게 축복한 내용은 의미심장하다. "살렘 왕 멜기세덱이 떡과 포도주를 가지고 나왔으니 그는 지극히 높으신 하나님의 제사장이었더라"(창 14:18)는 소개와 함께 "(멜기세덱이) 아브라함에게 축복하여 가로되 천지의 주재시요 지극히 높으신 하나님이여 아브라함에게 복을 주옵소서"(창 14:19)라고 기도한다.

여기에서 하나님은 아브라함에게 '천지의 주재시요 지극히 높으신 하나님' 으로 계시된다. 창세기 12장부터는 하나님의 이름은 '여호와' 로 아브라함에게 계시되어 왔다. '여호와' 라고 할 때는 항상 '언약의 창시자요 주관자이시다' 는 의미를 가지고 있다. 그 언약은 장차 하나님께서 이루어 나가실 터인데 창세기 14장에 와서는 '지극히 높으신 하나님, 천지의 주재' 라는 하나님에 대한 새로운 개념이 계시된다. 그동안 아브라함은 '천지의 대주재이시고 지극히 높으신 하나님' 에 대해서는 생각하지 못했다.

아브라함은 갈대아 우르를 떠나온 후 장차 땅에 티끌같이 네 자손이 많아질 것이라는 언약을 이루어 주시는 하나님이라고만 알고 있었지 그 분이 대주재이시고 지극히 높으신 하나님이시라는 데까지는 생각이 미치지 못했다. 그런데 멜기세덱을 통해서 그 사실을 알게 되었다.

이 사실을 안 아브라함은 창세기 14장 22절에서 소돔 왕을 향하여 축복을 한다. "천지의 주재시요 지극히 높으신 하나님 여호와께 내가 손을 들어 맹세하노니"라고 하면서 하나님에 대하여 새롭게 인식하고 있음을 보여주고 있다. '하나님은 천지의 주재시며, 단순히 가나안 땅을 내게 주시는 일만 성취하시는 그 정도의 하나님이 아니라 온 천지를 주장하시는 분이시고 지극히 높으신 하나님이시다'는 것을 아브라함은 이제 알게 되었다.

그 이후에 아브라함의 일생에 아주 커다란 일이 생기는데 그것은 아브라함에게 언약을 더욱 확실하게 해석해 주신 사건이다. "이 후에 여호와의 말씀이 이상 중에 아브라함에게 임하여 가라사대 아브라함아 두려워 말라 나는 너의 방패요 너의 지극히 큰 상급이니라"(창 15:1)고 하시면서 아주 구체적으로 아브라함의 자손들이 많아지게 될 것과 아브라함의 상속자가 누구인가에 대하여 계시해 주신다.

여기에서 하나님은 자신을 가리켜 '나는 너의 방패(???)이고 너의 지극히 큰 상급(???)이다'라고 말씀하신다. 하나님은 자신의 이름을 아브라함에게 계시하실 때 아브라함이 그 의미를 충분히 파악할 수 있도록 드러내심을 알 수 있다.

하나님께서 자신을 가리켜 '너의 방패요 너의 상급이라'고 하실 때는 아브라함이 이방의 다섯 왕들과 싸워 이기고 난 후였다. 이 전투를 통해 아브라함은 '하나님께서 나를 지키시는 분이시다'는 사실을 체험하였다. 이러한 체험을 바탕으로 하나님은 "나는 너의 방패요 상급이라" 하셨다.

그래서 아브라함은 "하나님이야말로 내 모든 삶의 방패가 되시며, 하나님 자신이 나의 상급이 되시고 내가 살고 있는 자체가 하나님께 영광이고 그것이 하나님께서 나에게 주시는 권능이다"는 지식을 새롭게 세워가게 되었다.

그러한 일이 창세기 17장에서 다시 나타난다. "아브라함이 구십 구세 때 여호와께서 아브라함에게 나타나서 그에게 이르시되 나는 전능한 하나님(אל שׁדי)이다"고 자신을 계시하신다.

이때는 아브라함이 자기의 후사를 이을 아들을 얻고 싶어 사라의 몸종인 하갈을 통해서 이스마엘을 낳고 난 뒤였다. 그런데 하나님께서 아브라함에게 나타나 "나는 전능한 하나님이다"고 하시면서 아브라함의 후사를 이을 아들은 하갈이 아닌 사라에게서 얻게 될 것이라고 구체적으로 말씀하신다. 그리고 그 말씀에 따라 아브라함은 아들 이삭을 얻게 된다. 이 일을 통하여 '전능하신 하나님' 이 어떤 분이신가를 아브라함은 알게 되었다.

창세기 22장에서 아브라함은 하나님에 대하여 또 하나의 지식을 얻게 된다. '여호와께서 친히 준비하실 것이다' 는 의미를 가진 '여호와 이레' (יהוה יראה)라는 이름이다.

이와 같이 자기 삶의 중요한 순간순간마다 아브라함은 하나님의 이름을 새롭게 알아간다. 이름을 알았다는 것은 그 품성을 알았다는 의미이므로 그만큼 하나님에 대한 새로운 지식을 자꾸 쌓아갔음을 알 수 있다.

3) 항상 장성하고 있어야 하는 교회

신지식이 이렇게 새로워지면 구원의 확증이 더해지는 법이다. 그러므로 구원의 확증이란 하나님과 나와의 관계가 날로 새로워지는 것이라고 할 수 있다. 하나님은 이스라엘 백성이 광야에서 40년 동안 사는 동안에 그들을 날마다 새롭게 인도하셨다. "너희는 새롭게 하나님을 알라"는 의도가 있었기 때문이다. 그럼에도 불구하고 그들은 우상을 섬기는 일을 했다. 시간이 가면 갈수록 하나님에 대한 지식이 새로워져야 함에도 그들은 일시적인 안락에 빠져 하나님을 잃어버리고 말았다.

세상 사람들이야 자신의 행복을 위하여 수단과 방법을 가리지 않고 살아가지만 이스라엘은 그런 것 때문에 살지 않고 하나님 나라를 드러내야 한다는 인생의 목적을 가지고 살아가야 했다. 그러나 이스라엘은 세상 사람들과 똑같이 먹고 마시고 걱정하며 마침내 하나님을 배반하고 우상을 섬기는 데 빠지고 말았다.

마찬가지로 날마다 하나님과의 관계를 새롭게 해 나가지 않으면 오늘날 우리도 아무런 존재 의미가 없다. 시간이 가면 갈수록 하나님과 나 사이의 관계가 새로워지지 아니하면 우리가 구원받은 증거는 없다. 그것은 어제가 다르고 오늘이 달라야 한다. 어느 정도의 수준에서 우리가 안주하며 살 것이 아니라 계속해서 하나님을 향해 발걸음을 옮기지 않으면 그것은 사망에 처한 것과 같다. 하나님을 향해 전진해 나가지 않으면 생명의 호흡이 끊어진 것이나 다름없는 것이다.

기도

하나님 아버지!

이스라엘 백성이 하나님의 말씀에 대해서 심각하게 생각하지 않고 자기들이 생사화복을 주관하고자 할 때 마침내 우상숭배에 빠지고 만 것을 같이 생각해 보면서 우리의 삶을 점검했사옵니다. 하나님을 신앙하고 하나님에 대한 지식을 가지고 있다면 그것이 날마다 새로워짐으로써 믿음으로 말미암아 믿음에 이르게 하고 구원으로 말미암아 구원에 이르게 하는 하나님의 그 깊으신 경륜을 자꾸 좇아가야 하며, 그렇지 않으면 우리 역시 멸망할 수밖에 없다는 중대한 경고를 받았사옵니다.

이러한 일에 있어서 우리 교회가 가야 할 길은 하나님께서 계시해 주신 이 말씀을 날마다 확고하게 세울 뿐만 아니라 새롭게 전진해 나가야 할 것이옵니다. 이러한 진전이 없이는 교회가 존재해야 할 이유도 없고 우리 성도가 살아야 될 근본도 없는 줄 아옵나이다. 그러하오니 주여, 저희에게 크신 명철을 주셔서 하나님 말씀을 더욱 깨닫고 날마다 한 발자국씩 전진해 가는 삶을 허락해 주옵소서.

그럴 때 주의 성령께서 우리 안에서 말씀을 은혜의 방도로 삼으셔서 마침내 구원의 완성에 이르게 하실 것을 믿사옵고 주께서 우리에게 그만큼 귀중한 시간을 주셨사오니 이 삶을 통하여 날마다 우리 하나님을 알고 또 체험하여 하나님께서 우리에게 주신 거룩한 징표 가운데서 우리 구원을 확인할 수 있는 귀한 삶을 허락해 주옵소서.

주 예수 그리스도의 이름으로 기도하옵나이다. 아멘.

Ⅲ. 교회의 완성

베드로전서 2장 1-25절

1 그러므로 모든 악독과 모든 궤휼과 외식과 시기와 모든 비방하는 말을 버리고
2 갓난 아이들같이 순전하고 신령한 젖을 사모하라 이는 이로 말미암아 너희로 구원에 이르도
록 자라게 하려 함이라
3 너희가 주의 인자하심을 맛보았으면 그리하라
4 사람에게는 버린 바가 되었으나 하나님께는 택하심을 입은 보배로운 산 돌이신 예수에게 나
아와
5 너희도 산 돌같이 신령한 집으로 세워지고 예수 그리스도로 말미암아 하나님이 기쁘게 받으
실 신령한 제사를 드릴 거룩한 제사장이 될지니라
6 경에 기록하였으되 보라 내가 택한 보배롭고 요긴한 모퉁이 돌을 시온에 두노니 저를 믿는 자
는 부끄러움을 당치 아니하리라 하였으니
7 그러므로 믿는 너희에게는 보배이나 믿지 아니하는 자에게는 건축자들의 버린 그 돌이 모퉁
이의 머릿돌이 되고
8 또한 부딪히는 돌과 거치는 반석이 되었다 하니라 저희가 말씀을 순종치 아니하므로 넘어지
나니 이는 저희를 이렇게 정하신 것이라
9 오직 너희는 택하신 족속이요 왕같은 제사장들이요 거룩한 나라요 그의 소유된 백성이니 이
는 너희를 어두운 데서 불러내어 그의 기이한 빛에 들어가게 하신 자의 아름다운 덕을 선전하
게 하려 하심이라
10 너희가 전에는 백성이 아니더니 이제는 하나님의 백성이요 전에는 긍휼을 얻지 못하였더니
이제는 긍휼을 얻은 자니라
11 사랑하는 자들아 나그네와 행인 같은 너희를 권하노니 영혼을 거스려 싸우는 육체의 정욕을
제어하라
12 너희가 이방인 중에서 행실을 선하게 가져 너희를 악행한다고 비방하는 자들로 하여금 너희
선한 일을 보고 권고하시는 날에 하나님께 영광을 돌리게 하려 함이라
13 인간에 세운 모든 제도를 주를 위하여 순복하되 혹은 위에 있는 왕이나
14 혹은 악행하는 자를 징벌하고 선행하는 자를 포장하기 위하여 그의 보낸 방백에게 하라
15 곧 선행으로 어리석은 사람들의 무식한 말을 막으시는 것이라
16 자유하나 그 자유로 악을 가리우는 데 쓰지 말고 오직 하나님의 종과 같이 하라
17 뭇 사람을 공경하며 형제를 사랑하며 하나님을 두려워하며 왕을 공경하라

18 사환들아 범사에 두려워함으로 주인들에게 순복하되 선하고 관용하는 자들에게만 아니라
또한 까다로운 자들에게도 그리하라
19 애매히 고난을 받아도 하나님을 생각함으로 슬픔을 참으면 이는 아름다우나
20 죄가 있어 매를 맞고 참으면 무슨 칭찬이 있으리요 오직 선을 행함으로 고난을 받고 참으면
이는 하나님 앞에 아름다우니라
21 이를 위하여 너희가 부르심을 입었으니 그리스도도 너희를 위하여 고난을 받으사 너희에게
본을 끼쳐 그 자취를 따라오게 하려 하셨느니라
22 저는 죄를 범치 아니하시고 그 입에 궤사도 없으시며
23 욕을 받으시되 대신 욕하지 아니하시고 고난을 받으시되 위협하지 아니하시고 오직 공의로
심판하시는 자에게 부탁하시며
24 친히 나무에 달려 그 몸으로 우리 죄를 담당하셨으니 이는 우리로 죄에 대하여 죽고 의에 대
하여 살게 하려 하심이라 저가 채찍에 맞음으로 너희는 나음을 얻었나니
25 너희가 전에는 양과 같이 길을 잃었더니 이제는 너희 영혼의 목자와 감독되신 이에게 돌아
왔느니라

개혁교회론 - 교회와 사명
제3부 | 교회가 가야할 길

Ⅲ. 교회의 완성
벧전 2:1-25

1. 복음의 대상

베드로 사도는 베드로전서 1장에서 복음의 대상과 복음의 내용에 대하여 언급하고 있다. 복음의 대상은 "하나님 아버지의 미리 아심을 따라 성령의 거룩하게 하심으로 순종함과 예수 그리스도의 피뿌림을 얻기 위하여 택하심을 입은 자들"(벧전 1:2)이다. 따라서 복음은 하나님의 미리 아심(예정과 선택)에 따라 성령의 거룩하게 하심(중생과 성화)과 예수 그리스도의 피뿌림을 입은(칭의) 사람들에게 역사해서 그들을 구원 안으로 들어오게 하는 데 유효한 효과를 드러낸다.

1) 구원의 서정

여기에서 우리는 구원의 과정을 읽을 수 있다. 먼저 '하나님의 예정과 택정함'이 있다. 예정과 택함은 전적으로 하나님의 고유한 사역이다. 따라서 이것만은 천사나 어떤 피조물이라도 참여하거나 간섭할 수 없다. 하나님께서 예정하시고 미리 아실 뿐만 아니라 선택하신 후에는 그들을 부르신다. 그것을 소명calling이라고 하는데 소명은 '외적 소명'과 '내적 소명'으로 나누어 말한다.

'외적 소명'이란 전도나 혹은 성경을 통해 그리스도를 듣고 부름을 받는 외적인 초청을 말한다. 누군가에 의해 복음이 전해지면 그것이 외적 소명이다. 그렇지만 누구나 외적 소명에 응답하는 것은 아니다. 외적 소명이 임하게 되면 그것을 받아들이는 사람과 거부하는 사람이 있게 된다. 거기에는 하나님의 내적 부르심(소명)이 작용한다. 곧 성령께서는 어떤 사람 안에 역사하셔서 그로 하여금 복음을 받아들이게 한다. 이것을 '내적 소명'이라고 한다. 이 내적 소명이 있어야 비로소 복음을 받아들이게 된다. 그리고 이렇게 받아들이는 데에는 '믿음'이라는 요소가 개입되어야 한다.

2) 중생

이때의 '믿음'은 하나님의 경영을 다 알고 분별하고 차근차근 쪼개어서 이해할 만한 수준의 것은 아니다. 이것은 단지 신자가 중생할 때 갖는 신앙의 출발점으로서의 믿음이다. 그리고 이 시작을 가리켜서 '중생'(거듭남)이라고 한다. '거듭났다'는 말은 성령께서 그 사람을 주장하신다는 의미이다.

고린도전서 1장에 있는 것처럼 "성령으로 말미암지 않고는 예수 그리스도를 주라 할 수 없느니라"는 말은 예수 그리스도를 아는 초보의 단계로서 중생에 이르게 되는 첫 관문을 뜻한다. 그리하여 중생했을 때 복음을 받아들인 사람에게는 법적인 절차에 따라 죄가 없다는 선고가 하나님으로부터 내려지는데 그것을 '칭의'라고 한다. 칭의란 '하나님으로부터 의롭다 하심을 입었다'는 말이다.

이 칭의는 예수 그리스도의 십자가 공로에 근거하고 있다. 우리 인생이 하나님 앞에 비추어 영원한 심판에 이를 수밖에 없는 결핍된 모든 부분을 대신 그리스도께서 채워주심으로써 우리가 의롭다 함을 얻게 되었다. 이것을 그리스도의 십자가의 공효라고 한다.

3) 칭의

그렇지만 칭의를 입었다고 해서 당장 우리에게 있는 모든 결핍이 없어지는 것은 아니다. 여전히 우리는 죄 가운데 있는 사람들이다. 그러나 지금까지 죄 아래에 있던 우리가 죄가 없는 상태로 옮겨져서 다시는 죄 아래에 있지 않게 된다는 의미이다.

우리가 존재하던 자리가 바뀌게 되었다. 옛날에는 죄의 지배 아래 있었는데 다른 말로 하면 죄로 인해 죽어 있는 사람이었는데 이제는 죄와 상관없는, 다시 말하면 죄의 영향력이 지배하지 못하는 의의 자리로 옮겨졌다는 뜻이다. 즉 죽음이라는 곳에 있던 사람이 그곳에서 이제 완전히 옮겨져서 생명이 약동하는 의의 자리로 옮겨졌다. 이것을 '칭의'라고 한다.

그래서 이제부터 이 사람에게는 새 생명이 생명력을 발동해서 그 사람을 인도해 나간다. 그리고 이때부터 성령께서 그 사람을 인도하시는 실제적인 역할이 시작된다. 중생의 과정을 거쳐 칭의의 상태로 옮겨진 사람이 하나님께로부터 받은 새 생명을 발휘하며 살기 위해 성령께서 역사하시는 그 모든 것을 가리켜 '성령의 인도'라고 말한다. 그리고 '성령의 인도'를 받기 위해서는 자신을 성령님께 의뢰하는 '헌신'이 필요하다.

이 모든 과정은 순서적으로 마치 초시계를 누르면 1초, 2초, 3초가 가는 것처럼 일률적인 순서에 의해 진행되지는 않는다. 다시 말해서 이 변화의 속도가 빠른 사람이 있는가 하면 훨씬 느린 사람도 있을 수 있다. 어떤 사람에게 있어서는 아주 짧은 시간에 이 모든 것, 부르심과 거기에 대한 믿음으로서의 정당한 반응과 또 중생과 칭의가 거의 동시에 이루어질 수도 있다.

또 어떤 사람에게 있어서는 하나님의 택정함이 발현되어 그 부르심에서부터 중생을 거쳐 칭의에 이르기까지 상당한 시간이 걸리기도 하며, 어떤 사람은 자기가 부르심에 응답해서 믿음을 가졌음에도 불구하고 자기가 중생했다는 사실을 아는 데에 상당한 시간이 걸리는 경우도 있다.

중생한 사실이 자기에게 있지만 '칭의' 곧 의롭다 함을 입었다는 사실을 확신하기까지 상당한 시간이 필요한 경우도 있다. 하지만 이것을 순서적으로 놓고 볼 때는 앞에서 본 것과 같은 논리적인 절차를 따른다.

4) 교회의 역할

그런데 이 모든 과정이 짧은 시간에 이루어진다고 해도 점차 시간이 흘러 '중생이 무엇인가?' 하는 의미를 자꾸 깨달아 갈수록 더 새로운 점이 발견되기 마련이다. 그래서 '중생을 입었다'는 사실을 알았다고 생각했다가도 나중에는 그때의 생각과 사상이 빈약한 것처럼 생각이 들고 "이제야 겨우 내가 중생했나 보다"고 생각할 수도 있다. 그러나 한 번 이루어진 중생의 사건은 변하지 않는다. 당시에는 그만큼 깊이 있게 알지 못해서 그랬을 뿐이다. 중생한 사실이 분명하다면 다시는 변동하지 않는다.

단지 하나님께서 우리를 부르시고 또 중생시키고 칭의하신 사실을 우리가 미처 못깨달아서 중생을 했는지 의심이 가거나 새롭게 중생한 사실을 깨닫는 경우가 있다. 그리고 어디까지나 중생의 사건은 우리의 소관이 아니라는 점에서 더욱 그러한 의문이 가중되는 경우가 많다.

중생은 이미 하나님과 예수 그리스도와 성령께서 합력하셔서 우리로 하여금 중생의 사실에 참여케 하신다. 그러므로 하나님의 부르심과 부르심에 대한 반응 또 중생, 칭의 이 사실은 전적으로 하나님의 사역이다. 우리가 이 일에 대해서 조금이라도 관여하거나, 하나님과 타협하거나 또는 하나님의 의지를 변화시켜서 나를 중생하게 하지는 못한다. 이 중생의 사건만은 전적으로 하나님께서 하시는 일이다.

여기서 우리가 알아야 할 사실은 하나님께서 우리를 부르신 사건과 또 중생케 하신 일과 칭의를 받은 일만은 언젠가는 명확하게 확인되어야 한다는 것이다. 그러기 위하여 하나님에 대한 지식이 자라고 성숙해져서 중생이나 칭의 등에 담겨 있는 의미가 무엇인가를 알아가야 한다.

반면에 우리가 현상의 세계에서 '내적 소명'을 받았는지 혹은 '중생'한 사실이 있었는지 그리고 '칭의'를 받았는지를 확인할 수 있고 보증해 줄 수 있는 유형의 권위 있는 기관이 있어야 한다. 그러한 사실에 대하여 확인해 주지 않고 보증해 주지 않는다면 사람들은 누구나 하나님의 구원의 사실에 접촉하였다고 주장할 수 있기 때문이다. 따라서 (하나님의 구원의 사실에 참여되었다는 명확한 판단과 보증을 할 수 있는 공적인 기관이 있어야 하는데) 바로 그 작업을 수행하는 기관이 교회이다.

교회가 어떤 사람에게 직, 간접적으로 복음을 전파했다면 이것을 '외소'外召라고 한다. 그 사람에게 하나님의 내적인 부름이 있는가, 또한 그가 성령으로 말미암아 중생했는가, 예수 그리스도의 십자가의 공효가 친히 그에게 효력을 발생하여 하나님께서 그를 의롭다고 인정하셨는가 하는 제반 구원의 문제를 판별해 주고 그 사실을 증거해 주어야 한다. 이 일은 하나님께서 이 세상에 세우신 교회가 해야 할 일이다.

그래서 교회는 어떤 사람을 충분히 관찰하고, 그 사람에게서 구원의 사실이 분명하게 발견되고 그러한 사실이 특징적으로 확인되었을 때 비로소 그 사람은 중생한 사람이 확실하다는 의미로서 세례를 베풀게 된다. 그러므로 교회의 회원이 되었다면 이러한 절차를 거쳐 교회가 인정하는 구원의 사실들이 확인되었어야 한다. 그리고 세례를 받는 사람은 자신에게 하나님의 구원의 사실이 있음을 확인하고 교회 앞에 신앙을 고백해야 한다.

5) 헌신

이러한 과정을 통해 그 사람은 자신을 전적으로 하나님께 드린다는 마음이 자연스럽게 발생하여 하나님께 헌신하게 된다. 그러므로 내적인 부르심과 중생, 칭의에 대한 명백한 깨달음이 있을 때만 온전한 '헌신'이 가능할 수 있다. 즉 구원에 대한 명백한 지식이 없이는 헌신하려 해도 할 수가 없다.

'헌신'이란 말 속에서 특징적인 의미는 '펼쳐 놓는다'display는 뜻이다. 예를 들면 어떤 목수가 일을 할 때 연장을 아무 곳에 놓고 그 연장을 쓸 때는 일일이 뒤져서 찾아다 쓰지는 않는다. 일을 시작하기 전에 연장을 다 정비해 놓고 작업을 시작하는 것처럼, 헌신이라고 할 때는 나 자신이 그러한 기구가 되어 하나님께서 쓰시기에 편리할 대로 나 자신을 내어놓아야 한다.

로마서 6장에서 "너희 몸을 하나님의 의의 병기로 드리라"고 할 때도 "드리라"는 말이 '헌신한다' 곧 '파리스테미'(παριστημι)라는 말이다. 우리는 병기를 쓰는 사람이 아니라 그 병기이다. 병기를 쓰시는 분은 하나님이시다. 따라서 그 병기는 쓰일 만한 조건과 자질을 갖추고 있어야 한다. 이런 상태를 가리켜 성경은 '살아 있다' 혹은 '산 생명'이라고 말한다. 살아 있는 생명이 아니고서는 하나님께 쓰임 받을 수가 없다. 그러므로 헌신을 할 때는 이미 그러한 모든 조건이 확인되어 있어야 한다.

6) 성화

그와 같이 헌신되었을 때 하나님은 그 사람을 하나님의 계획과 섭리를 이루시는 일에 동참하게 하시기 위하여 적극적으로 그의 삶을 인도하신다. 이것을 '성령의 인도' 라고 한다. 이처럼 성령님께서 그를 하나님의 의의 병기로 합당하게 사용하실 때 그 사람에게는 '생명력의 진전' 이 발생한다. 이것을 '성화' 라고 한다.

그러므로 '헌신' 에서부터 비롯되어 '성화' 가 시작된다. 이 성화는 하나님의 은혜 아래에서 이루어진다. '칭의' 에서부터 '새 생명' 을 얻을 때까지는 하나님께서 단독으로 사역하시는 일이다. 하지만 '새 생명' 을 얻고 헌신하여 점차 하나님의 의의 군사가 될 때까지 장성해 나가는 일은 우리가 전적으로 하나님을 의지함으로써 이루어 나가게 된다. 자신을 드리며 하나님의 뜻을 순종해 나가기 위하여 말씀에 따라 내 삶을 경영해 나가는 그 모든 일들은 성령께서 나로 하여금 하나님께 순종하게 하심으로써 진행된다.

그러기 위하여 하나님께서는 우리에게 그 과업을 수행할 수 있는 능력을 주신다. 그것은 우리의 인격을 통해 발휘할 수 있는 '자유의지' 이다. 우리에게 주어진 자유의지를 발동시켜 이제부터는 우리가 하나님께 전적으로 자신을 헌신함으로써 하나님께서 우리를 이 세상에 보내시고자 했던 그 본래의 목적을 완수해 나가야 한다.

이처럼 한 사람이 이 땅에 태어나 하나님의 경영을 이루어 나가는 일에 쓰임 받고 그 일을 성취해 나가는 삶의 방향을 가리켜 '시대적 사명' 이라고 한다. 어느 시대에 어느 한 특정한 지역에 우리를 보내셨을 때는 그에 따른 하나님의 의도가 있으며 우리는 그 일을 이루어 나가기 위해 이 땅에 존재한다.

성령께서는 자신의 존재 의미를 명확하게 각성한 성도에게 하나님의 경륜에 따라 그의 자유의지를 발휘할 수 있도록 적극적으로 그 사람을 인도하고 보호하신다. 이런 상태에 있을 때 비로소 우리는 '성령의 인도' 를 받는다고 말한다. 그러므로 성령께서는 자신이 가야 할 길에 대하여 명확하게 깨닫고 있는 사람이 하나님의 능력을 필요로 할 경우 그에 따라 힘과 지혜를 주시게 된다. 이것이 바로 '성령의 인도' 이다.

그리고 자신의 삶의 모습을 통하여 하나님 나라를 구현함에 있어 성령께서 모든 적대 세력으로부터 보호하고 인도하신다는 사실을 믿는 것이 곧 '신앙' 이다. 따라서 우리가 하나님께서 역사 안에서 경영하시는 하나님의 뜻을 구현하는 위치에 서 있어야 성령님의 인도를 경험하고 성령님의 권능을 의지하는 신앙이 발휘될 수 있다. 그러한 사실을 무시하고 무조건적으로 성령님의 인도를 구하고 신앙하는 것은 결코 성경이 말하는 '성화' 의 본질은 아니다. 그런 것은 종교적인 열정은 될지언정 결코 신앙의 자태라고 말할 수 없다.

여기에서 우리가 중요하게 생각해야 할 것은 이러한 시대적 사명 의식을 갖기까지는 항상 교회가 바탕이 된다는 점이다. 어떤 사람이라도 혼자서 역사적인 존재 의미와 위치를 발견하고 시대가 그에게 요청하는 사명을 깨달을 수는 없다. 교회가 바탕이 되어서 삶의 터전을 이루어 줄 때 이러한 모든 일들이 가능하다. '헌신' 이나 '성화' 까지도 그러하다. 교회가 먼저 하나님 앞에서 그 위치를 바로 확인하고 있지 않으면 그 교회를 구성하고 있는 성도들 역시 자신의 삶의 방향을 확인할 수 없다.

그래서 이 땅에 존재하는 한 성도가 구원의 서정에 따라 구원의 완성에 도달하기 위해서는 무엇보다도 먼저 교회가 역사상에서 그 위치를 발견해야 하고 그 교회 안에서 각 성도는 자신의 삶의 방향을 구축해 나가야 한다.

이러한 과정을 통하여 성도가 결국 도달해야 할 곳은 '영화' 의 상태이다. 이 '영화' glorification의 상태에 도달해야 비로소 구원이 완성된다. 또한 우리는 이 '영화' 의 온전한 모습을 부활하신 그리스도를 통해서 볼 수 있다. 따라서 '영화' 의 상태 곧 구원의 완성은 그리스도의 부활하심에 참여하는 것임을 알 수 있다. 그리고 우리가 장차 그리스도의 부활의 권능에 참여할 것에 대한 소망이 곧 믿음이다. 그리스도께서 부활하여 영광된 하나님의 자리에 이르신 것처럼 우리도 장차 하나님의 영광된 자리에 이르게 될 것에 대한 소망을 가지기 위해 우리는 이 땅에서 완수해야 할 우리의 존재 의미를 파악하고 하나님의 경륜을 이루어 나가야 한다.

2. 복음의 내용

"찬송하리로다 우리 주 예수 그리스도의 아버지 하나님이 그 많으신 긍휼대로 예수 그리스도의 죽은 자 가운데서 부활하심으로 말미암아 우리를 거듭나게 하사 산 소망이 있게 하시며 썩지 않고 더럽지 않고 쇠하지 아니하는 기업을 잇게 하시나니 곧 너희를 위하여 하늘에 간직하신 것이라"(벧전 1:3-4)는 말씀 속에서 우리는 복음의 핵심이 '예수 그리스도의 부활'이라는 사실을 알 수 있다. 예수 그리스도의 부활이 우리를 거듭나게 하였다. 그래서 거듭난 우리는 그리스도의 부활에 근거하여 산 소망을 갖게 되었고, 썩지 않고 더럽지 않고 쇠하지 않는 기업을 이어나가게 되었다. 이 모든 일이 예수 그리스도의 부활에 근거하여 이루어지게 된다.

1) 복음의 핵심

그래서 예수 그리스도의 십자가 사건과 부활 사건이 우리에게는 중생의 증표이며 구원의 소망이다. 이 소망을 가지고 있는 우리를 하나님은 능력으로 계속 보호하시어(9절) 우리의 믿음이 말살되지 않고 무효되지 않도록 도우심으로 마침내 믿음으로 영혼의 구원에 이르게 하신다.

그러므로 우리가 예수 그리스도의 죽으심과 부활 사건을 순전하게 믿음으로써 그리스도의 부활의 권능이 우리에게 똑같이 적용된다는 사실을 받아들이게 되고 마침내 그 복음이 우리에게 역사하기 시작하여 우리를 영화의 자리까지 이르게 한다. 이러한 구원의 계획, 즉 예수 그리스도의 십자가와 부활 사건을 통하여 인류가 구원받는다는 이것은 한 순간에 이루어지는 것이 아니다. 이미 오래 전부터 선지자들을 통하여계시해 주셨고 증거해 주셨다고 베드로 사도는 말한다(벧전 1:8-12).

2) 복음의 능력

따라서 우리는 구원의 소망을 가지고 있으므로 항상 근신하여 예수 그리스도의 오심을 기다리고(*παρουσια*: 재림을 기다림) 부르신 부름에 합당하게 모든 행실을 거룩하게 하라(13-15절)는 베드로 사도의 권고와 같이 그리스도의 파루시아를 기대해야 한다. 우리는 이제 구원의 서정抒情 안에 있고 마침내 구원의 완성으로서 영화에까지 도달할 사람들이다.

그리하여 우리는 복음이 친히 우리 안에서 역사함으로 항상 부활의 소망과 예수 그리스도의 오심(파루시아)에 대한 소망을 가지고 있다. 또한 여기에서 그치는 것이 아니라 '과연 너희가 그런 부르심을 받았다 한다면 그 부르신 부름에 합당하게 모든 행실을 거룩하게 하라' 는 베드로 사도의 권면대로 우리의 행실을 거룩하게 가꾸어야 한다.

우리는 하나님의 절대적인 소유된 백성으로서 그 백성에 합당한 행실을 우리 삶 가운데서 이루어가야 한다. "오직 흠 없고 점 없는 어린 양 같은 그리스도"(19절)와 같이 거룩하게 해야 한다. 이것이 궁극적인 삶의 목표이다. 또한 "너희가 거듭난 것이 썩어질 씨로 된 것이 아니요 썩지 아니할 씨로 된 것이니 하나님의 살아 있고 항상 있는 말씀으로 되었느니라"(23절)는 말씀과 같이 '하나님의 살아 있는 말씀' 으로 그같은 궁극적인 삶의 목표에 도달해야 한다.

3) 구원의 능력으로서 말씀 사역

"하나님의 살아 있고 항상 있는 말씀"은 원어에 비추어 "하나님의 말씀은 살아 있고(생명이고) 영원하다"라고 번역할 수 있다. 곧 하나님의 말씀은 그 자체가 생명인 것을 의미한다. 또 '항상 있는 말씀'이라 할 때 히브리서 1장 12절이나 히브리서 13장 8절에도 나와 있듯이 "예수 그리스도는 어제나 오늘이나 내일이나 영원토록 동일하시니라"에서 '동일하다'는 말이 곧 '항상 있다'는 의미이다. 과거나 현재나 미래나 항상 구원의 유일한 법칙으로서 동일하다는 의미이다. 옛날에 구원하는 법이 다르고, 오늘 다르고, 또 내일 다르다면 어떤 표준에 의해서 구원을 얻을 수 있는지 알 수 없다. 그래서 구원의 표준은 항상 동일해야만 한다.

이 말씀은 "하나님의 말씀은 생명이어서 그것이 항상 동일하고 변치 않기 때문에 그 말씀에 따라서 구원에 이를 수 있다"는 의미를 가지고 있다. 따라서 복음의 진리가 우리 영을 깨끗하게 해 가는 그것이 구원에 이르는 유효한 길임을 알 수 있다. 베드로 사도는 "모든 육체는 풀과 같고 그 모든 영광이 풀의 꽃과 같으니 풀은 마르고 꽃은 떨어지되 오직 주의 말씀은 세세토록 있도다"(24절)라고 하면서 생명이신 말씀이 세세토록 변함 없이 구원의 유일한 방도로써 역사하기 때문에 이 말씀에 따라서 우리가 구원을 얻을 수 있음을 말한다.

이러한 것을 근거로 베드로전서 2장에서는 "그러므로 모든 악독과 모든 궤휼과 외식과 시기와 모든 비방하는 말을 버리고 (여기에서 이 말은 곧 사상, 습관, 삶의 모든 형태를 이야기한다) 갓난아이들 같이 순전하고 신령한 젖을 사모하라 이는 이로 말미암아 너희로 구원에 이르도록 자라게 하려 함이니라"(벧전 2:1-2)고 한다. 결국 하나님의 말씀이 구원의 유일한 표준이며 그 말씀은 생명이 있어서 우리를 말씀으로 말미암아 구원에 이르도록 자라게 한다는 의미이다.

"순전하고 신령한 젖"이란 말을 원어에 준해서 볼 때 먼저 "순전하다"는 말은 '간사함이 없다' 라는 뜻이고, "신령한"이라는 말은 "말씀"(λογικον)이라는 뜻으로 이는 '간사함이 없는 말씀의 젖' 이라는 말이다(우리말 성경에서 왜 신령한 젖이라고 번역했는지 그 이유는 분명치 않다).

그런데 "순전하고 신령한 젖"은 히브리서 5장 12-15에 비추어 볼 때 하나님의 구원 계획을 담고 있는 "의의 말씀"이다. 즉 "의의 말씀"과 같이 아주 단단하고 드높은 하나님 말씀을 갓난아이들이 젖을 사모하는 것과 같이 적극적으로 섭취해야 장성할 수 있음을 지시하고 있다. 한편 젖을 먹는 갓난아이라는 표현은 신앙적으로 유치하고 미약한 상태를 의미하는 것이 아니라, 어린아이와 같이 간사함이나 궤휼이 없이 거룩한 말씀의 도를 추구해야 할 것을 강조하는 말이다.

4) 신령한 사람

특히 여기에서 사용되는 "신령하다"는 말은 "인간의 이성과 지각을 사용하여 정당하게 사리를 분별함으로써 선악을 구별하는 지적인 능력"을 의미한다. 그러므로 충분히 영적으로 장성해 있는 상태를 말한다. 어린아이같이 사리를 명백하게 분별하지 못하여 누군가의 도움이 항상 있어야만 하는 피동적인 상태가 아니다. 영적 분별력이 뛰어나서 스스로 자신의 생명력을 보존하고 나아가 그 능력을 최대로 발휘할 수 있는 위치에 있는 상태를 가리켜 신령하다고 말한다. 성경은 이러한 사람을 '신령한 자' 라고 한다(고전 3:1).

"형제들아 내가 신령한 자들을 대함과 같이"라는 말에서 신령한 자들(πνευματικοις)이란 높은 영적 분별력을 가진 사람들을 의미함을 알 수 있다. 성경은 "우리가 세상의 영을 받지 않고 오직 하나님께로 온 영을 받았으니 이는 우리로 하여금 하나님께서 우리에게 은혜로 주신 것들을 알게 하려 하심이라 우리가 이것을 말하거니와 사람의 지혜의 가르친 말로 하지 않고 오직 성령의 가르치신 것으로 하니 신령한 일은 신령한 것으로 분별하느니라"(고전 2:12-13)고 신령한 자들에 대하여 기록하고 있다. 그리고 "신령한 자는 모든 것을 판단하나 자기는 아무에게도 판단을 받지 아니하느니라"(고전 2:15)고 이야기한다. '신령한 자'는 세상의 영을 받지 않고 하나님께로 온 영으로 태어난 사람이다. 또한 신령한 일은 하늘에 상관하는 일로써 성령으로 난 신령한 사람만이 분별할 수 있다.

5) 육에 속한 자

반면에 세상의 영을 받아서 사람의 지혜의 가르친 말로 배운 사람들이 있다. 이런 사람들은 육에 속한 사람들(ψυχικος)이다(고전 2:14). "육에 속한 사람은 성령의 일을 받지 아니하나니 저희에게는 미련하게 보임이요 또 깨닫지도 못하나니 이런 일은 영적으로라야 분변함이니라"는 말씀과 같이 이 사람들은 하나님의 영이 없는 사람이다. 이 사람들은 철저하게 자연인自然人일 뿐이다. 세상에서 그저 존재하는 대부분의 사람들을 가리킨다.

그러나 고린도전서 3장 1절에 나오는 "육신에 속한 사람"은 "육에 속한 사람"과는 다르다. "형제들아 내가 신령한 자들을 대함과 같이 너희에게 말할 수 없어서 육신에 속한 자 곧 그리스도 안에서 어린아이들을 대함과 같이 하노라." 여기에서 "육신에 속한 사람들"(σαρκινοις)은 이미 하나님의 영聖神을 받은 사람들이다. 하나님의 영을 받아서 "신령한 자"가 되어야 할 터이나, 여러 가지 육신에 속한 일의 영향을 받아 장성치 못하고 어린아이와 같이 유아적인 상태의 성도를 가리킨다. 하나님의 영을 받았으면 영적인 능력을 발휘하여 사리를 분변하고 마땅히 살아야 할 길을 찾아 하나님께서 경영하시는 그 나라의 일원으로 장성하여 힘있게 전진해야 한다. 여전히 세속의 영향과 육신적인 욕심에 끌려 자신이 나아가야 할 길을 주저하고 있는 사람들이 "육신에 속한 자들"이다.

성경은 사람을 크게 두 부류로 나누고 있음을 볼 수 있다. 하나는 "영에 속한 사람"이고, 또 하나는 "육에 속한 사람"이다. 그리고 "영에 속한 사람"에는 영적인 분별력을 정상적으로 발휘하여 자신의 길을 능력 있게 나아가는 "신령한 사람"이 있고, 아직도 여러 가지 제약 가운데 망설이고 있는 "육신에 속한 사람"이 있다.

"신령한 사람"은 성령으로 말미암아 모든 것을 분변하는 사람이다. 히브리서 5장에서 말하는 것처럼 "의의 말씀을 맛보고 단단한 식물을 먹고 분변해 나가는 사람"이다. 또한 베드로전서 2장에서는 "신령한(말씀의) 젖을 사모하는 사람"이라고 말한다. 반면에 "육신에 속한 사람"은 그 신앙이 유치하고 미약해서 아직은 신령한 사람과 같이 장성하지 못한 사람이다. 그러나 이들도 성령님의 조력과 보호 가운데 있는 사람들이다.

그러나 "육에 속한 사람들"은 전혀 하나님의 영이 없는 사람들이다. 이 사람들은 세상의 영을 받은 사람들이고 사람의 지혜의 가르친 말로 사는 사람들이다. 이들은 하나님의 영을 받은 사람과 근본적으로 영적인 기능에서 차이가 나게 된다. 본질에서 차이가 난다는 말이다. 즉 신령한 사람이라든지 육신에 속한 사람에게는 이미 그 안에 하나님의 영이 작용해서 그 사람을 인도하는 반면에, 육에 속한 사람에게는 전혀 하나님의 영이 작용하지 않는다.

육에 속한 사람은 신령한 일을 분변할 수 없다. 요컨대 신령한 이야기를 접하면 미련하다고 하면서 도무지 깨닫지 못하고 무시해 버린다. 그리고 아무리 이해하려고 하여도 이해할 수 없다.

6) 신령한 사람만이 말씀 섭취해

여기에서 '신령하다'는 것은 하나님의 영에 의해서 살리움을 받고 있다는 사실로 알 수 있다. 예를 들어 어떤 사람은 어린아이와 같이 아직 장성치 못해서 하나님의 말씀을 다 깨닫지 못할 경우도 있다. 그러나 그 사람은 미약하지만 하나님의 영이 있어서 사리를 분별할 줄 아는 기능을 가지고 있다는 점에서 "육에 속한 사람"과는 근본적인 차이가 있다. 그들은 "영에 속한 사람"과 정도의 차이는 있을 망정 신령한 젖을 사모할 수 있는 지각이 있다.

베드로 사도는 이처럼 신령한(논리적이고 조직적이고 사리를 정확하게 분별하는) 상태를 하나님의 구원의 대상인 성도들이 누릴 특권임을 전제하고 베드로전서 2장 2절에서 "갓난아이들 같이 순전하고 신령한 젖을 사모하라"고 말한다.

그러므로 "순전하고 신령한 젖", 즉 "간사함이 없는 말씀의 젖"을 사모할 수 있는 사람은 하나님의 구원 사역 안에 들어와 있는 모든 "신령한 사람들"이 추구해야 할 영적인 양식이고 또 그들만이 누릴 수 있는 특권이기도 하다. 왜냐하면 그들에게는 하나님의 말씀을 접할 수 있는 권리를 하나님께서 주셨기 때문이다. 그래서 신령한 사람은 "간사함이 없는 말씀의 젖"을 섭취하고 정상적으로 양육되어 장성함으로써 마침내 구원에 이르게 된다.

3. 교회의 완성

이처럼 구원의 완성까지 이르는 과정 가운데서 이 세상에 살고 있는 우리는 신령한 사람으로서 정상한 길을 바로 가고 있는가에 대하여 항상 필연적으로 점검해야 한다. 이런 의미에서 베드로 사도는 "너희도 산돌같이 신령한(*πνευματικος*) 집으로 세워지고 예수 그리스도로 말미암아 하나님이 기쁘게 받으실 신령한(*πνευματικος*) 제사를 드릴 거룩한 제사장이 될지니라"(벧전 2:5)고 말한다. 여기에서 베드로 사도가 이야기하는 신령한 집으로 세워지고 신령한 제사를 드릴 만한 사람은 "순전한 말씀의 젖"(간사함이 없는 말씀의 젖)을 사모하는 사람이다. 즉 "신령한 사람"만이 "신령한 집으로 세워지고 신령한 제사"(벧전 2:2)를 드릴 수 있다.

1) 생명 있는 자들로 이루어진 교회

여기에서 '산 돌' 이라는 말은 이미 4절에 언급했듯이 "보배로운 산 돌이신 예수 그리스도"를 닮은 뜻에서 쓰이고 있다. 그런데 베드로가 "너희도 산 돌 같이"라고 할 때는 단수로 말하지 않고 복수로 이야기하고 있다. 특히 '산 돌' 이라는 말은 "하나님의 말씀은 살아 있고"를 "하나님의 말씀은 생명이니라"고 번역할 수 있는 것처럼 "생명이 있는 돌들"이라는 뜻이다. 그러므로 "살아 있는 돌들 같이"라고 번역할 수 있다.

베드로는 우리가 생명 있는 돌들이 되어서 신령한 집을 세워 나가야 할 것이라고 말한다. 여기서 '신령한 집' 은 단수이다. 따라서 너희는 생명 있는 돌들(예수 그리스도가 곧 생명 있는 돌 자체이신데)로서 '한 집' 을 지어 나가야 할 것을 말하고 있음을 알 수 있다.

'신령한 그 집' 은 하나님의 집인 '성전' 을 의미하는데(에베소서 2:20-23절에서도 "성전을 지어나간다"고 말한다) 이 말은 그리스도의 생명을 그 본질로 하는 성도들이 '산 돌들' 이 되어서 그리스도께서 성전의 모퉁이 돌이 되셨던 것처럼 우리가 한 성전을 지어가는 "생명이 있는 돌들"이 되어야 함을 의미하고 있다. 그리고 "신령한 제사를 드리라" 하는데 여기에서도 단수가 아니라 복수가 사용된다. 항상 신령한 제사들을 드려야 할 거룩한 제사장(들)이라고 한다. 즉 "너희는 신령한 제사들을 드릴 거룩한 제사장들"이라는 말이다.

2) 하나의 족속으로 이루어진 교회

이상을 원어에 준해서 "너희들은 생명의 돌들이다. 그래서 신령한 집을 세워나가야 한다. 그리고 신령한 제사들을 드릴 제사장들이다"라고 번역할 수 있다. 다른 말로 하면 '너희는 신령한 성전을 세워나가는 생명의 돌들이며 신령한 제사를 드릴 거룩한 제사장들이다' 고 할 수 있다.

여기에서 '거룩하다' 는 말은 '구별되어 있다' 또는 '순결하다, 순전하다' 는 뜻이며 우리는 신령한 제사를 드리기 위하여 특별하게 구별되고 순결을 유지해야 할 제사장들이라는 의미를 담고 있다. 그러므로 '산 돌들' 은 신령한 제사를 드릴 '거룩한 제사장들' 임을 알 수 있다.

그런데 여기 등장하는 거룩한 제사장들은 하나의 단체이다. 또한 한 성전 안에 소속되어 있는 제사장단을 의미한다. 다시 말하면 한 신령한 집(성전)을 이루기 위해서는 살아 있는 돌들이 있는데 그 돌들은 구별된 제사장들로서 신령한 제사들을 드린다는 말이다. 그리고 이 사람들은 신령한 말씀의 젖 곧 생명(하나님의 말씀은 생명이다고 해석할 수 있는 것처럼)을 가지고 있는 사람들이다. 그래서 베드로 사도는 이들을 가리켜 "오직 너희는 택하신 족속이요 왕같은 제사장들이요 거룩한 나라요 그의 소유된 백성이요"(벧전 2:9)라고 말한다.

여기에서 '왕같은 제사장들 *ιερατευμα*' 과 베드로전서 2장 5절에서 말하는 '거룩한 제사장(들) *ιερατευμα*' 은 같은 말이다. 그러나 "왕같은 제사장들"이란 왕kingship으로서 신분을 의미하는 것이 아니라 왕권royalty을 소유함과 같다는 뜻이다. 즉 대권大權과 엄위嚴威를 소유하고 있는 제사장단이라는 뜻이다.

그래서 베드로는 이 제사장단을 가리켜 "너희는 택하신 족속이요"라고 단수 취급을 한다. '족속' 이라고 할 때는 한 단체, 한 무리를 이야기 한다. 출생 계통이 동일한 민족을 가리켜서 족속이라고 한다. 따라서 잡다한 민족들을 뽑아서 제사장단을 만드는 것이 아니라 출생 계통이 동일한 한 민족을 택해 제사장단을 만드는 것임을 알 수 있다. 그래서 "택하신 (한) 족속"이라고 한다. 이 말들을 종합해 보면 성령으로 말미암아 출생 계통이 같은 신령한 백성이 아니고서는 그 영광된 자리에 들어올 수 없다는 것을 알 수 있다. 바로 "신령한 사람들"(πνευματικοις)이 곧 택하신 한 족속이다.

나아가 '왕같은 제사장들'(βασιλειον ιερατευμα)이라는 말도 두 가지로 해석할 수 있다. 첫째는, 왕적 제사장들(왕적 제사장단)이라 해석할 수 있고, 둘째는 이 바실레이온(βασιλειον)이 왕국이라는 뜻이 있기 때문에 '한 나라로서 제사장단'이라 해석할 수도 있다. 즉 한 나라 전체가 제사장이라는 의미를 갖고 있다. 이러한 개념은 출애굽기 19장 4-6절에서 이미 나타나 있다. "너희가 내게 대하여 제사장 나라가 되며"라는 말이 바로 그러한 의미이다. 여기서 출애굽기 19장 6절의 "제사장 나라"와 베드로전서 2장 9절의 "왕같은 제사장들"은 같은 말이다.

3) 제사장 나라로서 사명 가진 지상 교회

이제 우리는 제사장 나라의 백성으로 부르심을 받았다. 그리고 우리가 바로 거룩한 나라이다. 하나의 독립된 나라이며 하나의 민족으로 구성된 한 민족이라는 뜻이다. 그래서 각각의 개인은 그 나라를 구성하는 중요한 요소들이다. 마치 집을 지을 때 각각의 벽돌들이 자기 위치를 자리하고 있듯이 우리 각 사람은 제사장 나라를 구성하는 하나의 '산 돌'로서 존재 의미를 가지고 있다. 따라서 우리는 그 나라 안에 소속되어 있을 경우에 우리 각 사람의 존재 의미를 확인할 수 있고 그 가치를 발휘할 수 있다. 그리고 바로 그 구성원들이 제사장들이고 한 출생 계통을 갖고 있는 한 민족이다.

그 한 사람 한 사람은 하나님의 소유된 백성이다. 이 '소유'란 말은 "하나님의 소득"이라는 뜻이다. 이 말씀은 곧 그 백성 하나 하나를 하나님이 대가를 치르고 소유해서 한 나라의 백성으로 구성하셨다는 말이다. 그렇게 함으로써 하나님께서는 이제 그 나라를 구성하는 각각의 출생 계통이 같고 또한 근본이 같은 백성을 통해서 '왕적 제사장' 으로 또는 '제사장 나라' 로 그들을 부르신다.

4) 교회 안에서 존재의 의미를 발견해야 하는 성도

여기 2장 9절에서는 그들을 가리켜 "오직 너희는"이라고 호칭한다. 한 사람이 아니다. 개인을 각각 하나님께서 값을 치르고 부르셨으되 그들을 출생 근원이 같은 한 나라 한 민족으로 부르셨고, 그들로 하여금 제사장 나라를 세우게 하셨다. 즉 그들을 민족 단위로서 그리고 하나의 교회 단위로서 부르셨다.

여기서 우리는 하나님께서 교회를 세우신 주된 목적을 발견할 수 있다. 곧 그것은 하나님의 제사장 나라로서 그 나라의 한 일원이 될 수 있도록 우리를 뽑아 한 나라를 이룸으로써 마침내 이 땅에 유형적인 하나님의 나라를 드러내게 하신 것이다.

때문에 교회를 구성하고 제사장 나라를 구성할 사람은 바로 "신령한 자들"이어야 한다. 신령한 자들이 아니고서는 그 나라의 백성이 될 수가 없다. 한편 신령한 자들은 성령으로 말미암아 교통하는 사람들이다. 뿐만 아니라 교회의 한 일원으로서 그리고 제사장 나라의 한 회원으로서 부르셨기 때문에 한 개인으로서는 존재 의미를 찾기가 어렵고 하나님 나라를 드러내기 위한 인생의 가치도 발현할 수 없다.

"너희"라 지칭한 것이 바로 그런 의미이다. "너희는 택하신 족속이요, 왕같은 제사장들"이라는 말씀에 따라 우리는 근본적으로 하나이다. 부르심을 받은 사람들로서 출생의 근본이 같은 사람들이다. 때문에 교회에서 각 사람의 출생적 바탕이 하나라는 사실이 확인되지 않으면 이미 교회로서 존재 의미가 둔화되고 만다.

하나님께서 우리를 그러한 자리에 부르셨다 할 때는 우리 인생에 중대한 의미를 가진다. 우리를 한 족속으로, 한 제사장 나라로 부르셨다 한다면 여기에 의미가 있다는 말이다. 그래서 이제는 모든 삶 자체를 '나' 한 사람이 경영하는 것이 아니다. 내 마음대로 내 삶을 경영하는 것이 아니라 항상 교회와 상의하고 교회의 지도를 받고 교회와 더불어서 존재해야 한다. '나' 혼자 존재하는 것이 절대 아니다.

5) 교회는 하나님의 경영을 이루어 나가는 기관

이것이 교회가 세워져 나가야 할 기본적인 모습이다. 여기서부터 교회가 시작된다. 하나님의 그 나라를 서로 드러낼 수 있고, 서로 맛볼 수 있고, 서로 제시할 수 있고, 서로 세워나갈 수 있는 그런 단위로서 한 교회와 그 안에 있는 지체로서 '나' 라는 것을 항상 인식해야 한다. 이것을 근거로 해서 비로소 교회가 출발한다. 이것이 확인되지 않고서 교회는 도저히 길을 갈 수가 없다.

이제 우리 모두가 한 집을 짓는 사람들이다. 하나님의 경륜(*οικονομια*: 경영한다)이란 말은 '집을 세워나간다' 는 말이다. 즉 하나님의 경영도 하나의 집을 세워나가는 것과 같다. 하나님께서는 전 세계를 통해서, 전 인류를 통해서 그리고 전 역사를 통해서 한 집을 세워나가는 것이고, 우리는 그 집을 모형하고 아주 작지만 이 사회와 이 시대에서 대표할 만한 곧 그 집에 방불하는 한 집을 세워나가야 한다.

이런 의미에서 우리는 '신령한 집을 세워나가는 사람들' 이다. 이런 집을 세워나갈 때 비로소 거기에 하나님의 통치와 경영이 나타나게 된다. 그렇지 않고 우리가 어떤 단체를 꾸며서 그 단체의 목적만을 추구해 나간다면 거기에 하나님이 같이 계실 이유가 전혀 없다.

그동안 우리가 나아가야 할 성도로서 기본적인 자세와 또 교회의 한 일원인 생명체로서 '나' 자체의 의미가 무엇인가를 충분하지는 않을지라도 여러 차례 상고해 왔다. 우리는 이것을 예전에는 한 번도 면밀하게 살펴보지 않고 막무가내로 교회에 다녔을 뿐이다.

이 교회가 내 몸인가 확인도 못해 보고 다녔다는 것은 불행이다. 그래서 우리가 이런 것들을 그동안 같이 생각했다. 그러한 가르침이 하나님께서 우리에게 주신 인생의 좌표를 확인케 하는 아주 귀중한 말씀인 줄 알아야 한다. 이제부터라도 우리가 나가야 될 길을 묵묵히 그리고 꾸준히 나가야 한다.

기도

하나님 아버지!

하나님의 자비하심과 귀하심을 우리가 상고하고 우리의 신비로운 모습을 확인케 하심을 감사합니다. 하나님 세 분께서 연합하여 하나가 된 것같이 이제는 하나님께서 친히 우리 인간과 연합하여 한 몸을 이루시고 우리 교회의 머리가 되셨사옵나이다. 그리고 이제는 그 몸된 교회 중에서 한 지체로 우리 교회를 세우시고, 그 지체의 한 부분으로서 우리를 부르셨사오니 이 모든 것이 하나님의 경륜과 경영하심 가운데서 이루어진 것을 우리가 알고 감사를 드리옵나이다.

이제 비로소 우리가 속해 있는 이 나라가 어떤 나라인가를 우리가 알게 되었고 우리 교회가 어떤 교회인가를 이제 알게 되었사온즉 우리가 '신령한 자들' 로서 참 생명력을 발휘하고, 이 가운데서 하나님의 거룩한 통치가 이루어지고 하나님의 오이코노미아(*οικονομια*)가 이루어지는 '신령한 교회' 가 될 수 있도록 주께서 인도하옵소서.

그로 말미암아 우리 모두가 거룩한 한 나라를 이루는 사람들로 서로 그 분자들이라는 의식을 갖게 하시고, 그러한 일에 있어서 우리가 좀더 각성하여 베드로 사도가 권면한 것처럼 하나님의 그 살아 있는 말씀, 간사함이 없고 순전한 그 생명의 말씀을 깊이 있게 상고하는 교회가 될 수 있도록 은혜를 내려 주옵소서.

주 예수 그리스도의 이름으로 기도하옵나이다. 아멘.

Ⅳ. 교회의 행로行路

사도행전 11장 19-30절, 13장 1-3절

11장 19-30절

19 때에 스데반의 일로 일어난 환난을 인하여 흩어진 자들이 베니게와 구브로와 안디옥까지 이르러 도를 유대인에게만 전하는데
20 그 중에 구브로와 구레네 몇 사람이 안디옥에 이르러 헬라인에게도 말하여 주 예수를 전파하니
21 주의 손이 그들과 함께 하시매 수다한 사람이 믿고 주께 돌아오더라
22 예루살렘 교회가 이 사람들의 소문을 듣고 바나바를 안디옥까지 보내니
23 저가 이르러 하나님의 은혜를 보고 기뻐하여 모든 사람에게 굳은 마음으로 주께 붙어 있으라 권하니
24 바나바는 착한 사람이요 성령과 믿음이 충만한 자라 이에 큰 무리가 주께 더하더라
25 바나바가 사울을 찾으러 다소에 가서
26 만나매 안디옥에 데리고 와서 둘이 교회에 일 년간 모여 있어 큰 무리를 가르쳤고 제자들이 안디옥에서 비로소 그리스도인이라 일컫음을 받게 되었더라
27 그때에 선지자들이 예루살렘에서 안디옥에 이르니
28 그 중에 아가보라 하는 한 사람이 일어나 성령으로 말하되 천하가 크게 흉년 들리라 하더니 글라우디오 때에 그렇게 되니라
29 제자들이 각각 그 힘대로 유대에 사는 형제들에게 부조를 보내기로 작정하고
30 이를 실행하여 바나바와 사울의 손으로 장로들에게 보내니라

13장 1-3절

1 안디옥 교회에 선지자들과 교사들이 있으니 곧 바나바와 니게르라 하는 시므온과 구레네 사람 루기오와 분봉왕 헤롯의 젖동생 마나엔과 및 사울이라
2 주를 섬겨 금식할 때에 성령이 가라사대 내가 불러 시키는 일을 위하여 바나바와 사울을 따로 세우라 하시니
3 이에 금식하며 기도하고 두 사람에게 안수하여 보내니라

개혁교회론 - 교회와 사명
제3부 | 교회가 가야할 길

Ⅳ. 교회의 행로行路

행 11:19–30; 13:1–3

지금까지 "교회와 사명"이라는 큰 제목 아래 이 시대의 교회가 가야 할 길에 대하여 함께 생각해 왔다. 이제 그동안의 가르침을 토대로 초대 교회 시대를 대표하는 안디옥 교회를 예로 들어 그 교회가 어떻게 시작하여 마침내 하나님 나라를 건설하는 일에 참여하고 교회적인 사명을 완수했는가에 대하여 함께 생각하고자 한다. 특히 안디옥 교회가 하나님의 능력을 어떻게 그 생활 가운데서 실감하고 자기들의 삶을 꾸려 나갔는가에 대해 점검하고 그것을 바탕으로 우리 교회가 가야 할 길을 생각해 보고자 한다.

성경에서 시대를 구분하는 데 있어서 예수 그리스도의 오심을 정점으로 한 시대가 특징적으로 발생된다. 예수께서 오시기 전까지의 시대는 에덴동산 시대, 노아와 홍수 시대, 바벨탑 이후 아브라함의 시대, 애굽에서 나온 후 이스라엘이라는 한 교회 단위로서 형성된 시대로 나눌 수 있다.

이스라엘 교회 시대는 모세와 여호수아와 사사들로 이어지는 시대가 있었고 그 뒤에 한 왕국으로 세워지는 왕국 시대가 있었다. 이렇게 교회 역사의 시대적 특징이 흘러왔었는데 교회의 특징이 현저하게 드러난 시대는 예수 그리스도의 오심부터 시작되는, 소위 구약에서 가리켜 말하는 '말세' 라는 시대이다. 그 가운데서도 예루살렘 교회가 설립되면서부터 예수님의 재림까지의 시대를 '교회 시대' 라고 말한다.

이 교회 시대는 독특한 시기이다. 이 시대를 먼저 특징짓는 사건은 오순절 사건이다. 오순절 사건을 통해서 예루살렘 교회가 설립되었고 이후부터 점차적으로 많은 교회가 설립되었다. 이 시기에 교회로서 참된 표지를 전형적으로 나타내 보였던 것은 안디옥 교회였다. 그래서 그 당시부터 2천 년이 흐른 지금에도 교회가 나아가야 할 길과 방향에 대해서 생각할 때는 항상 이 예루살렘 교회와 안디옥 교회를 지표로 삼아야 한다.

특히 예수님이 다시 오시기까지 말세라는 하나의 시대적 특성 안에 이들 교회와 우리 교회가 함께 속하여 있기 때문에 그러한 교회들을 살펴봄으로써 우리 교회가 나아가야 할 길에 대해서도 점검할 수 있다. 예루살렘 교회도 그 나름대로의 특성이 있었지만 오늘날 말하는 우주적인 교회라는 개념에 비추어 볼 때 좀더 보편적인 형태의 교회인 안디옥 교회를 모범으로 우리 교회가 나아가야 할 길은 어떤 것인가에 대해서 생각해 보고자 한다.

1. 안디옥 교회의 발생 내력

스데반 집사의 순교 사건을 기화로 예루살렘 교회에 환난이 일어나 세계 각처에 흩어진 성도들이 안디옥에까지 들어와 복음을 증거하게 되면서부터 안디옥 교회가 발생하게 된다.

1) 안디옥 교회의 발생 과정

사도행전 8장 1-3절에 보면 스데반 집사가 순교하고 난 뒤에 '다소' 출신의 사울이라는 사람이 중심이 되어 예루살렘에 아주 큰 핍박이 있었고 그 때문에 많은 성도들이 흩어지게 되었다. 그들은 사방으로 흩어진 뒤에도 여전히 복음을 전하는 교회로서 역할을 수행했다. 이렇게 해서 근동 지역을 중심으로 변화가 생기게 된다.

① 사마리아에 복음이 전파됨

그 첫번째의 변화는 사도행전 8장 5-17절에 기록되어 있는 빌립의 사마리아 전도 사건이다. 빌립의 사마리아 전도에 힘입어 그곳에 교회가 세워졌고 그들도 성령님의 세례를 경험하게 되었다. 사마리아에 임한 성령 세례는 오순절에 예루살렘에 임한 성령 세례와 똑같은 사건이었다. 오순절 성령 강림이 사마리아에서 재현되었다. 이것은 예루살렘뿐만 아니라 사마리아 교회도 똑같이 하나님의 경륜 안에서 세워진 교회라는 사실을 증거한다.

사마리아 사람들 중에는 유대인과 이방인의 혼혈이 많았다. 유대인과 이방인들이 결혼해서 생긴 후손들이라 이방인도 아니고 유대인도 아닌 사람들이었다. 그러한 배경 때문에 유대인들은 사마리아 사람들을 가까이 하지 않고 불결하게 여기고 있었다. 그런데 이방인들에게 복음이 전파되기 전에 먼저 하나님의 복음이 사마리아 사람들에게 증거되었고, 예루살렘에 임하신 성령께서 사마리아에도 임재하심으로써 사마리아의 복음과 유대인들의 복음이 동질임을 확증해 주셨다.

② 이디오피아 내시에게 복음이 전파됨

둘째, 이방인에게 복음이 증거된 것을 들 수 있다. 사도행전 8장 26-39절에서 이디오피아 내시에게 복음이 증거된 것을 기록하고 있다. 이디오피아 내시가 빌립의 가르침을 받고 세례를 받은 사실은 이방인에게도 복음이 증거되었음을 말해주고 있다. 이 사건은 그런 의미에서 획기적인 사건이었다.

③ 사울의 회심

셋째, 사도행전 9장에 와서 사울이 회개하는 사건이 발생한다. 사울은 다메섹에 가는 도중에 그리스도의 현현을 목격하고 회개하게 된다. 주께서 사울을 부르신 목적은 "이 사람은 내 이름을 이방인과 임금들과 이스라엘 자손들 앞에 전하기 위하여 택한 나의 그릇이라"(행 9:15)는 말씀 속에 잘 나타나 있다. "이방인과 임금들과 이스라엘 후손들에게 복음을 증거할 사람"으로 사울을 하나님께서 부르신 것은 이제부터 본격적으로 이방인에게 복음이 전파되어야 함을 보여주신 역사적인 사건이다.

④ 복음이 확장됨

이런 일련의 사건들을 통해 하나님께서 교회를 어떻게 경영해 나가시는가를 알 수 있다. 처음에 사울이 중심이 되어 교회를 말살시키려 했던 핍박은 오히려 사마리아에 복음을 증거하게 하는 동기가 되었다. 그리고 나아가 이방 사람인 이디오피아 내시에게 복음이 전파되기에 이르렀다. 그후 박해의 대표적인 세력을 상징하는 사울을 꺾어 이방인에게 복음을 증거하는 사도로 부르신다. 이것이 역사의 획기적인 전환점이다. 이러한 변화를 통해 성령께서 어떻게 그 나라를 확장시켜 나가시는가를 살펴 볼 수 있다.

그처럼 스데반의 일로 역사에 변화가 생겼는데 그 사건으로 말미암아 시작된 시대적인 특성은 '복음의 확장'이었다. "그리하여 온 유대와 갈릴리와 사마리아 교회가 평안하여 든든히 서 가고 주를 경외함과 성령의 위로로 진행하여 수가 더 많아지니라"(행 9:31)는 말씀은 당시 시대적인 특성을 잘 표현해 주고 있다. 이 시기는 사울이 회개하고 아라비아 광야에서 3년 동안 하나님의 계시를 접하고 난 후로써 주의 복음이 세계 도처에 전파되는 때이다.

2) 초대교회의 특성

그런데 여기에서 성경은 그 시대를 특징지어 말하면서 교회를 가리켜 이르기를 "온 유대와 갈릴리와 사마리아 교회"라고 한 것은 큰 의미를 가지고 있다. 헬라어 성경에서는 이 교회들을 복수로 취급하지 않고 단수로 취급하여 '한 교회' 라고 지칭하고 있음은 의미심장하다.

"헤 에클레시아"(η εκκλεσια)는 그 시대의 교회를 하나의 동질의 교회로 지칭하는 말이다. 이 원어에 비추어 보면 "그 교회 곧 온 유대와 갈릴리와 사마리아 사람들의 교회가 평안하여 든든히 서 가고 주를 경외함과 성령의 위로로 진행하여 수가 더 많아지니라"고 이야기하고 있다. 유대에 있는 교회들, 갈릴리의 교회들, 사마리아에 있는 교회들이라고 그렇게 따로 지칭하지 않았다. 그 모든 교회들을 우주적인universal 교회, 즉 총체적인 하나의 교회로 부르고 있다.

갈릴리에 언제 교회가 생겼는지는 성경에 자세히 언급되어 있지 않다. 다만 사마리아에 복음이 전파되고 성령이 임재하시고 난 뒤 베드로와 제자들이 돌아오는 길에 갈릴리에도 복음을 증거하였을 것이라고 추측할 수 있다. 갈릴리는 이스라엘의 끝이다. 그러므로 예루살렘에서 복음이 시작되어 유대 지방과 사마리아를 거쳐 갈릴리에까지 복음이 확장되고 있음을 볼 수 있다.

그래서 유대와 갈릴리와 사마리아에 세워져 있는 곳곳의 교회들을 성경에서는 '한 교회' 라 하고 이 한 교회가 (총체적인 한 교회가) 평안하여 든든히 서 가고 있다고 말한다. 여기에서 "서 간다"는 말은 "집을 짓는다"(οικονομια)는 뜻이다. "신령한 집을 짓는다" 할 때 하나의 집을 지어 간다는 의미인 것처럼 여기에서도 "든든히 서 간다"는 말은 "든든한 한 집을 세워가고 있다"는 의미이다. 그렇게 함으로써 당시 지교회들은 하나의 독립된 교회로 서 갔으나 총체적으로 하나의 교회로 인정을 받았다. 그리고 이 교회는 똑같이 한 분 예수 그리스도를 주로 경외하였고 그들에게 계속적으로 성령님의 위로가 있었음을 알 수 있다.

3) 역사적 배경

이처럼 갑자기 교회가 평화의 시기를 맞이하게 된 것은 당시 다메섹까지 쫓아가면서 많은 성도들을 핍박하던 일이 사울의 회심으로 중단된 이유도 있겠지만 그것보다는 정치적으로 큰 사건이 발생했기 때문이다. 당시에는 가이우스(칼리굴라)가 로마 황제로 세계를 다스리던 때였다. 칼리굴라는 AD 37년에 로마 황제가 되었다. 이 당시는 사울이 회개하고 난 후로 대략 AD 39년에서 40년경이다. 이때 칼리굴라가 예루살렘 성전에 황제의 상을 세우겠다고 하면서 유대인들을 심하게 핍박하기 시작했다. 우리가 알다시피 로마 사람들은 황제를 신으로 섬기기 때문에 상을 만들어 놓고 거기에 제사를 드리곤 하였다.

그동안에는 유대인들이 기독교도들을 핍박하기 위해 여러가지 정책을 써왔는데 로마 황제의 문제 때문에 그럴 수 없게 되었다. 유대인들은 황제에 대하여 반발하고 황제의 상을 세우는 일을 적극 저지하느라 기독교도들을 핍박할 여력이 없었다. 그후 41년에 칼리굴라 황제는 암살된다.

그러한 정치적인 배경 아래 '유대와 갈릴리와 사마리아 교회'가 평안해지게 됨으로써 서로 하나의 교회가 되어 든든히 서 가게 되었다. 이것이 바로 성령께서 역사를 주관하며 교회를 세워나가시는 하나의 사건이다. 이 역사적 사건을 통해 교회는 하나님의 말씀으로 서 가는 것임을 이처럼 증표로 보여주었다.

하나님의 교회가 현실적으로 어떻게 평안을 얻고 성령님의 위로를 받고 확장되어 가는가를 여기에서 볼 수 있다. 이런 점에서 "그리하여 온 유대와 갈릴리와 사마리아 교회가 평안하여 든든히 서 가고 주를 경외함과 성령의 위로로 진행하여 수가 더 많아지니라"(행 9:31)는 말씀은 당시 교회적 상황이 어떠하였는지를 잘 말해 주고 있음을 알 수 있다.

4) 시대적 특성

이처럼 사도행전 6-9장의 시대는 세계의 역사를 주장하시는 하나님의 경륜을 잘 보여주고 있다. 바로 그때 사도행전 10장에서 고넬료가 하나님의 교회 안으로 들어오게 되는 또 하나의 획기적인 사건이 발생한다. 이것은 아주 큰 변화였다. 단순히 고넬료 한 사람이 기독교인이 되었다는 것에서 역사적으로 의미가 있을 뿐 아니라 당시 전 세계를 대표할 만한 로마의 장교가 기독교인이 되었다는 데 더 큰 의미가 있다.

고넬료는 로마 황제의 가문에 속하는 사람으로 가이사랴 지역의 군대 백부장으로 와 있었다. 지금 유대인들은 로마의 통치 때문에 힘을 펴지 못하는 상황 가운데 있다. 그런데 그 로마 세력의 한 핵심 부원인 백부장 고넬료가 교회 안으로 들어온다. 더 나아가 그에게 성령이 임하게 됨으로 말미암아 이방인에게도 성령이 임하시고 교회가 세워진다는 증표가 나타나게 되었다(행 10:45).

이 사실에 대하여 예루살렘 교회는 중요한 역할을 한다. 고넬료가 세례받은 사건으로 예루살렘 교회가 베드로에 대하여 "네가 어떻게 이방인의 집에 가서 함께 유할 수 있었느냐?"고 힐난하자 베드로는 "이방인에게도 생명 얻는 회개를 주셨다"고 답변한다.

베드로의 증언을 들은 예루살렘 교회는 그 사건을 교회적인 사건으로 받아들이고 인정하게 된다(행 11:18). 복음이 유대 중심에서 사마리아와 갈릴리에까지 전파되었는데 마침내 이방인으로서 로마를 대표하는 (당시에 로마는 전 세계를 지배하는 세상 세력의 대표임) 고넬료 곧 로마 세력의 핵심 부원이 교회로 들어온다. 이렇게 됨으로써 이방인에게까지도 성령이 임하였음을 온 교회가 인정하게 되었다.

5) 이방의 대표자들이 교회로 들어옴

이를 통해 역사가 어떻게 흘러가며 복음이 어떻게 진전해 나가는가를 알 수 있다. 하나님께서 그의 집을 세워나가는 데 있어서 이 복음이 처음에는 예루살렘에서 시작하여 유대와 사마리아와 갈릴리에까지 진전되었고 마침내 이방인에게까지(이디오피아 내시라든지 백부장 고넬료는 이방인을 대표할 만한 사람들임) 복음이 증거되었다는 것은 거기에 역사의 진전이 있다는 것을 우리는 알 수 있다.

이렇게 이방인에게까지 복음이 전파됨이 완연하게 확인되고 있을 무렵 흩어진 사람들이 복음을 증거하여 안디옥에 교회가 세워지게 된다. 예루살렘과 유대와 사마리아와 갈릴리에 교회가 세워졌고 마침내 이방인에게까지도 성령이 임하시어 그 결과로써 순수하게 이방인들 중심으로 교회가 세워지게 된다. 이것이 안디옥 교회가 세워진 역사적인 의미이다.

사도행전 11장 19절에 보면 구브로(지금의 키프러스cyprus 섬)와 구레네(지중해에 인접한 북아프리카에 있는 나라)에서 안디옥에 온 사람들이 처음에는 주로 유대인들을 상대하여 복음을 증거하였는데 유대인들은 오히려 복음을 받지 않으므로 그들은 헬라인들에게 복음을 증거하게 된다. 어디서든지 그 당시에는 유대인들에게 복음을 증거하려고 했지만 유대인들은 복음을 받아들이지 않고 오히려 이방인들이 복음을 받아들이게 되는 경우가 많았다.

구레네에서 온 사람들은 헬라어를 쓰는 헬라파 유대인들이었다. 이 사람들이 헬라어를 사용하기 때문에 자연히 헬라인들이 그 말을 듣게 되고 유대인들보다는 헬라인들이 복음을 받아들이게 되었다. "주의 손이 그들과 함께하시매 수다한 사람이 믿고 주께 돌아오더라"(행 11:21)는 말씀은 당시 헬라인들이 복음에 대하여 얼마나 적극적으로 받아들이고 있는지를 잘 말해 주고 있다.

이처럼 많은 사람들이 복음을 받아들여 마침내 안디옥 교회가 세워지게 되었다. 여기에서 '주의 손이 그들과 함께 있었다'는 것은 이미 성령께서 헬라인들의 마음을 준비시켰음을 의미한다. 반면에 유대인들은 점차적으로 복음에서 소외되고 있음을 보여주고 있다.

그동안 갈릴리나 유대에서 복음을 증거한 대상은 주로 유대인들이었다. 사마리아는 유대인과 이방인들의 중간 지대의 사람들이었다. 그리고 이디오피아 내시가 세례를 받고 고넬료에게 성령이 임한 사건은 마침내 이방인들에게 그리고 헬라인들에게 복음이 증거되었음을 보여준다. 이러한 배경 가운데 세워진 안디옥 교회의 역사적인 특성을 살펴본다.

2. 안디옥 교회의 특성

1) 보편의 교회로서 안디옥 교회

첫째, 안디옥 교회가 가지고 있는 특성 중의 하나는 유대인들과 이방인들이 함께 어우러져 있는 보편의 교회라는 점이다.

예루살렘 교회처럼 어떤 특정 계층에 있는 사람들로 이루어지지 않고, 유대인들뿐만 아니라 헬라인들까지도 같이 구성되어 공동으로 조직된 새로운 형태로 안디옥 교회가 세워졌다는 것은 중요한 특성이다. 물론 예루살렘을 중심으로 세워진 유대와 갈릴리, 사마리아에 있는 교회들도 역사적으로 중대한 사명을 수행하는 교회인 것은 사실이다. 하지만 이들의 교회는 주로 유대인들을 중심으로 구성되었다는 점에서 세계적인 교회로서의 모범이 될 수 없다.

그런데 이 안디옥 교회는 유대인과 이방인이 함께 하는 교회였다. 성령께서 이방인들에게 복음을 증거하는 역사적인 대변환기에 안디옥 교회가 세워졌다는 점에서 이런 교회를 세우시는 성령님의 의도가 무엇인가를 시사해 주고 있다. 유대인 중심의 단일한 교회가 아니었기 때문에 안디옥 교회는 후에 이방 선교의 전초기지가 될 수 있었다.

2) 복음으로 훈련된 교회

둘째, 안디옥 교회는 바나바에게서 교육을 받고 후에 사울에게서 복음의 핵심을 접하였다. 즉 복음으로 잘 훈련된 교회였다.

바나바는 예루살렘 교회에서 칭찬 받는 헬라파 유대인이었다. 구브로 출신으로 품성이 좋은 사람이었다. 특히 헬라적인 호방한 품성을 지닌 사람으로서 예루살렘 교회의 파송을 받아 안디옥 교회로 온 그는 다소 출신 사울(사울은 헤브라이즘과 헬레니즘의 학문과 사상에 정통해 있었음)을 불러 함께 안디옥 교회를 세워나갔다.

바나바와 사울의 가르침을 받은 안디옥 교회는 복음으로 말미암아 든든히 세워졌다. 예루살렘 교회가 거의 십여 년 이상 훈련받아 세워졌음에 비하여 안디옥 교회는 바나바와 바울에 의해 1년 정도 교육을 받았음에도 불구하고, 예루살렘 교회에 비해 신학적으로 조금도 뒤떨어지지 않을 뿐 아니라 오히려 복음 전파에 대하여 좀더 거시적인 안목을 가질 수 있었다.

3) 교회의 고유한 특성을 발휘함

셋째, 안디옥 교회는 단순히 교육받은 것으로 끝나지 않고 그리스도적 성품을 명확히 드러내었다.

그들이 일반 세상 사람들과는 다른 면모를 가졌으므로 사람들은 그들을 가리켜 '그리스도인christians' 이라고 일컫게 되었다(행 11:26). '그리스도인' 이란 그리스도를 따르는 무리라는 말로 안디옥 교회는 그리스도의 성품을 그대로 발휘하는 교회였음을 알 수 있다.

이 그리스도의 성품이 어떤 것인가는 사도행전 6장 8절 이하에서 7장에 나오는 스데반을 통해서 알 수 있다. 스데반이 유대인들과 변론을 한다든지 7장의 설교에 나타난 성경에 대한 지식을 통해서 그리고 스데반의 죽을 때의 모습을 보면 그리스도인이란 어떤 사람인가를 알게 된다. "주여 저들이 자기의 죄를 알지 못하니 저들을 용서해 주옵소서. 그리고 내 영혼을 받으옵소서"라고 기도하고 스데반은 죽음을 맞이한다. 마치 예수님이 십자가에서 죽으실 때를 연상케 한다.

이처럼 복음에 입각해서 세워진 교회는 그 교회의 품성 자체가 그리스도처럼 사람들에게 보이는 법이다. 그래서 사람들은 안디옥 교회 성도들을 '그리스도인들'(여기 '그리스도인' 은 복수로 되어 있다)이라고 불렀다. 결국 바나바와 사울에 의해 복음으로 잘 훈련받은 안디옥 교회는 그리스도의 품성을 온전히 드러내고 있었음을 알 수 있다.

그 대표적인 또 하나의 실례를 사도행전 11장 27절 이하에 나와 있는 사건에서 볼 수 있다. 당시 로마 황제였던 칼리귤라가 죽고 글라우디오 황제(AD 41-54년까지 로마를 통치함)가 즉위하였는데, 이때 유대에 큰 흉년이 들 것이라고 아가보 선지자가 예언하였다. 이를 듣고 안디옥 교회는 예루살렘 교회를 위하여 힘써 부조에 나섰다.

안디옥 교회는 유대 교회에 있는 성도들을 유대에 사는 형제들이라고 여겼다. 곧 안디옥 교회와 유대 교회의 통일성을 확인하고 있다. 단순하게 안디옥에 교회가 세워진 정도가 아니라 그리스도의 품성을 발휘하는 교회였으며, 예루살렘과 유대에 있는 교회와 동등한 형제 교회로서 그 위치를 확인하고 있었다.

이렇게 볼 때 사도행전 9장 31절에 있었던 것처럼 유대와 갈릴리와 사마리아 교회를 성경은 하나의 교회라고 하였던 것처럼 이제는 안디옥 교회까지 포함하여 동등한 형제 교회로서 서로 하나의 교회를 이루고 있음이 객관적으로 인정되었다.

4) 교회의 만수滿數로서 지체가 채워짐

넷째, 이처럼 안디옥 교회가 역사상의 위치에서 다른 교회와의 관계를 확인하고 안디옥 교회의 고유한 특성을 발휘하게 하는데 역할을 한 것은 안디옥 교회에 있었던 선지자들과 교사들이었다(13:1 이하).

먼저 바나바는 이미 잘 알려진 교사이다. 니게르라는 시므온이 있었는데 'negro'라는 말이 흑인임을 의미한다면 이 사람은 아프리카에서 왔을 것으로 보인다. 그리고 구레네 사람 루기오가 있었다. 특히 분봉왕 헤롯의 젖동생 마나엔이 교사로 있었다는 것은 주목할 만한 일이다. 이 헤롯(헤롯 아그립바는 아주 잔인한 사람이었다)은 원래 로마에서 유모의 양육을 받고 자랐는데 그 유모 밑에서 마나엔도 젖을 먹고 자랐다. 한 사람의 젖을 같이 먹고 자랐다고 해서 마나엔을 헤롯의 젖동생이라고 한다. 헤롯의 젖동생이라면 상당히 가문이 좋고 지체가 높았음을 알 수 있다. 이런 사람까지도 교회에 와서 선지자와 교사로 있었을 정도였다. 이처럼 안디옥 교회는 많은 선지자와 교사를 두고 있었다. 그리고 무엇보다도 사울이 교사로 있었다는 것은 그만큼 안디옥 교회가 훌륭한 교사들 밑에서 좋은 교육을 받을 수 있는 여건을 가지고 있었음을 의미한다.

고린도전서 12장 28절에서도 '교회에는 선지자들과 교사들과 여러 지체들을 세웠다' 고 한다. 이런 사람들은 교회를 든든히 세워나가기 위한 좋은 일꾼들이다. 이들은 하나님께서 (어떤 특별한 목적이 있어서) 안디옥 교회를 튼튼히 세우시기 위해 보낸 사람들이었다.

안디옥 교회에 선지자들과 교사들이 많이 있었다는 것은 안디옥 교회가 충분히 장성할 수 있는 교회로 세워 나갈 수 있는 여건, 다시 말하면 하나님 나라를 현시할 수 있는 바탕이 갖추어졌음을 의미한다. 이처럼 어떤 교회가 하나님의 교회를 예표할 수 있고 하나님 나라를 드러낼 수 있을 만한 교회로 세워지기 위해서는 먼저 무엇보다도 훌륭한 선지자들과 교사들이 필요함을 알 수 있다. 즉 한 단위 교회로서 역할을 잘 감당하기 위한 일꾼들이 충분히 세워져야 한다. 그만한 일꾼이 있어야 교회로서 역사적인 역할, 즉 사명을 발휘할 수 있다.

이 말은 사람의 숫자가 꼭 많아야 한다는 것을 의미하지 않는다. 최소한 교회라는 유기체를 형성할 수 있을 만큼의 만수滿數가 있어야 함을 의미한다. 바나바와 사울 두 사람만 가지고도 안디옥 교회가 얼마든지 성장할 수 있는 여건을 마련할 수 있었다. 그러나 이 시대는 유대와 사마리아와 갈릴리에 복음이 이미 증거되었고 이제는 이방인에게도 복음이 증거되어 이방인 교회가 세워지는 시대이다.

이 이방인 교회를 통해 하나님은 로마를 정복하려는 계획을 세우고 있었는데 이러한 사명을 감당하기 위해 바나바와 사울을 따로 불러내실 필요가 있었기 때문에 하나님은 안디옥 교회를 위해서 또 다른 선지자들과 교사들을 세우셨다.

이처럼 하나님의 일에 필요한 만큼의 일꾼을 하나님께서 세워주신다. 따라서 안디옥 교회는 교회로서 역할을 충분히 할 수 있을 만큼의 일꾼들이 갖추어져 있었다. 하나님은 이런 의미에서 교회의 만수를 채워주신다는 것을 알 수 있다. 그러므로 그러한 일을 수행할 만큼의 일꾼들이 없다 한다면 감히 교회가 나서서 어떤 일을 하겠다고 해서는 안 된다.

5) 시대적 사명을 인식함

다섯째, 이와 같이 역사적인 사명을 수행할 정도의 일꾼이 충분하자 이제는 안디옥 교회의 고유한 사명을 수행할 수 있는 독특한 역할을 확인하게 되었다.

안디옥 교회는 벌써 성령님의 지시를 받을 만한 그런 위치에 올라와 있었다. 안디옥 교회의 성도 수가 얼마나 많았는지는 알 수 없다. 사울과 바나바가 목회할 때 이미 많은 사람들이 들어와 있었다. 그리고 그들은 하나님의 말씀을 올바로 분별할 만큼 영적 성숙을 이루고 있었다.

"주를 섬겨 금식할 때 성령이 가라사대 내가 불러 시키는 일을 위하여 바나바와 사울을 따로 세우라"(행 13:2). 이 말씀은 성령께서 교회 구성원 모두에게 외형적으로 말씀하신 것은 아니다. 이미 사도행전 11장 28절에서도 아가보가 예언했을 때 온 교회가 그 말을 듣고 힘써 부조를 한 것과 마찬가지로 여기에서도 어떤 선지자들이 성령께 붙들림을 받아 "바나바와 사울을 따로 세우라 하신다"는 말을 교회 앞에 했을 것이다.

그럴 때 교회 회원들은 그 말이 성령님의 말씀인지 아니면 예언하는 자들이 하나님의 경륜과는 상관없이 자기들 임의로 하는 말인지를 분별할 정도가 되었다는 말이다. 즉 안디옥 교회는 선지자들의 하는 말이 성령께서 하시는 말씀이라는 사실을 확인할 정도가 되었다.

그런데 "내가 불러 시키는 일을 위하여 바나바와 사울을 따로 세우라"는 이 말은 헬라어에 준해서 해석해 보면 "내가 일을 시키기 위해서 불렀던 바나바와 사울을 너희들은 따로 세우라"고 해석할 수 있다. 그리고 '세우라' 는 말은 "너희라는 구성원에서 따로 분리시켜 내라"는 의미이다.

이 말은 깊이 생각해 볼 필요가 있다. 바나바와 사울을 성령께서 부르신 것은 안디옥 교회를 세우기 위해서 부르신 것이 아니다. 그들을 부르셨을 때는 따로 시킬 일이 있었다는 의미이다. 그래서 성령께서는 "유기적으로 한 몸인 그 교회에서 두 사람을 분리시켜 내라"는 뜻으로 말씀하셨음을 알 수 있다. 그 말은 곧 "바나바와 사울을 새로운 단위 교회로서 독립시키라"는 뜻이다.

그러므로 안디옥 교회에서 이 두 사람을 선교사로 파송하는 것이 아니다. 안디옥 교회에서 이 두 사람을 떼어 내어 다른 한 단위의 교회로 세우라는 말이다. 이것은 또 하나의 교회를 세우는 것을 의미한다.

하나의 교회라고 할 때는 그 교회를 구성하는 전체 인원, 즉 그 교회를 이루고 있는 만수滿數가 있어야 온전한 교회로서 역할을 할 수 있고 그 자체가 유기적인 생명체라고 할 수 있다. 한 인간이 정상적인 인간으로서 가져야 할 지체들이 다 구비되었을 때 비로소 온전한 역할을 다할 수 있는 것처럼 안디옥 교회는 그와 같이 온전한 지체로 이미 세워져 있는 교회였다.

따라서 안디옥 교회는 그 자체로서 완성된 교회였다. 그리고 사울과 바나바는 안디옥 교회를 이루는 지체로서 부름받은 것이 아니라 다른 일을 위해 부름받은 사람들이다. 그러므로 사울과 바나바를 분리시킨다는 것은 안디옥 교회에서 한 몸을 이루는 지체의 어느 한 부분을 떼어낸다는 말이 아니다.

본래 안디옥 교회는 사울과 바나바를 한 지체로 가지지 않았다. 서로가 다른 단위 교회로 성령님의 부름을 받았고 서로가 다른 고유한 사명을 가지고 있었다. 이 사실에 대하여 안디옥 교회는 성령님의 말씀을 들을 만한 귀를 가지고 있었다. "우리 교회는 이것으로 완전하다. 사울과 바나바를 따로 세우는 것이 하나님 나라를 위하여 더 유익이 있겠다" 하는 마음을 갖게 되었다. 이것이 안디옥 교회가 영적으로 장성했다는 일면을 보여주는 것이다.

6) 시대적 사명을 수행함

여섯째, 안디옥 교회는 이러한 영적인 장성을 바탕으로 교회의 시대적 사명을 수행하게 되었다(13절).

"이에 금식하며 기도하고 두 사람에게 안수하여 보내니라"는 말과 같이 안디옥 교회 자체가 하나의 완전한 교회가 되어 독자적인 사명을 수행하기에 이르렀다. 교회가 안수한다고 해서 사울과 바나바에게 어떤 비상한 능력이 생기는 것은 아니다.

일반적으로 안수라고 하면 그런 의미로 생각하기가 쉽지만 그렇지 않다. 구약의 제사 제도에서 안수는 사람이 죄를 지었을 경우 자기 죄를 대신해서 죽을 제물의 머리에 자기의 손을 얹는 것이었다. 자기 손을 그 제물에 올려놓는 것은 '내 죄의 모든 것을 이 제물에게 전가시킨다' 는 것을 상징한다.

그러므로 안디옥 교회가 사울과 바나바에게 안수하여 보낸다는 것은 안디옥 교회의 사명을 이 두 사람에게 위탁한다는 의미를 가진다. "이 두 사람을 하나님 손에 전폭적으로 맡기겠다" 하는 마음으로 그들을 보냈다. '보낸다' (απελυσαν)는 말은 '떠나 보냈다' go away는 말이다. 즉 '상관하지 않겠다' 는 의미를 가지고 있다. 이제는 그 두 사람이 무슨 일을 하고 어떻게 하든지 상관하지 않겠다는 뜻이다.

왜냐하면 그 두 사람은 안디옥 교회에 속한 지체가 아니라 독특한 인격을 가진 독립 교회의 유기체이기 때문이다. 안디옥 교회가 하나의 인격체인 것처럼 바나바와 사울이 하나의 인격체로 독립했다는 뜻이다. 이런 의미에서 '보낸다' 는 말은 곧 '자유롭게 놓아준다' 는 의미이다.

사울과 바나바가 독립 교회로서 자유롭게 되었다고 해서 안디옥 교회와 아주 남남이 되었다는 말은 아니다. 안디옥 교회와 이 두 사람 사이에는 깊은 관계가 있어서 교회가 금식하며 기도하고 안수를 했다. 하나님께 기도할 때는 자기가 책임질 만한 것을 기도한다. 그 사정을 충분히 알고 그 기도의 내용이 하나님께 온당한 줄 알기 때문에 기도한다.

어떤 사람이 "기도해 주세요!" 하면 "무엇을 위해서 기도해 줄까요?" 하고 그 내용을 물어야 한다. 그 내용을 말하면 먼저 그 사람이 구하고자 하는 내용이 교회적인 차원에서 하나님의 뜻에 합당하고 하나님의 나라를 위하여 꼭 필요한 일인가를 분별해서 그 사람을 위해서 기도하는 것이지 아무런 책임도 지지 않고 인사치례로 기도하는 것은 기도가 아니다.

안디옥 교회가 기도하고 안수했다는 것은 "이 두 사람이 장차 이방 선교의 큰 일을 위해서 일할 사람들이고 그 일을 위해 성령께서 따로 세우신 것이 확실함으로 하나님께 이들을 맡깁니다" 하는 의미이다. 그리고 안디옥 교회는 그 두 사람을 위하여 전적으로 모든 뒷바라지를 했다. 이러한 신앙과 역사 의식을 바탕으로 안디옥 교회는 시대적인 사명을 완수하게 된다.

7) 안디옥 교회의 사명 각성

이상을 종합해 보면 처음에 복음이 어떻게 진전되었는가를 볼 수 있다. 유대에서 사마리아로 그리고 갈릴리로 복음이 증거되고 확장되었다. 이것은 유대인들이 유대인들을 대상으로 한 유대인 중심의 진전이었다. 그럴 때 스데반 사건으로 유대인들이 각처로 흩어지고 이디오피아 내시라든지 로마 백부장 고넬료에게 복음이 증거되었다.

이방인에게 실제적으로 복음이 증거되는 사건이 일어났다. 그리고 이방인들에게도 성령이 임하시는 사건을 통해서 이 모든 교회들이 동등한 교회 그리고 하나의 교회라는 사실을 확인하게 되었다.

이러한 역사적인 전환점에서 부르심을 받은 사람이 사울(바울)이다. 바울은 이방인에게 복음을 증거하기 위해 세움 받은 사람이다(행 9:15).

바울이 하나님 앞에서 회개했다는 것은 전 역사를 구분지을 만한 의미를 갖는다. 이러한 것을 안디옥 교회가 보았다. 그리고 안디옥 교회는 이방 선교의 역사적인 사명을 위해 세워졌다는 사실을 알고 바나바와 바울을 따로 세워 복음을 증거하는 일에 전념하도록 내어보냈다.

이처럼 안디옥 교회는 성령께서 역사를 진행시켜 나가는 요소를 확인하고 있었다. 그런 역사적인 좌표를 충분히 볼 수 있었다는 점에서 안디옥 교회는 역사적인 교회라 할 수 있다.

어떤 한 교회가 교회로서 장성하여 자기의 사명을 감당하기까지는 몇 가지 원칙이 있음을 알게 된다. 먼저 안디옥 교회는 시대적인 부름으로 그리고 역사의 종국적인 현상으로 세워진 교회였다. 몇몇 사람들이 어떻게 하다가 우연히 세워진 교회가 아니라 교회로서 세워질 만한 충분한 역사적인 근거를 가지고 세워졌다.

그 다음에 안디옥 교회는 교회를 이룰 만한 만수滿數가 되어 있을 뿐만 아니라 교회를 인도할 일꾼들이 충분했다. 어떤 사람이 사람으로서 역할을 완수하려 할 때 우선 육신으로도 흠이 없어야 하겠지만 정신적으로도 충분히 장성되어야 하는 것처럼 안디옥 교회는 회원의 수에 있어서 그리고 영적으로 장성한 교회였다.

그런 교회였기 때문에 성령님의 지시하심을 들을 수 있었고 나아가 시대적인 사명을 완수할 수 있었다. 이런 원리들을 통해 이제 이 시대의 교회로서 우리 교회가 추구해야 할 길을 살펴볼 수 있다.

3. 교회의 진로

이 시대의 교회가 가야 할 길을 알기 위해서는 다음과 같은 것들을 먼저 점검해야 한다.

1) 역사의 진행을 직시할 줄 알아야

지금까지 역사는 어떻게 흘러왔는가, 앞으로의 역사는 어떻게 될 것인가, 하나님 나라의 경륜이 어떻게 진행될 것인가 하는 역사의 대원칙, 단지 세상의 연대기적인 역사history가 아닌 하나님의 경륜의 역사가 어떻게 흘러가는가를 충분히 볼 수 있어야 한다.

사실 우리가 복음을 접함에 있어서 그리고 하나님의 말씀을 증거하는 데 있어서 효과적인 방도는 설교이다. 하나님께서 '설교'를 교회 예배에 있어서 중요한 자리에 세워주신 것은 설교가 하나님의 은혜의 방도로써 효과적이기 때문이다. 그의 백성을 가르치고 장성하도록 함으로써 한 교회를 이루고 나아가 교회의 사명을 수행하도록 하는 효과적인 방도가 설교이다.

성경 공부는 어떤 주제를 가지고 계시를 접촉할 수 있는 자질을 향상시키기 위해 일정 기간 공부하는 것을 말한다. 따라서 성경 공부를 통하여 교회가 바로 서 가고 시대적인 사명을 수행할 수 있는 능력을 얻는 것은 아니다. 이에 비해 설교는 일반적인 성경 공부와는 전혀 다른 독특한 의미가 있다. 그것은 하나님의 음성이기 때문이다. 하나님께서 그 교회에 적절한 말씀을 메시지를 통해서 선포하신다. 그러므로 설교의 메시지는 신적 기원을 가지고 있다. 이런 면에서 설교는 그의 백성에게 구속력을 가진다.

그러므로 설교가 그 시대의 국부적인 문제밖에 보지 못한다면 그것은 큰 일이 아닐 수 없다. 역사적인 하나님의 경륜에 대해서 무시하거나 그것을 보지 못하고 설교자가 다른 메시지를 증거했을 때는 그것을 복음이라 할 수 없다. 그럴 경우 설교는 하나의 도덕적이고 윤리적인 강연에 불과하다.

하나님께서 진행시켜 나가시는 역사의 흐름에 대해 무관심했을 때는

"잘 살아라, 착하게 살아라, 하나님 말씀대로 살아라"는 정도의 규범적인 말밖에 할 수 없다. 그리고 "기도해라, 십일조 헌금해라, 교회 건축하자, 교회 시설하자"는 식의 다분히 즉물적인 발언만 있을 뿐이다. 그러한 설교는 복음이 아니다.

오늘날 많은 사람들이 복음을 증거한다고 예배시간에 설파를 하기는 하는데 거기에는 뭔가가 항상 빠져 있음을 볼 수 있다. 설교자가 전 역사의 흐름에 대해서 전혀 보지 못하고 자기 나름대로 TV나 신문에서 다루어지는 관심 있는 부분이나 아니면 최근에 발생한 몇 가지 사건을 중심으로 대충 몇 마디하고 끝나는 것을 볼 수 있다.

또 그 교회 상황에 좀 어려움이 있다면 그 어려움을 타개하기 위해서, 장로나 교인이 문제가 있다면 그들을 타매하려는 의도로 설교가 진행되는 경우가 많다. 그런 식의 메시지에는 복음이 없다. 즉 사람을 장성시키지 못한다는 말이다.

설교하는 사람뿐만 아니라 그 교회 구성원들도 역사의 진행을 볼 줄 알아야 한다. 역사를 지켜보되 전 역사의 흐름에 대하여 명확하게 볼 수 있어야 한다. 초대교회에서부터 시작하여 이 시대의 교회까지 흘러온 발자취뿐만 아니다. 장차 이 시대가 어떻게 흘러갈 것이고, 그러한 시대를 통하여서 하나님은 그 교회를 어떻게 세우실 것이며 그 거룩한 경륜의 나라를 어떻게 운영해 나가실 것인가를 모두가 정신차려서 보고 있지 않으면 교회로서 의식을 찾기 어렵다.

그러한 교회는 이 시대에 존재할 이유나 의미가 없다. 만일 그런 교회가 있다면 그들은 훌륭한 종교 단체를 만드는 것뿐 그 이상은 아니다. 그들은 서로 사랑을 베풀고, 정을 나누면서 자기들의 종교심을 만족시키기 위해 교회를 유지해 나가는 것으로 충분하다고 여긴다.

그러나 이것을 교회라고 할 수 없다. 오늘날 많은 교회가 빨리 부패하고, 갈 길을 알지 못해 방황하는 이유는 역사의 흐름에 대하여 무관심하기 때문이다. 오히려 가는 길이 힘들고 어려움이 많다 하더라도 하나님께서 경영하시는 역사의 흐름을 바로 볼 수 있을 때 우리는 앞길을 향해 힘차게 나갈 수 있다.

2) 교회는 보편의 교회로서 성장해야

'연예인 교회' 라 해서 연예인들만 모이고, '체육인 교회' 라 해서 체육인들만 모이고, '장애자 교회' 라 해서 장애자들만 모이고, 심지어 '어린이 교회' 라고 해서 어린이들만 모아 놓고 '교회' 라고 하는 것은 이미 교회로서 특성, 특히 교회의 보편성을 무시한 것이다.

보편의 교회로 성장하기 위해서는 하나님의 일을 이룰 수 있는 만수滿數로서의 일꾼이 요구된다. 교회는 하나의 생명을 가진 유기적 조직체이다. 따라서 각각의 지체들이 고루 모여 한 몸을 이루어야 한다. 어떤 특수한 사람들이 모여 특수한 기능만을 가지는 교회는 결코 정상적인 활동을 할 수 없다. 이것은 한갓 인간적인 관심사에서 비롯된 것에 불과하다.

물론 교회의 특성은 그 교회를 구성하는 사람들이 어떤 사람들이냐에 따라서 달라지기 마련이다. 교회에 모인 사람들이 역사를 어떻게 해석하고 그 가운데서 하나님의 뜻을 어떻게 이해하느냐에 따라 각 교회의 특성이 나타난다. 그렇다고 어떤 목적을 위해 특수한 계층의 사람들만을 모아 교회를 세우는 것은 옳지 않다.

교회가 어떤 회원을 맞이할 때는 우리가 보편의 교회를 만들어야 한다고 해서 "아무라도 좋소" 하며 누구라도 데려다 놓을 수는 없다. 그것은 교회가 빨리 망하는 지름길이다. 성도를 아무나 쉽게 받아들이지 말고 잘 구분해서 받아들이되 교회는 어떤 만수(만수라고 해서 꼭 정해진 수가 있다는 말은 아니다), 열 명이거나 스무 명이거나 시대적인 사명을 행할 수 있을 만큼의 일꾼들을(일꾼이 꼭 목사나 전도사인 것은 아니다) 하나님께서 보내주실 것을 기다려야 한다. 그런 사람들이 확인되었을 때는 마음을 열고 우리 지체의 한 부분, 우리 교회라는 몸의 한 부분으로서 맞이할 준비가 되어 있어야 한다.

3) 사도로부터 내려온 개혁 신앙을 계승해야

그리고 이러한 복음을 배웠으면 항상 우리 안에서 그리스도의 품성을 발견해야 한다. 바로 그것이 하나님 나라의 현시이다. 하나님 나라의 특성, 품성은 우리의 삶을 통해서 드러나게 된다. 그러므로 모두에게서 그리스도의 품성을 누릴 만한 복음이 우리 안에 있어야 한다.

4) 교회로서 독특한 시대적 사명 각성해야

그러기 위하여 똑같은 그리스도의 품성을 소유하고 있는 사람들이 모여야 한다. 이 사람 저 사람 잡다하게 모아 놓고 교회가 어떤 사명을 수행할 수는 없다. 적어도 그리스도의 품성을 소유한 사람들이 모여지면 그것을 바탕으로 우리만의 고유한 특성을 이루게 된다. 예를 들면 나무에 어떤 과일이 주렁주렁 열려 있는데 거기에 사과가 달려 있다면 사과나무이고 배가 달려 있다면 배나무라고 알게 된다. 이처럼 우리 교회에 모여 있는 사람들이 어떤 사람들이냐에 따라서 우리 교회의 특성이 생기는 것이고 시대적인 사명도 발생한다.

여기에서 우리가 주의해야 할 것은 '성령께서 친히 우리 교회를 인도해 가고 있는가?' 를 보아야 한다. 그렇지 않고 인위적으로 우리 마음에 드는 사람들을 데려다 놓아서는 안 된다. 성령께서 우리 교회에 앞으로 어떤 사람들을 데려다 주시는가를 지켜 본다면 우리 교회가 앞으로 어떤 특성을 이룰 것인가를 짐작할 수 있다. 그래서 자연스럽게 장성해 나갈 때 마침내 하나님 나라를 건설하게 되는 역할을 감당할 만한 그런 교회가 된다. 그럴 때 비로소 우리의 삶에 의미가 있게 된다. 그리고 우리 교회가 나가야 될 진정한 길을 비로소 진행시켜 나갈 수 있다.

이런 것을 우리가 가만히 놓고 볼 때 아직 우리의 처지란 씨앗과 같은 그런 상태에 놓여져 있다. 아직 싹도 나지 않았고, 줄기도 없고, 잎도 없다. 그러나 앞으로 점차 떡잎이 날 것이고 줄기도 생길 것이고 잎이 달리게 된다. 지금 우리는 배아胚芽 상태이다. 그렇다고 해서 생명이 없느냐 하면 그것은 아니고 이럴 때부터 차근차근 잘 다지는 것이 필요하다. 아무나 데려다 놓고 "교인 숫자부터 늘리고 건축부터 해야 되겠다" 하지 말고 이것이 1년이 걸리든 2, 3년 또는 수년이 걸리든 처음부터 역사의식을 갖고 단단히 세워나가야 한다.

뿐만 아니라 지금은 씨앗 상태에 있지만 우리가 맺을 열매가 무엇인가까지도 볼 수 있는 눈을 가지고 있어야 한다. 교회가 하나 생겼는데 왜 생겼는지도 모르고 무엇을 위해 사는지도 몰라서 올망졸망 살다 가지 말고 우리는 역사 위에 살아 있는 교회를 이루어야 한다.

교회는 수명이 있다. 한 교회가 세워지면 그 교회가 100년, 200년 동안 능력 있게 이어지는 것이 아니다. 20년이면 20년, 30년이면 30년 교회의 수명이 있다. 우리 교회가 이런 역사적인 사명을 행할 만한 능력을 갖추기 위해서라도 먼저 우리 자신이 충분히 준비되어야 할 것이고, 그 다음에 우리 교회가 앞으로 어떻게 장성해 나갈 것인가 하는 것을 생각하고 성령께 전적으로 의지하여 우리의 갈 길을 한 걸음씩 나아가야 한다.

기도

하나님 아버지!

참으로 하나님께 감사드리고 영광돌리는 것은 우리 교회가 시대적 요청에 따라서 세워지게 하옵시고, 이제는 하나님의 그 큰 경륜의 나라를 보고 완성될 그날을 바라보게 하신 것을 생각할 때 감사하옵나이다.

아직은 우리가 한 몸을 이룰 만큼 완성된 상태가 아니고 만수를 이룬 것도 아닐진대 주께서 친히 역사하셔서 우리의 몸을 이룰 만한 지체들을 보내시고 또 우리가 그런 사람들을 맞이할 때 아쉽다고 아무나 맞이할 것이 아니라 우리의 지체인가를 잘 확인하는 가운데 새로 맞이하여서 마침내 그리스도의 몸인 이 교회를 세우게 하시고, 또 우리 교회는 하나님 나라의 경륜 가운데 있는 한 부분이며 하나의 교회아教會我인 것을 알아서, 우리 교회가 나아가야 될 길을 한 걸음씩 전진하게 해 주옵소서.

이러한 일에 대해서 우리가 그동안 여러 가지로 상고하고 말씀을 배웠는데 주께서 주신 이 말씀을 잘 깨달아 우리의 인생이 참으로 가치 있게 하시고 이러한 삶을 통하여 하나님의 영광이 친히 드러나도록 우리를 인도하옵소서.

주 예수 그리스도의 이름으로 기도하옵나이다. 아멘.

에필로그 Epilogue

우리 시대의 교회가 가야 할 길

EPILOGUE
우리 시대의 교회가 가야 할 길

시작하는 말 : 잘못된 말세관에 빠져 있는 교회들

주님의 재림에 대한 소망은 그리스도인 모두에게 있어서 매우 중대한 관심사이다. 재림에 대한 소망은 그리스도인들이 하나님 나라에 속했음을 인식하게 함으로써 자연히 이 세상과 구별되는 삶을 찾게 한다. 이로써 성도들은 세상으로부터 핍박의 대상이 된다. 세상과 불안한 관계에 있는 처지에서 다시 오실 메시아를 대망하며 살아가는 그리스도인들은 당연히 고난이 커지면 커질수록 재림에 대한 열망이 상대적으로 고조되기 마련이다.

그러나 어떤 이들은 고난을 적당히 넘기면서 주님의 재림을 소망하는 편의주의에 빠지거나 혹은 아주 먼 미래에나 오실 주님을 고대할 필요가 없다는 식으로 주님의 재림을 기만하려는 사람들도 있다. 또는 오셨는지 아니 오셨는지 확인할 방법이 없다는 이유를 내세워 이미 주님이 오셨다고 거짓 증거를 하거나 아니면 지금 당장 주님이 오실 것이라고 사람들을 위협하는 자들도 있다. 이러한 현상들은 지금뿐만 아니라 초대교회 시대부터 줄곧 있었던 문제들이다.

초대교회 사도들이 종말, 즉 예수님의 재림에 대해 가르쳤던 것은 종말이 올 것이 분명하고 그 종말이 오기 전에 성도들에게 많은 핍박이 있을 것을 경고함으로써 고난이 오더라도 이상히 여기지 말고 당연히 이르게 될 주의 영광의 재림을 소망하고 참고 견디어 낼 것을 권고하려는 이유 때문이었다. 그런데 재림에 대한 잘못된 이론은 성도들로 하여금 재림을 기대하거나 소망하지 못하게 하여 그들의 삶을 나태하게 하였고 또는 극단적인 종말 사상으로 잘못 흘러 성도의 정상적인 생활에서 벗어나게 하였다.

데살로니가 교회에서도 이런 문제점이 발생하자 바울은 하나님의 백성들로 하여금 사술이나 궤사에 빠지지 않도록 격려하며 참된 재림의 소망에 대하여 확고하게 신학을 세워야 할 절박함을 느끼게 되었다. 바울은 지금 받는 환난이 성도들로 하여금 장래 받을 영광에 합당하도록 연단하기 위한 것임을 강조하면서 장차 하나님은 그의 대적자들을 심판하여 영원한 형벌에 처하게 하실 것을 증거하였다. 그리스도께서 다시 오시는 날 현재의 상황은 전혀 새롭게 바뀔 것과 그날에 환난을 당하는 성도들에게는 안식이 주어질 것이며 핍박을 가하는 자들에게는 하나님의 형벌이 임할 것을 데살로니가후서 2장 1-15절에서 강하게 논증하고 있다.

바울은 장래에 일어날 종말론적 사건들에 대하여 명확하게 보여줌으로써 성도들의 신앙을 바로잡고자 하였다. 그리스도의 재림에 대한 그릇된 가르침들을 성도들이 깨닫게 함으로써 종말론에 대하여 잘못 야기되는 여러 가지 문제점들을 해결하게 하였다. 우리는 이러한 바울의 가르침을 토대로 이 시대의 교회가 지향해야 할 진정한 길에 대하여 데살로니가후서 2장 1-15절을 중심으로 몇 가지 점검해 볼 필요가 있다.

I. 살후 2:1-15의 주해

1. 그리스도의 강림에 대하여

1-2절 // 형제들아 우리가 너희에게 구하는 것은 우리 주 예수 그리스도의 강림하심과 우리가 그 앞에 모임에 관하여 혹 영으로나 혹 말로나 혹 우리에게서 받았다 하는 편지로나 주의 날이 이르렀다고 쉬 동심하거나 두려워하거나 하지 아니할 그것이라

바울 사도는 먼저 그리스도의 강림에 대하여 성도들이 오해하기 쉬운 것들에 주의를 환기시키고 있다. '강림'(*παρουσια*, 降臨)이라는 단어는 임재presence 또는 내려오심advent 혹은 오심a coming이라는 의미로 쓰이는 말이다. 성경에서는 가끔 주님께서 그의 제자들과 함께 하심을 의미하기도 한다(고전 16:17; 고후 10:10; 빌 2:12 등). 그러나 이 단어가 그리스도의 재림과 연관지어 사용될 때는 주님께서 하늘로부터 돌아오심return 또는 하늘에서 내려오심advent을 의미한다(고후 7:6, 7; 살전 2:19 등).

강림(*παρουσια*)이라는 단어가 그리스도의 재림을 상징하는 용도로 쓰인 곳은 성경의 많은 곳에서 발견된다(살전 3:13; 4:15; 5:23; 살후 2:1, 8; 마 24:3, 27, 37, 39; 고전 15:23; 약 5:7, 8 등). 그런데 여기에서 발견되는 두드러진 특징은 그리스도의 재림이 매우 돌발적이라는 점이다. 그럼에도 불구하고 주님이 오실 때는 그의 백성이 그 앞에 모두 모인다고 하는 사실은 매우 흥미로운 일이다.

여기에서도 바울은 '우리가 그 앞에 모임' 에 대하여 언급하고 있다. 특히 예수 그리스도의 강림과 연관지어 말하는 것으로 보아 이때가 '주의 날' 곧 심판의 때임을 강조하고 있다. 특히 '모임' (επισυναγωγη)이란 말은 주님께서 오시는 날 성도들이 그 앞에 모아짐을 의미하고 있음을 보아 이 현상이 세상 끝날에 있을 것임을 강조하고 있다.

특히 여기에서 논란이 되고 있는 것은 어떤 이들은 이미 주의 날이 임하였다고 주장하고 있었는데, 그들의 주장대로 주께서 오시는 날이라면 모든 성도들이 그 앞에 모아져야 할 것이지만 그런 일이 없었다는 것은 아직 주님이 오시지 않았음을 의미함으로 성도들이 그들의 주장에 미혹받지 않도록 주의하기 위함임을 알 수 있다. 혹시 그들이 성신의 증거를 받았다고 주장하거나, 성경의 가르침을 받았다고 하거나, 심지어 사도들의 가르침을 근거로 한다 하더라도 주님이 오셨다는 그들의 주장에 현혹되지 말아야 할 것에 대하여 바울은 주의를 환기시키고 있다.

2. 종말의 특징에 대하여

1) 배도에 대한 경계

> 3절 // 누가 아무렇게 하여도 너희가 미혹하지 말라 먼저 배도하는 일이 있고 저 불법의 사람 곧 멸망의 아들이 나타나기 전에는 이르지 아니하리니

사도 바울은 그리스도께서 강림하실 때는 먼저 배도背道의 날이 있을 것을 예언해 주고 있다. 이 배교에 대해서는 예수께서도 마태복음 24장 10-13절에서 언급하셨다. 초대교회는 그 현상에 대해서 이미 잘 알고 있었다. 바울은 '배도' 背道에 대해서 '바로 그 배도' (η αποστασια)라고 말한다. 이는 이미 분명하게 초대교회의 성도들에게 알려진 마지막 시대

에 있을 바로 '그 배도의 사건' 을 지시하고 있음을 알 수 있다.

배도背道란 하나님을 믿던 사람들이 하나님을 떠나거나 옳은 도리에 대해서 반역反逆하고 떠나는 것을 의미한다. 그런데 바울은 이러한 배도의 사건은 '불법의 사람'(the man of lawlessness, 어떤 사본들에는 '죄악의 사람'〈the man of sin〉으로 기록되기도 함), 또는 '멸망의 아들'(the son of destruction)이라고 일컫는 사람이 나타날 때 생기는 특징적인 사건이라고 말한다. 아직 '불법의 사람' 이라고 특징적으로 말할 수 있는 사람이 나타나지 않았다는 것은 배도의 시기가 아니며 이것은 그리스도께서 아직 강림하실 시기가 되지 않았음을 간접적으로 시사해 주는 증거가 된다고 반증하고 있다.

그러므로 누가 어떤 방법을 동원해서라도 예수께서 강림하였다고 주장한다 해도 아직 '멸망의 아들' 이 나타나지 않은 이상 그리고 그 현상으로 배도라는 시대적 특징이 발생하지 않는 한 주님이 오신 것이 아님을 알고 더이상 그들의 주장에 현혹되지 말 것을 독려하고 있다.

2) '적그리스도' 의 출현

> 4절 // 저는 대적하는 자라 범사에 일컫는 하나님(every so-called god)이나 숭배함을 받는 자 위에 뛰어나 자존하여 하나님 성전에 앉아 자기를 보여 하나님이라 하느니라

바울은 여기에서 '불법의 사람' 의 정체에 대하여 밝혀 말한다. 그는 체질적으로 하나님의 법을 대적하는 자로서 하나님의 법을 어기는 반역의 화신化身으로 나타난 '죽음의 아들' 이며 배도의 끝에 나타나는 하나의 인격체person이다. 그 사람은 사탄이 아니다. 사탄의 권능을 입어 그 성격을 전적으로 대표하는 이 사람은 하나님과 하나님의 법과 하나님의

백성을 대적하는 자이다. 그는 자신을 신(神, god)이라고 일컬으며 모든 사람들의 숭배를 받는 어떤 것보다도 스스로를 높이는 자이다. 심지어 하나님the God보다도 자기를 더 높여서 자기만이 유일한 하나님이라고 주장하기도 한다.

그는 자기 자신을 하나님의 성전the temple of God 곧 교회 위에 스스로 좌정座定하고 하나님의 백성을 자기가 친히 다스린다고 주장한다. 그러나 하나님의 참된 백성은 하나님의 권위를 가로챈 이 난폭한 자를 절대로 용납하거나 인정치 않고 그에게 경배하는 것을 강력하게 거부한다. 그 결과 하나님의 참 백성은 큰 환난을 당하게 된다(마 24:15, 21, 22, 29 참조).

3) 성신께서 구원의 활동을 하시는 시기

> 5-7절 // 내가 너희와 함께 있을 때 이 일을 너희에게 말한 것을 기억하지 못하느냐 저로 하여금 저의 때 나타나게 하려 하여 막는 것을 지금도 너희가 아나니 불법의 비밀이 이미 활동하였으나 지금 막는 자가 있어 그 중에서 옮길 때까지 하리라

바울은 이미 데살로니가 교우들에게 그 불법의 사람에 대하여 밝혀 말한 적이 있다. 불법의 사람은 하나님께서 정하신 때가 되어야 나타날 수 있음을 여기에서 상기시키고 있다. 그 가르침의 내용은 데살로니가전서 4-5장에 바울이 말한 그리스도의 재림에 대한 것이거나 혹은 바울이 그들과 함께 있을 때 가르친 것일 수도 있다. 어찌했든 바울은 이미 그들에게 가르치기를 그 불법의 사람은 하나님의 허락된 경륜에 따라서만 활동할 수 있다는 것과 그 시기에 대해서는 하나님께서 결정하신다는 사실을 상기시켜 주고 있다.

하나님께서는 갑자기 하늘로부터 예수 그리스도께서 나타나실 때를 정하신 것처럼(살전 1:7) 불법의 사람이 활동할 시기도 아무도 모르게 정해 놓으셨다. 그 시기가 될 때까지는 그가 활동하는 것을 '막는 자' 가 계신다. 이 분은 바로 성신이시다. 성신께서는 그의 백성을 다 모으실 때까지 활동하신다. 성신께서 그의 백성을 다 모으시고 떠난 후부터 저 불법의 사람이 비로소 활개를 칠 수 있다. 그 전까지는 '불법의 비밀' the mystery of lawlessness이라고 일컬어지는 것이 활동하게 된다.

이 '불법의 비밀' 이란 겉으로 명백하게 드러난 불법이 아니라 은밀하게 활동하는 불법을 말한다. 이것은 불법의 성격을 노골적으로 나타낼 '불법의 사람' 에 비해 아직 은밀한 정도에 지나지 않음을 의미하고 있다. 이것들은 모두 이름과 형식으로는 선善을 행한다 하면서도 악을 행한다. 이 '불법의 비밀' 은 '비밀의 사람' 이 나타나기 전까지만 활동할 따름이다. 그러므로 '불법의 사람' 을 막는 자이신 성신께서 그 사역을 중단하실 때는 '불법의 비밀' 의 활동도 끝나고 본격적으로 '불법의 사람' 이 노골적으로 불법을 연출하게 된다.

3. 그리스도의 승리

1) 승리하시는 그리스도

> 8절 // 그때 불법한 자가 나타나리니 주 예수께서 그 입의 기운으로 저를 죽이시고 강림하여 나타나심으로 폐하시니라

'그때' 란 '불법의 비밀을 막는 자' 이신 성신께서 구원의 사역을 끝마치고 땅에서 하늘로 옮기우실 때이다. 이때야 비로소 '불법의 비밀' 대신에 '불법의 사람' 이 나타나게 된다. 그 사람의 활동은 오래가지 않는

다. 왜냐하면 그가 나타나자마자 즉시 주 예수께서 그 입의 기운으로 그를 죽이고 강림하여 나타나시기 때문이다. 예수 그리스도께서 오시는 것만으로도 그는 참패하고 만다. 예수께서 오실 때는 그 '불법의 사람'이 사람들을 미혹하여 그것이 절정에 도달할 것이지만 그 시기는 잠깐에 지나지 않는다.

9-10절 // 악한 자의 임함은 사탄의 역사를 따라 모든 능력과 표적과 거짓 기적과 불의의 모든 속임으로 멸망하는 자들에게 임하리니 이는 저희가 진리의 사랑을 받지 아니하여 구원을 얻지 못함이니라

사도는 여기에서 확고하게 그리스도께서 심판하러 오실 때 대적자 곧 불법의 사람이 전적으로 패퇴될 것을 말하면서 성도들을 안심시키고 있다. 그리고 나서 그 불법의 사람에 대하여 자세히 말해주고 있다. '그 악한 자'는 사탄의 역사를 따라 모든 능력과 표적과 거짓 기적과 불의의 모든 속임으로 나타날 것이다. 그러나 그의 능력을 행할 수 있는 대상은 한정되어 있다. 즉 멸망당할 자들에게만 자기의 능력을 행사할 수 있다.

처음 능력과 표적과 기적은 교회를 건설하기 위해 주님께서 그의 제자들에게 주셨다. 그러나 이제 사탄에 의해서 멸망 받을 자들을 미혹하기 위해 불법의 사람을 통해 그러한 기적과 능력이 행사된다. 불법의 사람이 행사하는 능력에 의해 미혹되어 넘어가는 사람들은 불의와 의를 구분할 능력이 없는 자들로서 하나님보다는 불법의 사람을 자기들의 신으로 섬기게 된다.

그들은 진리를 사랑하거나 구원받는 것을 원치 않는 사람들이다. 오히려 진리를 대적하며 진리에 대해 무관심하여 하나님의 구원을 받아들이지 않고 도리어 반대하여 불법의 사람을 하나님 대신 선택하게 된다. 그 결과 그들 스스로 멸망의 길에 들어서게 된다.

2) 하나님께 버림받은 자들의 최후

11-12절 // 이러므로 하나님이 유혹을 저의 가운데 역사하게 하사 거짓 것을 믿게 하심은 진리를 믿지 않고 불의를 좋아하는 모든 자로 심판을 받게 하려 하심이라

여기에서 바울은 스스로 멸망에 빠진 사람들의 운명에 대하여 재차 언급함으로써 성도들에게 신앙의 경종을 울리고 있다. 그들은 회개하고 '진리의 사랑'(참 사랑)을 받으라고 하는 진정한 권면에 냉담할 뿐만 아니라 스스로 더욱 냉담해지는 벌을 받게 된다. 왜냐하면 하나님께서 그들에게 미혹의 힘(속이는 힘)을 주심으로써 그들 가운데서 더욱 더 진리를 떠나는 일에 열심을 내도록 하시기 때문이다.

하나님은 사람에게 참 사랑을 주셨다. 복음을 주셨고 '진리의 사랑'(참 사랑)을 받도록 강권하시기까지 하셨다. 사람들은 자기 스스로 하나님을 거역하고 오히려 불법의 사람을 하나님으로 섬기며 복종할 것을 결정해 버리고 만 것이다. 그럴 때 하나님은 그들을 강팍하도록 놓아두신다. 뿐만 아니라 더욱 강퍅해지도록 그들을 더러움의 정욕대로 내버려두신다(롬 1:24, 26 참고). 저희가 하나님을 인정할 것에 대하여 완강하게 거절할 때 하나님은 마침내 그들을 치사한 마음대로 버려두사 부정한 행위를 하도록 놓아두신다(롬 1:28).

그리하여 하나님은 마지막 때 구속의 진리를 거부한 완고한 자들을 심판하신다. 이 심판은 공의로운 심판이다. 그들이 진리를 믿고 의를 이루었다면 심판에서 견딜 수 있었을 것이지만 진리를 거부하고 불의를 좋아하였기 때문에 의당히 심판을 면할 길이 없다.

3) 하나님의 자녀들에게 임하는 구원의 능력

> 13-14절 // 주의 사랑하시는 형제들아 우리가 항상 너희를 위하여 마땅히 하나님께 감사할 것은 하나님이 처음부터 너희를 택하사 성신의 거룩하게 하심과 진리를 믿음으로 구원을 얻게 하심이니 이를 위하여 우리 복음으로 너희를 부르사 우리 주 예수 그리스도의 영광을 얻게 하려 하심이니

이와 같이 불법의 사람의 종말과 그에게 미혹된 불신자들의 모습에 대하여 분명하게 말한 바울은 이제 새롭게 성도들의 관심을 복음으로 향하도록 도와주고 있다. "주의 사랑하시는 형제들아!"라는 호칭은 멸망받을 자들에 비하여 얼마나 감격스러운 칭호인지 알 수 없다. 이 사람들은 '하나님이 처음부터 너희를 택하사 성신의 거룩하게 하심과 진리를 믿음으로 구원을 얻게 하심' 이라고 명쾌하게 말하는 사도 바울의 뜨거운 감격을 맛보는 사람들이다. '처음부터' 라는 말은 성도들이 창조 전부터 하나님께 선택되었음을 강조하기 위함이다(살전 1:4 참조).

바울은 하나님께서 우리를 택하심이 구원의 행위보다 앞서 있음을 말함으로써 이 구원은 진리를 사랑하는 자들 곧 하나님께서 택하셔서 성신으로 거룩하게 만드시는 성도들에게 약속되어진 선물임을 강조하고 있다. 하나님은 이 구원을 위하여 바울과 그의 동역자들의 복음을 통하여 성도들을 부르셨다. 이러한 논증은 바울이 전한 복음이 하나님께로부터 기원되었음을 확고하게 해주고 있다.

'그리스도의 영광' 이란 부활하셔서 하나님 나라에 올라가 계신 그리스도의 영광스런 상태를 가리킨다. 이것은 복음을 받고 믿은 성도들 역시 그리스도의 부활에 참여하여 하나님 나라의 기업을 받을 뿐만 아니

라 그리스도와 같이 영화의 몸을 입게 될 것을 의미한다. 바로 그러한 모습이 구원의 완성이다.

4. 복음의 순결 파수해야

15절 // 이러므로 형제들아 굳게 서서 말로나 우리 편지로 가르침을 받은 유전을 지키라

이제 바울 사도는 지금까지의 내용을 정리하고 있다. 이 권면은 사탄의 위험과 환난에 대하여 굳게 서서 믿음을 지킬 것을 당부한다. '유전을 지키라' 는 권고는 현재형으로 되어 있다. 이는 단회성이 아닌 계속성을 의도하고자 함이다. 따라서 성도들은 끊임없이 악의 세력과 싸워야 함을 지시하고 있다. 이렇게 함으로써 지금 당하고 있는 환난과 핍박에 대하여 믿음을 굳게 하여 비겁하지 않도록 격려해 주고 있다. 장차 오실 그리스도를 대망하되 미혹된 복음에 빠지지 않고 그리스도의 참된 복음을 세워나갈 수 있도록 길을 밝혀주고 있다.

그리스도의 복음이 아닌 것으로 성도들을 미혹하는 자들은 기필코 하나님의 심판을 받아 멸망을 받게 된다. 그러나 성도들은 영원부터 택함을 받았으므로 어떤 미혹이나 파멸이 오더라도 이겨낼 수 있다. 성도가 구원에 이르는 것은 이미 성신께서 거룩하게 이루어 주시고 진리를 믿음으로 그리스도의 영광에 이르기까지 확고하게 보장되어 있다. 이 사실을 우리가 알고 있다면 어떤 유혹과 핍박이 오더라도 결코 용기를 잃지 않는다. 오히려 담대하게 우리의 갈 길을 지켜 나가게 된다.

II. 우리 시대에 있어야 할 교회

역사는 가만히 있지 않고 계속 어떤 방향을 향하여 진행하고 있음을 우리는 지나간 시대의 경험을 토대로 알 수 있다. 우리 시대만 해도 언제까지나 끝나지 않을 듯한 냉전의 시대가 서서히 막을 내리고 화해와 평화 공존의 시대를 맞이하고 있음을 볼 수 있다.

냉전을 상징하던 동, 서독을 가로막았던 베를린 장벽이 무너지면서 급기야 공산주의 이데올로기의 종주국인 구 소련마저도 사회주의를 포기하기에 이르렀다. 이처럼 바야흐로 평화를 추구하는 동반자의 길에 전 세계의 국가들이 동참하는 것처럼 보여진다.

이처럼 역사가 흘러가며 새로운 내용을 그 안에 담아가고 있는 것을 보고 경험하면서 우리는 그 내용 안에서 역사의 성격을 읽을 수 있다. 그것은 모든 세계의 국가들이 점차 하나의 깃발 아래 모아지고 있다는 점이다. 그런데 이들이 하나의 깃발 아래 자꾸 모이는 데에는 나름대로 특별한 이유가 있다. 그것은 이미 역사가 증거해 주고 있는 현상으로 시대적인 성격을 대변해 주고 있다.

1. 현 시대의 특징

16세기의 어두웠던 중세 봉건 시대가 막을 내리고 여명黎明의 시대와 함께 문명이 발달되면서 인류 앞에 대두된 산업혁명과 르네상스는 인간성의 회복을 약속이나 하듯이 중세의 주종主從 관계를 청산하며 곳곳에 새로운 문화를 꽃피우기 시작했다. 오랜 봉건 시대의 잠에서 깨어나 세계는 급박하게 변모했고 그와 함께 인간의 편익을 위주로 하는 각종 제도와 시설들이 들어서기 시작했다.

19세기에 이르러 그동안 집약된 고도의 기술을 바탕으로 아무도 상상할 수 없었던 놀라운 발전이 가속화되기 시작하였다. 그러자 사람들은 밝아오는 20세기에는 어떤 꿈이든지 실현될 수 있을 것이라는 커다란 기대에 부풀게 되었다.

그렇게 20세기는 사람들의 기대를 잔뜩 등에 업고 시작되었다. 그러나 점차 공업화되어 가는 도중에 잉여 가치의 소득 분배의 불균형으로 자본가와 노동자들 사이에 현격한 소득의 격차가 발생하기 시작했다. 공업화된 사회의 뒤안길은 상대적으로 낙후하고 가난한 사람들이 모이기 시작했다. 예전에는 문제시하지도 않았던 빈부의 격차가 두드러지게 나타나서 사회의 문제가 되기 시작했다.

1) 사라진 20세기의 꿈

꿈의 구현이라고 기대를 모았던 20세기가 시작되기도 전에 이미 사람들에게 검은 구름이 덮치기 시작했다. 20세기 초반에 세계는 1, 2차 대전으로 급작히 큰 고통을 치르게 되었다. 냉혹한 포탄의 굉음 속에서 19세기에 꿈꾸었던 이상은 산산조각이 나버렸다. 세계는 자본주의와 사회주의라는 이데올로기로 양분되어 동서東西 냉전의 시대로 들어서고 말았다. 2차 대전이 끝난 후로 지구상에서 총소리가 끊이지 않은 것은 바로 이 이데올로기 때문이었다. 세계 각처에서 이데올로기 싸움은 수많은 사람들의 생명을 무섭게 집어삼켰다.

한편 경제적으로는 인간들의 복리와 편리를 만족시키고 마침내 모든 사람들이 편히 살 수 있으리라던 꿈이 점차 초강대국들에 의해 유린당하고 교역의 불균형이 심화되면서 후진국들은 선진국들에 의해 경제적, 문화적 착취를 당하지 않을 수 없게 되었다. 그 결과 세계는 정치적으로

동, 서방 진영으로 양분되었고 경제적으로 남북南北 진영으로 분리되었다. 이러한 분단의 현실은 사람들의 꿈을 무산시키고 오히려 무섭고 냉혹한 역사를 만들어 갈 뿐이었다.

인간성의 회복을 꿈꾸었던 과거는 지나가고 20세기 후반에 들어서 각처에서 인권이 유린되고 빈부의 격차가 심화되면서 인간성 파괴의 현상이 갈수록 심하게 나타나기 시작하였다. 우리의 머리 속에서 아직 지워지지 않은 부마사태나 광주 민주화 운동은 우리가 숨쉬고 있는 이 땅 역시 세계적인 추세와 동떨어지지 않고 하나의 세계 속에서 함께 몸부림치고 살아갈 수밖에 없다는 사실을 여실히 보여주고 있다.

2) 어둠의 거대한 세력에 둘러 쌓인 지구

전 세계는 하루아침에 자폭하고도 남을 만큼의 핵폭탄의 위협 앞에 무기력하게 서 있을 뿐이다. 핵으로부터의 위협은 단순히 수치상의 위험률을 예고하는 정도에서 끝나지 않는다는 데 더 큰 두려움이 있다. 더욱이 컴퓨터에 의해 제어되고 있는 핵무기의 존재는 아무도 그 안정성을 장담할 수 없기 때문에 그 심각성이 더하다.

이러한 공포는 문명화된 세계에 사는 사람들이 더 잘 느낄 수 있다. 오지奧地에 사는 사람들이야 세계가 어떻게 돌아가든 혹은 어떤 위험 앞에 처해 있든 그다지 상관할 바가 아니다. 조금씩 문명에 가까이 접하면 접할수록 흑암의 세력이 더욱 강하게 이 세상을 지배하고 있다는 것을 느끼지 않을 수 없다. 그런 위협은 첨단의 세계에 사는 사람들이 더 깊이 느끼기 마련이다.

특히 20세기 말에 21세기의 초두를 바라보았던 시점에서 아무도 미래를 낙관하는 사람이 없었다는 것은 매우 특이한 현상이 아닐 수 없다. 이는 단지 세기말적 현상이라고만 할 수 없다는 데서 세상이 더욱 어려운 국면에 빠져들고 있음을 암시하고 있다. 앞으로 올 세상은 희망을 주는 시대가 아니라 위협과 어둠의 시대가 될 것을 예견할 수 있다.

2. 말세의 징조와 우리 시대 교회가 가야 할 길

이처럼 우리는 미래가 불확실한 시대에 살고 있다. 이러한 때는 누구나 미래에 대한 두려움을 느끼게 된다. 그 결과 나타난 현상이 종말론에 대한 깊은 관심을 보이게 한다. 1992년 10월에 세계의 종말이 올 것이라고 외치는 소리에 그처럼 많은 사람들이 관심을 보였던 것은 미래에 대한 불확실성과 두려움 때문에 나타나는 자기 돌파구였다. 이러한 현상은 인간성의 회복과 상호 신뢰를 구축하는 데에 큰 방해가 될 수밖에 없다. 종말을 바라보면 바라볼수록 이제는 남보다는 자기의 살길을 궁리하는 이기적인 경향이 농후해지기 때문이다.

1) 예수님의 경고

마태복음 24장에서 예수께서 말씀하신 종말의 특징 중에서 가장 현저한 사회적인 현상은 노아의 때와 같다고 하신다. "그러나 그날과 그때는 아무도 모르나니 하늘의 천사들도, 아들도 모르고 오직 아버지만 아시느니라 노아의 때와 같이 인자의 임함도 그러하리라 홍수 전에 노아가 방주에 들어가던 날까지 사람들이 먹고 마시고 장가들고 시집가고 있으면서 홍수가 나서 저희를 다 멸하기까지 깨닫지 못하였으니 인자의 임함도 이와 같으리라"(마 24:36-39). 이 말씀 속에서 우리가 깨닫는 것은 모든 사람들이 아무런 특징 없이 그저 자기의 일상 생활에 젖어 살고 있다는 점이다.

요즘처럼 전 세계가 어느 하나의 힘에 의해 지배될 수 있는 심각한 시대적인 위기를 앞에 두고서도 전혀 그 위험에 대하여 관심도 없이 그저 일상의 일에 여념이 없는 것과 마찬가지이다. 종말의 때 예수님이 세계를 심판하시기 위해 오시는 시대적 위기의 날에도 아무도 그것에 대해 준비하거나 어떤 대책을 강구하지 않고 자기들의 살길을 찾아 일상의 일에만 관심을 가지고 있을 뿐이다. 그렇다고 그들의 존재나 가치가 어떤 역사적인 특성을 드러내는 것도 아니고 특별히 역사에 남길 만한 족적을 위해 살지도 않는다. 순전히 자기의 생존을 위한 극단적인 이기주의 또는 무관심 속에 빠져 살아갈 뿐이다.

한편에서는 거짓 선지자들이 사람들을 미혹하고 곳곳에서 기근과 전쟁으로 재난이 끊이지 않고, 많은 사람들이 그리스도의 이름을 위해 핍박을 당하고, 불법이 성행하며 '멸망의 가증한 것'이 나타나 하나님의 교회를 유린한다 해도 세상 사람들뿐만 아니라 교회까지도 아무런 관심이 없다. 그저 자기들의 목숨 하나 유지하기 위해 먹고사는 일에만 열중할 뿐이다.

가장 기본적인 사회 정의나 국가의 존재에 대한 의식도 망각하고 자기의 생존을 위해 그 어떤 것이든 서슴지 않고 내팽개치는 시대가 바로 예수께서 말씀하신 종말의 특징이 된다. 요즘 우리 주변에서 흔히 볼 수 있는 극단적인 이기주의가 바로 부동산 투기라든지 명품족들의 과소비 현상이다. 남이야 어떻든지 간에 자기만 잘 살고 편리를 누리면 된다는 사고 방식이 세상의 흐름에 대하여 바로 그처럼 무관심한 사람으로 만든다.

2) 사도 바울의 경고

이미 '불법의 비밀'(살후 2:7)이 활동하여 세상을 미혹하고 의에 대하여 아무런 감각을 갖지 못하도록 사람들의 마음을 둔하게 하고 있다. 이때는 많은 거짓 그리스도들이 나타나 자기가 그리스도라 하면서 사람들을 미혹하거나 불법의 악영향으로 교회들이 배교를 하는 현상이 점점 심화되어 가고 있다.

그와 같은 극단적인 현상이 나타나 전 세계적으로 교회가 배도하는 시대적인 현상이 발생하게 된다. 그후 '불법의 사람'(살후 2:3)이 나타나서 하나님을 정면 대적하고 자기가 '하나님'이라고 하면서 교회를 통치하게 된다. 이때 이미 배교한 교회들은 이 '적그리스도'(Anti Christ, 요이 7절)를 하나님으로 섬기며 그에게 경배를 하게 된다(살후 2:4).

그러나 이 '불법의 사람'은 '멸망의 아들'이라고 일컬어지는 것처럼(그를 가리켜 멸망의 아들이라고 하는 것은 이미 그 자체가 멸망받을 수밖에 없는 존재이기 때문에 그와 같이 바울이 호칭했다) 그는 얼마 있지 못하여 예수 그리스도에 의해 철저히 궤멸되고 말 것이다(살후 2:8).

바로 이 시기가 참된 그리스도인들이 박해를 당하는 기간이다. 그러나 오히려 핍박을 통하여 알곡과 가라지를 가르는 일이 생기는 것이다. 이미 배교한 거짓 교회들은 적그리스도에게 충성하면서 앞다투어 참 그리스도인들을 온갖 방법으로 박해하게 된다. 그렇다 하더라도 하나님의 성도들은 성신께서 보호하심으로 그러한 환난 가운데서 구원에 이르게 된다(살후 2:13).

지금 시대의 교회는 장차 임할 시대적 특징으로 교회적인 배교가 있을 것과 배교한 교회에 의해 성도들이 핍박을 받을 것을 예비하기 위하여 그리스도의 구원의 복음으로서 '진리'(살후 2:13)를 후세대의 진정한 교회와 성도들에게 넘겨주기 위해 최선의 노력을 다해야 한다.

이미 '불법의 비밀'이 활동하며 어떻게든지 구원의 진리를 훼손하기 위해 온갖 술수를 다하는 이 시대에 순결한 교회로 남아 있고 오염되지 않은 진리의 복음을 파수한다는 것은 다음 시대의 핍박 가운데서 환난을 당할 신앙의 후손들에게 유일한 희망과 용기가 된다. 그러한 차원에서 우리는 배교하는 세속 교회와 엄격하게 구별되어 성별된 교회로 남아 있어야 한다는 시대적인 사명을 재확인해야 한다.

3) 사도 요한의 경고

요한계시록 13장에서 요한 사도는 교회를 철저하게 유린하고 권세를 차지할 '적그리스도'의 출현을 예고하고 있다. 이 적그리스도는 사단으로부터 모든 권세를 위임받아 큰 권세를 행하는 자로서 정치적, 경제적으로 전 세계를 통치하게 된다. 그리고 자기에게 경배하지 않는 자는 경제 활동을 할 수 없게 함으로써 아무도 그의 통치에서 벗어나지 못하게 한다. 더 놀라운 일은 이 적그리스도를 대신하여 선지자가 나타나 적그리스도를 위하여 우상을 만들게 하고 그 우상에게 절하지 않는 자들을 죽이는 잔인한 일을 서슴지 않는다는 것이다. 적그리스도의 표를 각 사람에게 표하게 함으로써 절대적으로 복종하게 하는 종으로 삼아 버린다.

이러한 요한의 경고를 놓고 볼 때 전 세계를 통치하기 쉬운 체제로 상황이 급진전되고 있다는 사실은 매우 우려할 만한 일이 아닐 수 없다. 더군다나 현세의 교회들은 종교의 본래 사명을 수행하기보다는 정치적인 일에 더 관심을 갖고 있고 나아가 정치의 이념을 성취하기 위해서 자연히 경제에 뛰어들지 않을 수 없게 된다. 그럴 때 누군가 강력한 힘을 바탕으로 통치력을 행사하게 된다면 교회는 아무런 저항 없이 공동의 정치, 경제의 목적을 향하여 손잡고 나가게 된다. 바로 여기에서 적그리스도가 정치, 경제뿐만 아니라 종교까지도 손아귀에 집어넣게 되는 빌미를 주게 된다.

교회는 하나님을 위해 존재한다. 사람들의 정치나 경제를 해결하기 위해 존재하지 않는다. 하나님 앞에서 인간의 고유한 영혼의 존재 가치와 의미에 대한 답을 위해 교회가 존재하기 때문이다. 이처럼 교회가 본래의 사명을 잃고 사람들의 관심사에 뛰어들게 되면서부터 적그리스도의 활동 배경이 점차 다져지고 있다는 현실을 우리는 주의 깊게 살펴보아야 한다.

III. 말세에 있어야 할 교회

1. 불안한 현실의 세계

우리가 살고 있는 이 시대는 하루가 다르게 자꾸 변모해 가고 있다. 그 모습이 문화적으로 진전이 되었든지 혹은 퇴보가 되었든지 역사가 변화되고 있다는 것은 우리에게 무엇인가를 시사해 주고 있음을 알 수 있다. 따라서 시간을 지내고 그 안에서 경험을 쌓아가면서 역사를 살펴본다면 그 내용이라는 것이 어떤 성격을 띠고 있음을 발견하게 된다.

그중에서 오랜 역사의 진행을 돌아보면서 발견할 수 있는 역사의 성격은 갈수록 살기가 더 어렵고 힘들다는 사실을 찾을 수 있을 뿐이다. 언뜻 생각하면 문명이 발달하면 할수록 더 살기 편하고 쉬워질 것 같은데 오히려 아름답고 좋은 시대는 자꾸 지나쳐만 가고 살기 어려운 시대가 오는 것을 볼 수 있다.

1) 생존의 위협을 받고 있는 지구인

20세기에 들어와서 이룬 문명의 발전이라는 것은 사람의 상상을 초월할 정도로 급진전되었음은 누구나 다 아는 사실이다. 그러한 발전은 시간이 가면 갈수록 가속화 된다. 이러한 문명의 발달은 19세기에 바라보고 있던 희망 사항이었다. 19세기 사람들은 20세기에서는 모든 꿈이 실현될 것이라고 여길 정도였다. 막상 고도의 문명사회를 형성하고 있는 현대인들은 오히려 인간미를 상실하고 산업화와 기계 문명의 메카니

즘에 속박束縛당하는 기현상 속에서 살고 있다.

인간의 편리만을 추구하던 산업사회의 결과는 말로 형용할 수 없을 정도로 자연의 생태계를 파괴시켰고 이제는 농수산물조차도 마음놓고 먹을 수 없게 되었다. 심각한 공해 문제는 단순히 자연의 생태계를 되돌려 놓아야 한다는 정도를 넘어서서 직접 혹은 간접적으로 인간의 생명을 해치는 결과를 가져다 줄 만큼 심화되었다. 환경의 심각한 오염 문제는 예전과 같이 인간을 보호하던 자연을 원상태로 회복시킬 수 없을 정도가 되었다.

환경 전문가들은 외부에서 오는 방사선으로부터 지구를 보호하는 오존층이 크게 훼손되어 지구가 직접 방사선의 영향을 받게 되었다고 경고하고 있다. 이 오존층의 파괴가 지구에 미치는 영향은 우리가 생각하는 것보다 훨씬 심각하다. 각종 피부암을 유발시키고 사람의 생명을 위협한다. 뿐만 아니라 방사선에 약한 식물들을 고사시킴으로써 많은 산림이 훼손되어 그 피해가 엄청나게 늘고 있다.

산림의 훼손은 지구의 생명체에게 산소를 적당히 공급하지 못하게 하고 있다. 또한 많은 양의 토양을 바람에 날려 손실되게 함으로써 지표를 사막화하고 있다. 이러한 현상은 지구의 표면 온도를 상승시켜 북극의 얼음을 녹게 함으로써 바다의 수위를 높이게 한다. 뿐만 아니라 이상 기후를 발생하게 하여 농작물의 작황에 큰 해를 끼치고 있다. 학자들은 머지 않아 해변에 있는 세계의 주요 도시들이 바다에 수장水葬될 것이라고 경고하고 있다.

고도의 문명사회를 건설하고 인간의 편익을 추구하던 테크노피아technophia는 꿈과 같이 사라지고 그 대가를 톡톡히 치러야 하는 시대에 우리가 살고 있다. 이미 선진국에서는 1960-70년대에 그 사실을 깨달았다. 21세기의 주된 관점은 이데올로기나 인권의 회복 혹은 민주화 운동처럼 정치적이거나 경제적인 문제가 아니다. 인간의 생명을 직, 간접으로 위협하는 환경 오염에 대한 문제가 주된 관심사가 되었다. 이것은 다가오는 미래에 매우 어두운 그림자를 가져다 주고 있다. 더구나 세계 각처에 흩어져 있는 핵무기는 언제든지 지구의 생존을 위협하고 있고 원자력을 이용하고 남은 핵폐기물들에 대한 처리 문제는 아직도 해결하기 어려운 숙제로 남아 있다.

2) 불안한 현실

이처럼 환경 문제나 핵문제는 전 세계가 언제든지 멸망할 수 있다는 가능성을 꾸준히 웅변하고 있고 미래에 대한 불확실한 기대감은 갈수록 인류의 장래가 무섭고 어두운 그림자에 가리우고 있음을 보여주고 있다. 만일 이러한 상황에 어떤 문제가 발생한다면 전 세계가 멸망하기 쉬운 큰 일이 터지고야 말 것이라는 위협감을 느끼지 않을 수 없다.

장래에 대한 의심은 사람들의 정서를 불안하게 하여 항구한 계획을 세우게 하기보다는 우선 잘 먹고 편히 살고 보자는 단회적인 사고 방식을 팽배하게 만들었다. 사람들은 노력하고 고생해서라도 좀더 나은 미래를 얻을 것이라는 기대보다는 지금 당장 자기들의 불편함을 해소하고 싶은 욕망에 들뜨게 되었다. 전 세계적인 정치 경향 역시 장래를 위해 투자하고 좀더 나은 미래 사회를 꿈꾸기보다는 지금 당면한 사람들의 욕구를 충족시켜 주기 위해 고심하고 있다.

3) 종교권의 부패

정치권이 현실의 욕구에 대해 사람들을 만족시켜 주지 못하자 이제는 종교가 앞장서서 그러한 문제들을 해결하기 위해 나서게 되었다. 현실의 문제에 대한 해결 없이 미래를 바라볼 수 없는 것인양 종교는 현실의 문제에 발을 들여놓기 시작했다.

여타의 종교는 차치하고 기독교만 살펴보아도 남미에서 시작된 해방신학이나 우리나라에서 체계화된 민중신학은 현실에 대해 무관심한 기독교를 매도하기에 충분할 정도로 학적인 바탕을 세워놓고 있다. 그 영향 또한 지대하여 전 세계적으로 기독교를 표방하는 로마 천주교와 개신교의 90%이상의 교회들이 현실 참여와 사회 구원을 부르짖고 있다. 그와 더불어 소규모의 기독교 집단들은 아예 현실 참여에 대한 문제는 제쳐둔 채 종말론을 주장하고 있어 많은 기독교인들이 혼란에 빠지고 있다.

이처럼 이 시대는 불확실한 미래에 대한 불안감으로 교회가 그 본연의 본분을 상실하고 현실 참여나 종말론에 좌충우돌되어 표류하고 있다. 이런 시대를 두고 볼 때 장차 임할 거대한 배교를 앞에 둔 우리 후대의 교회들이 순결한 교회로 남아 있도록 우리는 관심을 가져야 한다. 특히 후대의 교회들이 이러한 문제점들에 관심을 갖고 주의 심판날이 임할 때까지 신앙의 순결을 지킬 수 있도록 우리 교회들이 도와 주어야 한다.

말세의 교회는 다수가 아닐지라도 어떤 고난과 핍박 가운데서도 견디며 신앙의 순결을 지킬 사람들을 주께서 남겨주실 것을 바라보고 먼저 우리 교회들이 순결한 교회를 세워 주께서 오시는 날까지 신실한 교회가 서 나갈 수 있도록 해야 한다. 그러기 위해 우리 시대의 교회는 바르고 순결하게 살아야 한다. 그러한 토대를 바탕으로 말세의 교회가 바르게 주를 섬기며 의지하고 서가게 되기 때문이다.

2. 교회의 배교에 대하여

이 시대의 교회가 배교를 그 특징으로 나타내는 것에 반해 말세의 교회는 환난과 고난 가운데 서 있는 교회가 된다. 특히 종말의 큰 특징으로 7가지의 대환난이 있다. 교회라 하더라도 그 환난에서 벗어날 수 없다. 그 대환난이 있다 하더라도 하나님의 심판이 다 끝나는 것이 아니다. 세상의 종말에는 하나님의 무서운 심판을 받기 위해 모든 사람이 심판의 부활에 참여하게 된다.

그러한 종말의 대심판이 있기 전까지는 환난을 그 특징으로 하는 시대가 지속된다. 따라서 이 시대는 환난을 주도主導할 중요한 역할을 하는 세력이 맹렬하게 활동하는 시대라는 것을 알 수 있다. 그러므로 종말의 시대를 앞에 둔 지금 이 시대는 환난의 시대에 주를 믿고 따르는 성도들을 연단하는 예비 기간임을 알 수 있다.

1) 종말이 가까움을 느끼게 하는 현상들

주님이 언제 오실지 알 수 없으나 이미 주님께서 말씀하신 것처럼 몇 가지 특징적인 사건이 발생하고 있는데 이것이 주님이 오실 증표이다.

예를 들면 복음이 천하에 퍼지는 것을 증표로 볼 수 있다. 복음이 천하에 퍼진다는 것은 개개인 각 사람이 복음을 들어야 한다는 말은 아니다. 이미 전 세계는 일일 생활권이라고 할 만큼 가까워졌다.

그리고 눈에 보이지 않는 전파나 TV 화면을 통해 누구나 복음을 접할 기회가 많아졌다. 이런 변화는 갈수록 증대되어 이제는 문명을 떠나 사는 아주 깊은 오지奧地의 사람들에게도 복음이 들어가고 있는 추세이다.

또 다른 종말의 때에 대한 증표로는 교회가 배교한다는 시대적 특성을 들 수 있는데 바로 지금이 그러한 때임을 알 수 있다. 이런 배교의 현상은 어느 하나의 이름 없는 교회가 신앙을 버리고 변질되는 정도가 아니라 누구나 그 사실을 실감할 수 있을 정도로 배교의 규모가 대규모적이며 점점 그 색채가 짙어짐을 보여주고 있다. 배교의 색채가 더 짙어진 후에는 '배교의 사람' (계 13장)이 나타날 것이라고 성경은 경고하고 있다. 성경은 이 사람을 '죄악의 사람' 이라고도 칭한다. 이는 교회와 매우 깊은 연관이 있는 사람이다.

배교背教란 교회의 주인이신 그리스도의 이름만 가지고 있을 뿐 그 실질을 버리는 것을 의미한다. 이 '배교의 사람' 이라는 말도 그와 같은 의미를 가지고 있다. 교회가 종교의 본질을 잃어버리고 사람들의 현실 문제 해결을 위해 사회 참여를 부르짖을 때 누군가 그 문제를 해결하기 위해 강력한 힘을 가지고 나타난다면 교회는 그 사람을 인류의 구원자로 추앙하게 될 것이다.

교회는 사회의 문제를 이 사람의 도움으로 해결하기 위해 교회의 머리로 삼게 된다. 이 사람은 자기 자신을 신으로 섬기라고 요구하게 된다. 즉 이 사람은 전적으로 교회를 배교하게 하는 사람으로서 성경은 그를 '멸망의 아들' 이라고 말한다. 이 멸망의 아들은 자기 자신을 가리켜 '적그리스도' (Anti-Christ)라고 분명하게 신분을 밝히고 그리스도를 대적하게 된다.

2) 시대적 성격으로서 교회의 배교

이 적그리스도는 마태복음 24장에 나오는 거짓 선지자나 거짓 그리스도가 아니다. 이들 거짓 선지자나 자칭 그리스도라고 하는 거짓 그리스도는 초대교회 이후 시대부터 지금까지 끊임없이 출몰하고 있는 존재들이다. 반면에 적그리스도는 그리스도이신 예수에 대하여 자기는 그 반대편에 있는 존재라고 분명하게 자기 자신을 드러내는 사람이다. 그는 모든 교회의 머리 위에 앉아 자기의 힘을 과시하고 자기를 반대하는 자들을 죽이는 독재를 하게 된다.

그와 같이 적그리스도는 교회뿐만 아니라 전 세계를 장악하고 정치, 경제를 독점하여 모든 사람들에게 자기를 상징하는 인을 치고 강제로 자기에게 경배하도록 강요할 것이다. 그가 세상 사람들을 통치하는 원리는 사람들의 필요를 장악하여 자기에게 경배하지 않는 자에게는 양식을 공급하지 않고 핍박하는 방법을 사용하는 독재적인 체제이다. 그는 사람의 생존권을 위협하여 그것을 담보 삼아 전체주의적이고 폭력적인 세력으로 누구나 그 앞에서 복종할 수밖에 없도록 만들 것이다.

처음에 사람들은 불안한 미래에 대한 절대적인 보장을 받고 좀더 잘 살기 위해 힘있고 능력 있는 통치자를 요구하였지만 마침내 누군가 그와 같은 통치권을 장악한 후에는 모든 사람들을 자기의 노예로 만들고 만다. 교회도 역시 처음에는 그와 같은 유력한 사람이 나타나면 그에게서 해결책을 얻었을 수 있다는 점에서 협조하여 그에게 강력한 통치권을 위임하게 하는데 한 몫을 하고 만다. 이 사람은 지금까지 종교만이 가지고 누려왔던 종교적인 형태와 신학까지도 자기를 위해 장악하고 변조할 것이다. 이처럼 그는 전 세계의 종교까지도 장악하게 된다.

그와 같은 일이 얼마든지 가능하도록 지금의 세계 종교계의 현상이 돌아가고 있음은 주지의 사실이다. 이미 19세기 초부터 본격적으로 시작된 '교회 연합 운동Ecumenical movement'은 전 세계의 교회를 하나로 통합하자는 목표를 지향하기 위해 강력한 힘을 모으고 있다. 나아가 이제는 세계의 모든 종교도 하나가 되어야 한다는 신학을 정립하기에 이르렀다.

각 나라마다 존재하는 소수 종교 형태나 심지어 토속 종교인 토템까지 모두 하나의 종교로 연합 운동을 벌이고 있다. 이미 우리나라에서도 그 운동에 참여하는 교회가 전 교회의 70-80%를 차지하고 있음은 그리 놀랄 만한 일이 아니다. 90년도에는 천주교와 기독교와 불교(원불교 포함)가 합하여 성체대회를 열고 이미 하나의 종교임을 확인한 바 있다.

정치, 경제적으로는 미국을 중심으로 세계가 단일 정치 체계를 향하여 치닫고 있지만 이미 종교적으로는 벌써 오래 전부터 세계의 모든 종교는 하나라는 운동이 시작되었다. 그러한 시대적인 특성을 잘 나타낸 운동이 바로 '우리는 하나!We are the world!'라고 외치는 운동에서 두드러지게 나타나고 있다. 이 운동은 기아飢餓에 허덕이는 난민들을 돕자는 슬로건 아래 모였지만 그 성격상으로는 경제적 연합 운동을 도모하고자 하는 의도를 가지고 있다.

이처럼 세계를 하나로 연합하자는 운동이 마침내 한 사람의 손에 모든 힘을 위임하게 된다면 그 힘을 장악한 사람이 바로 적그리스도이다. 성경은 그를 가리켜 멸망의 아들(벨리알)이라고 한다(고후 6:14-16). 이 사람은 그리스도와 정반대의 성향을 가지고 있음을 보여주고 있다.

벨리알이라는 히브리어는 정상한 사람으로서는 생각할 수 없는 정반대편의 성질을 가진 사람을 의미한다(삼상 1:16). 그와 같이 그리스도와는 정반대의 성격을 가진 벨리알이 자기를 하나님이라고 선전하며 세상과 종교를 지배하게 된다. 대대수의 사람들과 교회들이 정치적, 종교적으로 그를 추종하고 그에게 복종하게 된다.

3. 말세의 교회가 서 있어야 할 위치

원래 정치란 인간의 복지를 증진시키기 위해 존재한다. 대신 정치는 사람들에게 생존의 기본권을 보장한다는 미명 아래 인간 삶의 모든 부분을 장악하고 있다. 그런데 현재의 종교를 볼 때 점차 정치적으로 흐르고 있음을 볼 수 있다. 교회가 사회를 바라볼 때 사회에서 발생하는 현상에 대해 무관심하지 않고 내세에 대해서만 가르치는 것이 아니라고 생각하는 것에서부터 교회가 정치화 되어가기 시작했다.

1) 교회의 본좌

교회는 죄 있는 사람들이 멸망 받을 수밖에 없음과 그에 대한 하나님의 구원의 방편을 전하기 위해 존재한다. 죄인들이 중생하고 하나님 나라의 내용을 깨달아서 자기들의 실생활을 통해 하나님 나라의 실상을 나타내게 하는 데 그 목적이 있다.

그러나 세상 사람들이 현실에 대하여 불안해하고 좀더 안락한 생활을 즐기려 하는 경향이 농후하게 되자 그러한 종교적인 본질에 대해서는 등한시하고 이 세상에서 어떻게 하면 행복하게 살 수 있는가를 중요한 것으로 여기기 시작하게 되었는데 이것이 배교의 두드러진 현상이다. 이미 우리나라에서는 1970년대부터 이 세상에서 복을 받고 행복하게 사는 비결을 가장 중요한 교회의 가르침으로 여겨 온 것은 다 알고 있는 현실이다.

사실 교회가 이 세상에서 행복을 얻을 수 있는 방법을 제시하는 것들은 세상의 불신자들에게는 그다지 관심을 끌지 못한다. 그러나 교회를 다니는 사람들에게는 그러한 말에 대하여 당연히 귀를 기울이기 마련이다. 어떤 교회든 이 문제에 대해 해답을 제시하기 위한 '특별 축복 성회'를 안 하는 교회가 없을 정도가 되었다. 그러나 그러한 운동이 생긴 지 20-30여 년이 지난 지금에 와서도 사람들의 욕구를 채워 줄 뾰족한 방법을 제시한 사람이나 교회는 하나도 없다. 오히려 부와 행복에 대한 갈증은 자꾸만 더 깊어만 가고 있다.

2) 사회 운동의 기수가 되는 교회들

정작 위험한 요소는 교회가 사람들에게 정치적, 경제적 팽만감을 줄 수 있다고 자신하고 사회에 참여하는 데에서 찾아 볼 수 있다. 왜냐하면 결국 그 문제를 해결해 줄 수 있는 사람이 나타나면 그를 추종하게 될 것이기 때문이다. 그와 같은 방법으로 사탄은 하나님 나라나 혹은 장래의 일에 대하여 관심을 갖지 못하게 하고 이 세상의 복리와 정치, 경제적인 일에 교회들을 붙들어 매는 방편을 이용하여 전체적으로 배도하도록 전략을 꾸미고 있다.

사실 교회가 죄의 문제를 해결하기 위한 노력을 저버리고 육신의 복락을 추구하는 일에 몰두하기 시작하면 더이상 교회로서 능력을 상실한 것과 같다. 죄의 문제를 해결하기 위해 존재하지 않고 다른 어떤 이유나 목적을 위해 존재하는 교회라면 이미 그것은 종교가 아니라 하나의 사회 단체나 이익 집단이 된다.

그렇다고 교회가 세상의 문제를 해결하기 위해 뛰어든다 해도 그 해답을 찾을 길은 없다. 오히려 시간이 갈수록 그러한 문제는 더 복잡하고 어려운 일이다. 아무도 그에 대한 해답을 제시하지 못하고 무력감에 빠져 있을 때 누군가 나타나 기묘하게 그 문제를 해결하게 되면 누구나 그 사람을 따라가게 된다.

공중의 권세를 잡은 사탄은 그 사람에게 강력한 힘을 얻을 수 있도록 모략을 꾸미고 있다. 진정한 교회라면 그러한 일에 관심을 쏟기보다는 오히려 교회 본연의 모습인 인간의 죄에 대한 근본적인 문제를 해결하기 위해 전력을 기울여야 한다. 사회의 문제를 더 중히 여기는 교회는 어쩔 수 없이 정치 세력으로 변질될 수밖에 없다.

오늘날 소위 해방신학이나 민중신학이 주장하는 것처럼 예수는 모든 인간의 문제를 해결하는 메시아이며 해방자라고 하는 생각은 교회를 배교하게 하는 가장 쉬운 길이다. 물질적이거나 경제적이거나 정치적인 문제는 예수님에 의해 해결되지 않는 문제들이다. 예수님은 우리의 죄의 문제를 해결하기 위해 오셨다. 그들이 주장하는 것처럼 가난하고 병들고 억눌린 자들에게 부와 위로와 자유를 주기 위해 오신 것이 아니다.

예수님은 우리가 영원히 헤어나올 수 없는 근본적인 죄의 오염 및 책무에 대한 문제를 해결함으로써 죽음으로부터 자유를 얻게 하기 위해 오셨다. 그럼에도 불구하고 '해방자 예수'를 부르짖으며 가난한 자들과 억눌린 자들에게 빛과 풍요로움을 주는 분인 것처럼 위장하여 선전하는 것이 배교의 현상이다. 이러한 현상은 장차 교회들이 어떤 방향을 향하여 가게 될 것인가를 대변해 주고 있다.

마치는 말 : 복음을 파수할 사명을 가지고 있는 교회

지금까지 살펴본 것처럼 적그리스도는 정치적으로 강력한 세력을 나타내어 군중을 장악하고 전체주의적인 독재 체제를 이루어 갈 것이다. 교회는 그의 세력을 비호하고 추종하는 시녀로 전락되고 만다. 그와 같은 현상이 배교의 최종의 모습이다. 진정한 그리스도의 교회는 예나 지금이나 다를 바 없이 인간의 죄의 문제를 해결하기 위해 존재한다. 장차 말세에 있을 진정한 교회는 자연히 정치적, 경제적으로 큰 환난을 당하고 감당하기 어려운 시험에 빠지게 된다.

이미 예수께서 이 점을 언급하셨다. '그때 사람들이 너희를 환난에 넘겨주겠으며 너희를 죽이리니 너희가 내 이름을 위하여 모든 민족에게 미움을 받으리라 그때 많은 사람이 시험에 빠져 서로 잡아 주고 서로 미워하겠으며 거짓 선지자가 많이 일어나 많은 사람을 미혹하게 하겠으며 불법이 성하므로 많은 사람의 사랑이 식어지리라'(마 24:9-12). 이 말씀과 같이 오는 시대의 교회는 심각한 환난에 봉착하게 된다. 그후에 예수님이 오시어 불법의 사람을 처단하고 끝까지 견디는 자에게 구원의 면류관을 주신다(마 24:13).

그렇다면 말세에 있어야 할 교회는 어떤 성격을 가져야 할 것인가를 분명하게 알 수 있다. 이 교회는 감당하기 힘든 시련과 환난 가운데 신앙의 정조를 잃지 않고 의로운 그리스도의 군병으로 불법의 세력과 싸우는 용병勇兵이 되어야 한다.

불법의 사람이 권세를 잡게 되면 죽음을 당하는 처참한 현실에 처하게 될 것이며 모든 민족들로부터 미움을 받는 수모를 겪게 된다. 그러한 환난과 핍박에서 견디고 승리하기 위해서는 교회가 강력하게 신앙의 순수함과 순결함을 지켜나가야 한다. 그러한 신앙은 바로 지금 우리 교회들이 후배 교회에게 물려주어야 할 유산이다.

말세의 교회가 교회로서 자태를 바로 드러내고 의로운 싸움에서 승리하게 하기 위해서는 우리 교회들이 병들지 않고 오염되지 않은 순수한 복음을 파수하고 성결한 교회를 세워나감으로써 우리의 후진들을 든든하게 양육해야 한다.